TRADITION × INNOVATION

令和7年度（142期生）児童募集　　入試説明会　　要事前申し込み

学校の中を
みてまわろう！

第1回
4/20（土）午前中
学校説明会
入試説明会
学校見学会

追手門の
子どもたちって
元気いっぱい
だよ！

第2回
6/15（土）午前中
公開授業
学校説明会
入試説明会

入試で使う
ものを実際に
さわってみよう！

第3回
7/13（土）午前中
学校説明会
入試説明会
個別相談会

入学試験　**9/14**（土）　〈出願期間〉令和6年8月19日（月）〜27日（火）

※全ての説明会は保護者の方だけでも参加できます。
※気象警報発令等の緊急時には説明会（公開授業を含む）を中止いたします。
※説明会は全て事前申し込みが必要です。申し込み方法等詳細はHPに掲載します。

 追手門学院小学校

〒540-0008 大阪市中央区大手前1-3-20　TEL：06-6942-2231 / FAX：06-6946-6022 / https://www.otemon-e.ed.jp/
Osaka Metro 谷町線・京阪電車「天満橋」駅下車 徒歩約7分 / JR東西線「大阪城北詰」駅下車 徒歩約10分 / 大阪シティバス「京阪東口」バス停下車 徒歩約3分

『読み聞かせ』×『質問』＝『聞く力』

1話5分の
読み聞かせ
お話集 シリーズ

1話5分の
読み聞かせ お話集①
B5判　定価（本体1,800円＋税）

1話5分の
読み聞かせ お話集②
B5判　定価（本体1,800円＋税）

国立・私立
小学校受験
対応

「アラビアン・ナイト」「アンデルセン童話」「イソップ寓話」「グリム童話」「日本の民話」「各国の昔話」「偉人伝」という膨大な数の物語の中から、特に教育的、教訓的と思われる物語や、知名度が高い作品、過去に数多の小学校入試にも出題されてきた物語を中心に掲載しています。また、これらの物語の内容に関連したお子さまへの質問をページ毎に掲載。その都度、お子さまの理解の度合いをはかることで、「読み聞かせ」を通してお子さまの『聞く力』を伸ばすことを目指します。

（※各巻48話のお話を、見開きページで掲載しており、目安として約5分程度で読み終わるように調整されています。）

2025年度版

近畿圏・愛知県
滋賀・京都・大阪・兵庫・奈良・和歌山・愛知

国立・私立 小学校 進学のてびき

日本学習図書株式会社　編集部

児童作品協力：近畿大学附属小学校

本書の内容は発行時の情報や予定を含みます。

最新の情報につきましては学校発表の情報を必ずご確認ください。

近畿大学附属小学校　児童作品

はじめに

　近畿圏・愛知県の私立小学校は、本紙掲載校だけで 46 校になります。2024 年度入試では、コロナウイルス感染症が「5 類感染症」に移行したことで、4 年ぶりに制限のない受験となりました。今後の情勢はまだ不透明なところもあるものの、ひとまずは "当たり前の" 受験ができるようになったことを喜びたいと思います。

　国立小学校は現在 11 校。私立小学校だけでなく、保護者の国立小学校に寄せる関心は依然高く、年度によって志願者数の多少の増減はあるものの、安定した高い応募者数が維持されています。

　本書では、近畿圏の滋賀県、京都府、大阪府、兵庫県、奈良県、和歌山県、そして愛知県を含めた 7 府県をとりあげ、保護者の方々が求めている情報の掲載を念頭に、多くの関係者の御意見を参考に編集致しました。これらを項目別に整理すると、以下のようになります。

・学校の外観、所在地、アクセス　　・学校の教育方針
・入学願書の配布、提出期間　　　　・沿革
・考査や発表の日時　　　　　　　　・実施されている教育
・選考方法　　　　　　　　　　　　・行事
・志願者数　　　　　　　　　　　　・安全対策
・入学手続時、入学後の経費　　　　・系列校

　本書は、多くの皆様のご要望に応えるべく編集されておりますが、大方のご叱声ならびにご教示をお願いする次第です。

　ここに集めました資料はいずれも編集時点でのものですので、実施の予定や前年度入試の情報が含まれます。各校の入学児童募集に関する最新の情報につきましては、志願される学校から配布される資料やホームページで必ずご確認ください。

　入学願書、学校案内などにつきましては、国立小学校は志願者に直接配布しており、郵送には一切応じておりません。私立小学校は原則として郵送の依頼に応じておりますが、各校それぞれ書類の代金が異なりますので、お調べの上ご依頼ください。ただし一部の私立校では窓口でしか配布しない学校もあります。ご注意ください。

　本書を充分活用されて、志望校へ入学されることを心から祈念しております。なお、本書の編集に際して関係各位からの多大なご協力を得ましたことに感謝の意を表します。

日本学習図書株式会社　編集部

※なお、本文中の「試験の内容」は弊社の独自調査によるもので、公表されていない学校もあります。

目次

近畿大学附属小学校　児童作品

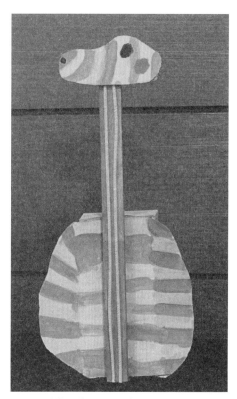

近畿大学附属小学校　児童作品

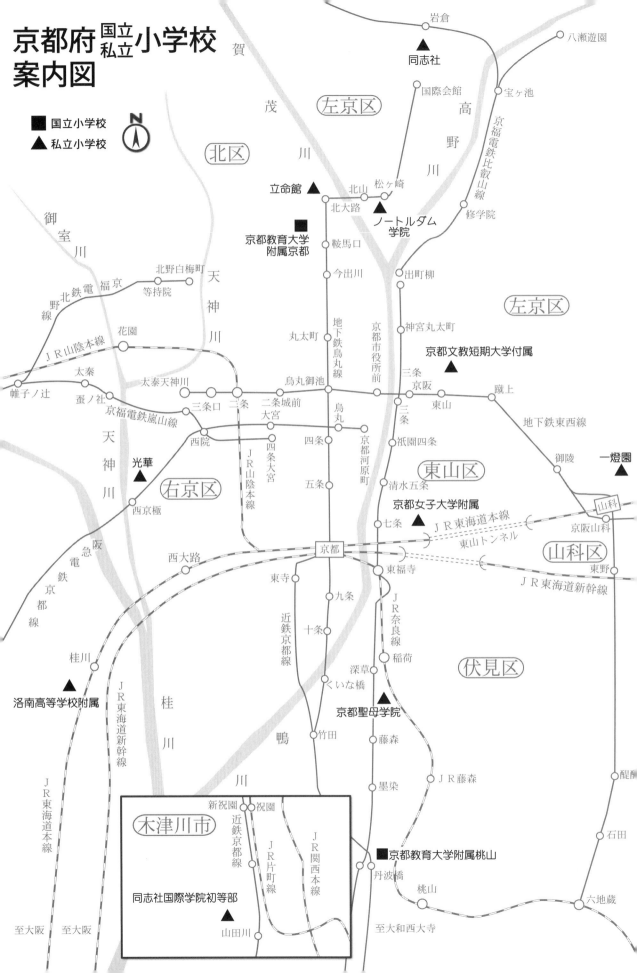

奈良地区 国立 私立 小学校案内図

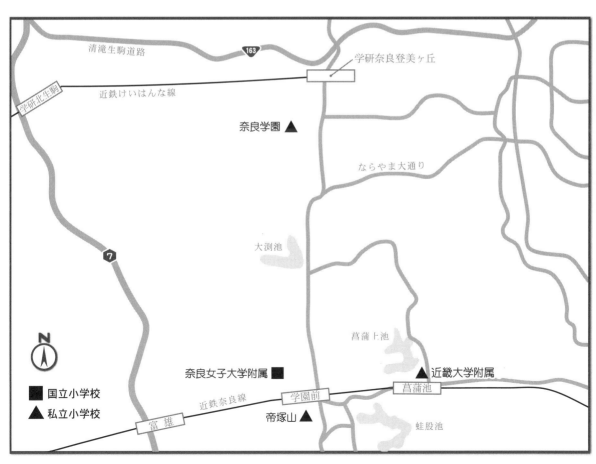

■ 国立小学校
▲ 私立小学校

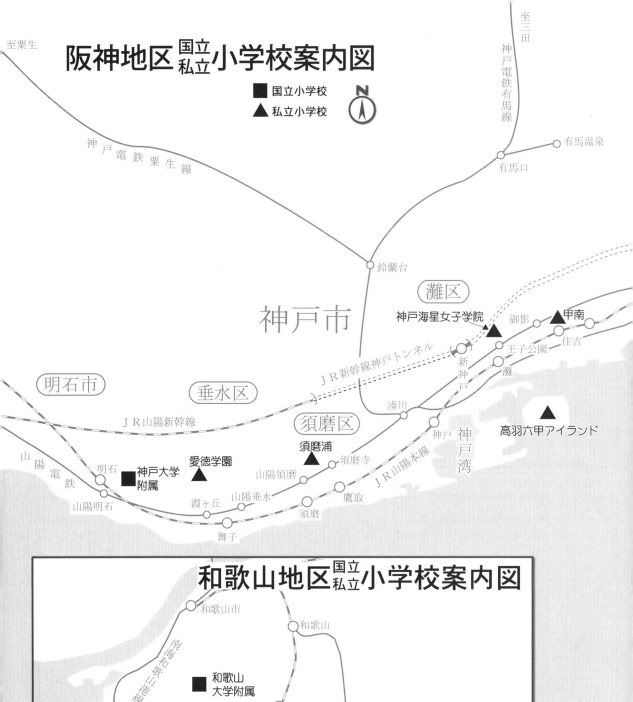

阪神地区 国立私立 小学校案内図

■ 国立小学校
▲ 私立小学校

N

至粟生

神戸電鉄栗生線

至三田

神戸電鉄有馬線

有馬温泉

有馬口

鈴蘭台

神戸市

灘区

神戸海星女子学院

御影

甲南

王子公園

住吉

JR新幹線神戸トンネル

新神戸

明石市

垂水区

須磨区

灘

JR山陽新幹線

湊川

須磨浦

神戸

神戸湾

高羽六甲アイランド

神戸大学附属

愛徳学園

山陽須磨

須磨寺

JR山陽本線

山陽電鉄

明石

霞ヶ丘

山陽垂水

鷹取

山陽明石

須磨

舞子

和歌山地区 国立私立 小学校案内図

和歌山市

和歌山

南海和歌山港線

和歌山大学附属

宮前

JRきのくに線

南海貴志川線

水軒

和歌山市

紀三井

和歌浦湾

智辯学園和歌山

黒江

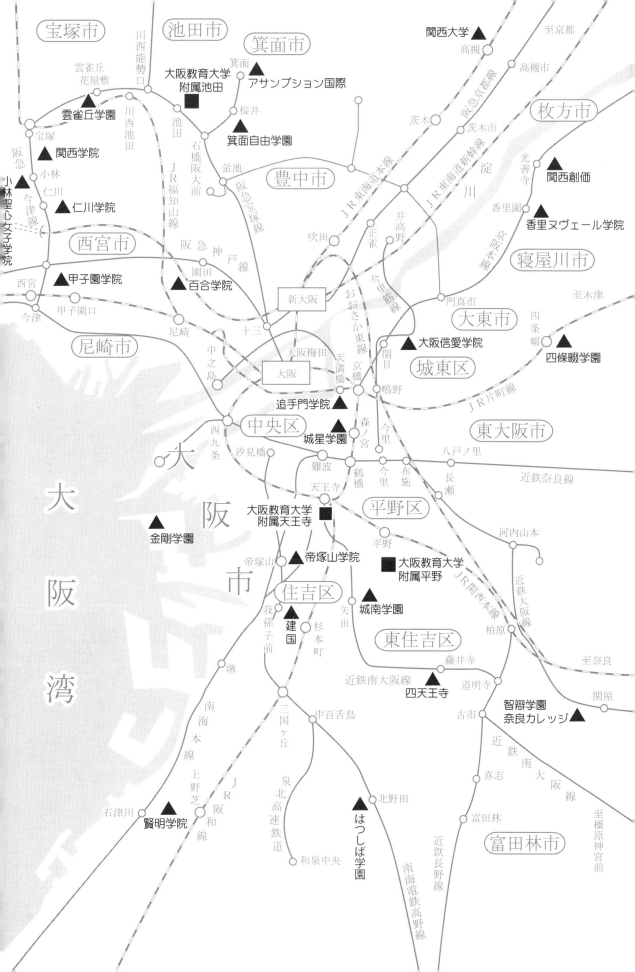

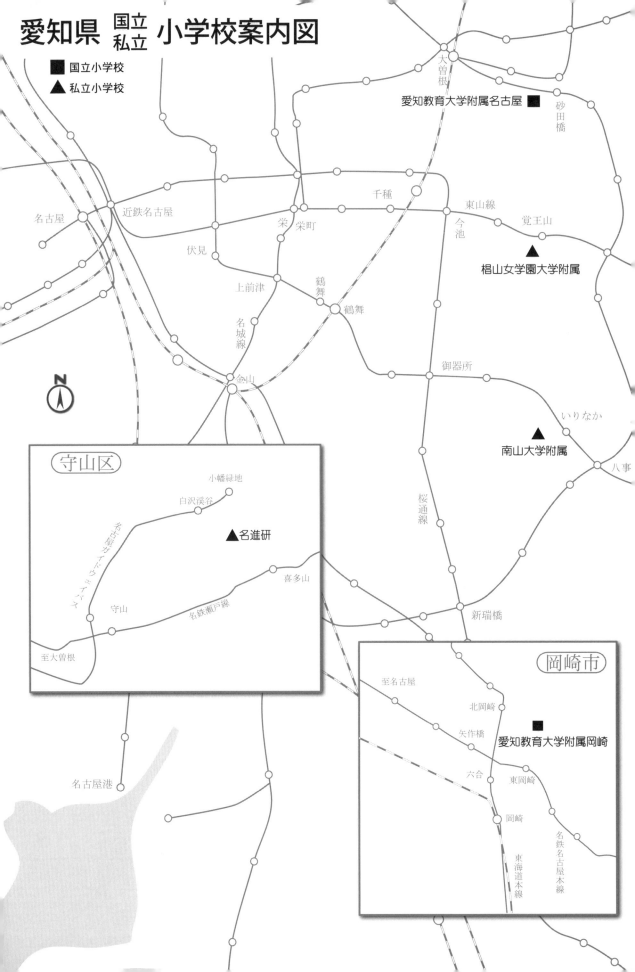

近畿圏入試状況と受験対策

コロナ 5 類移行を踏まえて

近畿圏 入試状況と 受験対策

コロナ5類移行を踏まえて

日本学習図書株式会社
代表取締役
後藤耕一朗

小学校受験業界は、ここ数年、新型コロナウイルスに振り回される状態が続いています。また、私立小学校は入試日を年々早め、とうとう夏休み後半に面接や入試を行う学校も出てきました。

そうなると、保護者の方としては、せっかく進学させたいと思う学校と出会っても、入試までの期間が短く、試験対策の時間がないと考えてしまう方も多くいたと思います。

学校は、そうした方への対策として、説明会の開催を早めたり、回数を増やしたりと、私立学校教育の周知徹底を目的としたさまざまな工夫を実施しています。しかし、学校側の対策が志願者数の増加という結果に結び付いていないのが現状です。

▌近年の概況

受験者数を基準に、近畿圏の小学校の受験状況を分析した場合、ここ数年、各府県の受験者合計数は前年を下回っていますが、全ての学校が前年を下回っているのではなく、倍率の高い学校とそうでない学校との2極化が更に加速した状況となっています。

また、ここ数年の傾向を分析していると、保護者の方の説明会の参加校数も減少しているように感じます。志望される学校の説明会などには参加しているが、その他の学校の説明会などには参加しなくなっている傾向がうかがえます。

この状況について、私は、よい傾向とはみていません。

私は、説明会にはできるだけ足を運び、実際に学校を知った上で比較をしていただきたいと、小学校受験標準テストや各幼稚園、幼児教室でお話をする際に伝えています。

その理由ですが、私立小学校の情報は、実際に足を運ぶことでしか感じられないことや知り得ない情報が多くあるからです。今までは我が子にはこの学校が合うと思っていても、他校の説明会や公開授業を観ることで、もっと合うと思う学校と出会うことがありま

す。

仮に、そういう学校に出会えなくても、決して無駄足ではありません。出会えなかった場合、「やっぱり我が子にはこの学校がいい」という思いが強くなっているはずです。そして、その気持ちは、志望動機を書くときに役立ちますし、面接テストでは力強い回答へとつながります。

では、各府県毎の概況に触れたいと思います。

京都府

ここ数年、洛南高等学校附属小学校が高い倍率を誇っていましたが、2024年度入試の志願者数は前年を下回りました。ただ、相変わらずの人気校であることには変化はありません。一方、前年を上回り志願者を大きく伸ばしたのは立命館小学校です。当校の受験者数の増加は注目といえるでしょう。

他校はどの学校も志願者の獲得に苦戦している状況がうかがえますが、各校ともに、教育の強化を図っており、今年の説明会でどのようなことが示されるかが注目です。

大阪府

全体的な状況では、城星学園小学校、追手門学院小学校の2校は相変わらずの人気を誇っています。そのような中、注目すべきは箕面自由学園です。ここ数年、志願者の獲得に苦しんでいましたが、2024年度入試は前年を大きく上回りました。内訳を見ても専願者の割合が大幅に増加しており、この流れは今後も続くとみられます。

2025年度、大きな変更があるのが香里ヌヴェール学院小学校です。「現在、スーパーイングリッシュコース（SEC）とスーパースタディズコース（SSC）がありますが、2025年4月入学生より、現在のスーパースタディズコース（SSC）の教育内容をベースにした1コース体制で教育活動を行います。」と既に発表されており、今後、府東部の志願者の動向に注目です。

南部の学校は全体的に苦戦している学校が多くみられますが、どの学校も特徴的な教育を行っていることから、説明会に参加し、教育を体感する価値があると思います。

兵庫県

兵庫県は北摂エリアは私学が集中しており、各校が切磋琢磨をしながら教育を行っていますが、志願者の状況は2極化が定着しつつあるといえます。雲雀丘学園小学校、関西学院初等部の人気は依然として高く、多くの志願者を集めています。特に雲雀丘学園小学校は専願と併願で入試が別れており、合格者の大半は専願者が締めている状況が続いています。特に、阪急宝塚線、今津線沿線には多くの学校があり、国立、大阪北部の私学との競合が続いています。

JR沿線、県西部にかけての学校は募集に苦戦している状況が続いています。

奈良県

奈良県の学校は、立地の問題から県東部への募集活動が難しく、また登校する公共交通機関も限定されることから、募集活動は長年の課題となっています。しかし、通学時、ラッシュとは逆方向への登校となる学校が多いことから、通学の不便さはなく、児童の体力を考慮しても負担が少ない特徴も挙げられます。

入学試験の変化

ここ数年、新型コロナウイルスの影響で、毎年のように入学試験が変化してきましたが、2023年5月8日、新型コロナウイルスが第5類へと移行したことは、受験する側にとってかなりの影響を及ぼしました。

それでなくても、新型コロナウイルスが蔓延してからというもの、毎年のように入学試験が変化してきました。その上、毎年のように前倒しになる試験日にも対応しなければならず、受験生にとっては、対策が難しい状況下での入試対策を強いられてきました。

そして2023年は、今までとは違った大きな変化があり、受験生はその対策に四苦八苦した状況となりました。

入学試験の結果を伺うと、ここ数年とは違った結果になっており、学校側としては第5類への移行について歓迎している様子がうかがえます。

具体的に観ていきましょう。

まず、学校側は第5類への移行に伴い、今までの課題となっていた志願者の行動観察について強化する特徴がみられました。

この行動観察については、新型コロナウイルスの蔓延が始まってから、集団では行うことができず、その結果、入学後の学校生活で支障を及ぼすケースが、年々、目立ってきており、懸念事項の一つとして挙げられてきました。

そのため、今回の第5類への移行に伴い、多くの学校では集団での行動観察を復活または強化した動きがみられました。

一例を挙げれば、大阪の城星学園小学校は、集団での行動観察に1時間半の時間を割いて志願者を観察しました。また関西学院初等部では45分1回だった行動観察を、45分2回、集団での内容に変更して行いました。

両校に共通していることは、これだけの時間、集中力を維持しながら行動観察に取り組むことは、志願者の月齢を考慮すると難しいと言わざるを得ません。そのことから、両校は志願者の素の状態を観察できたと思います。

この変更について話を伺うと、よい感触を持っており、面接、学力面のテストでは観ることができないことが観られた。この行動観察によって入学試験の評価が変わる志願者がいたとコメントをもらいました。

ここまで大きな変化を見せないまでも、大半の学校では個別だった行動観察を集団に変更したり、より人との関わりを必要とする内容に変更して行動観察を実施した学校が多くみられました。

ただ、受験者側からみると、行動観察は一朝一夕に身につく力ではなく、今までの成長の結果が現に表れています。

ですから、5月に変更といわれても、急には……。という気持ちをもたれた方が多かったと思います。各校で実施している小学校受験標準テストで解説をした際も、多くの方から行動観察について、不安や対策などの相談があったことからも、受験する側にとっては大きな混乱だったと分かります。

行動観察に関するこの流れは、2025年度の入学試験においても継続するとみていますし、重要な項目となると捉えています。日常生活を通して、しっかりと身につけてください。

ペーパーテストの流れ

　昨年の本書でも触れましたが、コロナ禍になってからのペーパーテストについての流れは変化しています。

　2020 年 4 月 7 日には、兵庫県、大阪府に緊急事態宣言が発令され、その後、長きにわたる自粛生活がスタートしました。

　その年は入試ができるのか、在校生の授業はどうするのかなど、混乱の中、入試を実施したという状況で、内容まで深く考える余裕がありませんでした。

　翌 2021 年度入試は、前年の入試結果を踏まえ、難易度を下げる学校が多くみられました。これは体験不足からくる志願者の学力低下を懸念してのことです。前年の入試結果が原因となり、例年よりもボーダーラインは下がることになりました。

　この頃から、入学した児童の行動に懸念を抱くケースが増加しました。

　そして 2022 年度入試は、子どものみならず、保護者をしっかり観る必要があると感じる事案が各校で目立ち始めました。と同時に、ハウツウではない、思考力、興味関心、知的好奇心、などの非認知能力を盛り込むようになりました。

　2023 年度は、出題内容について「領域」を超えた複合問題が出題され始め、柔軟な思考力を求める傾向が強くなってきました。同時に、行動観察について、現状では見切れない点があることにジレンマを示す学校が多くを占めました。

　そして 2024 年度入試が行われました。

　これまでの流れを観ると、昨年度の行動観察の変更、近年のペーパーテストなどの出題傾向の変化が分かると思います。

　求められることとして、生活体験の重要性を挙げることができます。コロナ禍の生活を強いられてきましたが、この状態はどの子どもも同じです。その環境下、我が子に何を修得させ、どうすればいいのか、保護者は我が

子のために考え、実践したと思います。

では、具体的に何を、どうすればいいのかですが、志望校が求めていることは説明会、HPなどを通して各校は伝えてきました。その情報をしっかりとキャッチし、生活に取り入れて生活体験量を積んだご家庭が合格に近かったのではないかと分析しています。

■ ペーパーテストに必要な知識

ここまで述べて、何がペーパーの流れなのかと感じる方もいらっしゃると思います。今の入試問題を考えるとき、年長児の9月の時点での到達点を観るのではなく、この知識、この思考力というように、入学後に伸びる要素を持っているかどうかを考えます。

学力の基礎には、基本的生活習慣、生活体験などを通した知的好奇心、探究心などがあり、その上に基礎が存在します。このベースとなる力が下がってきているといわれていることから、これらの力を観るために、過去に出題例がない、領域には収まらない複合問題の出題が増えてきています。一見すると、ただ難易度が高くなったような気がするかもしれませんが、そうではありません。数量問題の中に、常識（季節を選択して数えたり、比較をしたり）の要素が入ってきたり、言語（同じ音のものだけを比較、合計したり）の要素が入ってきたりする問題です。

ですから、基本となる「聞く力」が重要となってきます。

この「聞く力」も一朝一夕には身につきません。日頃の積み重ねが大切になってきます。今後、このような積み重ねを必要とする力が求められる問題が増えてくるでしょう。

■ その他

近年、重要視されている試験項目の中に「面接テスト」が挙げられます。この面接テストは、コロナ禍に入ってからより重要視されて続けている項目の一つです。しかし、コロナ禍になり、他者との接触、関わりが減少したことにつれ、会話力が落ちてきているといわれています。

人の話を傾聴し、理解するためには何が必要か、会話をするときの基本はどのようなことか、などを理解し、実行できなければなりません。面接テストは、正解を言えればいいというものではなく、自分の意見、考えを相手にしっかりと伝えることが重要となります。そのためには日頃から、自分の意見、考えを相手にしっかりと伝えられるようにしなければなりません。

これらを総括しても、生活体験の重要性がお分かりいただけると思います。

小学校受験は、ベースとなる力の習得が重要であり、その力はこれからの学力形成において必要不可欠な力となります。ですから、点数を獲得するだけの学習ではなく、これから先の学力形成、人間力の育成を見据えた学習が大切な時代となっています。

特集❷

特別インタビュー

"新化"する私学の教育アプローチ

「開校10周年を迎えての入試改革」
洛南高等学校附属小学校
渉外主任　片山泰幸先生

「複数のコースをあえてSSCに一本化」
香里ヌヴェール学院小学校
校長　赤野孝一先生

特集

開校10周年を迎えての入試改革

洛南高等学校附属小学校
渉外部長　片山泰幸先生
聞き手 日本学習図書　後藤耕一朗

後藤　本日はご多忙の中、お時間を割いていただきありがとうございます。早いもので、開校からもう10年も経つんですね。

片山　そうなんですよ。開校時に入学した3年生が、この3月に高校を卒業しました。その姿を見て感無量としか言い表せませんでした。10年はあっという間でしたね。

広々とした校庭で休み時間は思いっきり遊べる

後藤　そのような中、現在、入試を含めた様々な変更を推進していると発表されましたが、今回はその内容について、経緯や狙いなどについてお話を伺いたく存じます。よろしくお願いします。

片山　はい。分かりました。よろしくお願いします。

　まず、洛南学園は御大師様の建学の精神に則った教育を実践しており、柱となる基本は変わりません。ただ、10年という節目を迎え、洛南としてどのような教育をやっていかなければならないのか、やっていくべきなのかを振り返りました。すると、上手くいっている点や、少し変更を加えることで、さらによくなる点など、色々なことが分かってきました。御大師様の教えをより具現的に、効果的に行うためには、なにをすべきなのかが今回の変更の柱になります。ですから、変更ありきで変えたというのではなく、全体的な振り返りの中で、具現化するために今回の変更に至ったととらえていただきたい。

開校以来教科担任制を採用してきた洛南高等学校附属小学校。専門教員による先を見据えた指導ができる点が特徴

　一言で言い表せば、本当に大切なこと、基本的な考えなどは変わらず、表現方法が変わったといえば分かりやすいと思います。

後藤　具体的にお話をいただけますか。

片山　洛南では教科担任制を用いています。教科担任制のよいところは、専門教員による、先を見据えたアプローチ、指導ができるという利点があります。一方で、1、2年生において教科担任制はどうなのかという議論も、開校当初より並行して行われてきました。

　たとえば道徳です。道徳の教育は日々児童に寄り添って行うことが大切でありますから、開校当初より教科担任制における道徳の授業と、クラス担任による道徳の指導を並行して行うことで、両方のよいところを引き出

せる体制を取ってまいりました。

　今年度は更に、1、2年生では担任が授業をする時間を増やしました。背景として、教科担任制だと、教員が教室間の移動を伴うため、休み時間なども含めて、子どもたちとコミュニケーションをとる時間がどうしても少なくなっている現実がありました。そこで、クラス担任が担当する時間を増やすことで、子どもたちと一緒に過ごす時間を確保することにしました。多くの教科を担任が受け持つことで、子どもたちとの時間が確保できます。変更後、調査をしたところ、よい結果に結び付いています。

後藤　では、次に入試に関する変更について伺います。

片山　その前に、本校のベースを知っていた

IT化が進んだ現代ではもはや欠かせないタブレットと教材を使用したプログラミング学習にも力を入れている

だいた方が理解しやすいかもしれません。

洛南では、「生活即学習、学習即生活」これを大切にしています。「生活」とは普段の生活習慣から、自身の「生き方」までを表します。自分がどのように振る舞い生きていくべきなのか、それを考えるときおのずと「学習」の必要性が見えてくる。学んでいくと、知識がつき、視野が広がり、考えが深くなります。そうして「学習」によって広がった視野が自身の「生き方」を変え、「生活」を改善させていく。

このサイクルを考えるとき、「学習」の土台としての「生活」の重要性がお分かりいただけると思います。

そこで、その「生活」を小学校でどのように作り上げていくのか、私どもは議論をかさねましたが、やはり「校訓」という原点回帰に尽きるという結論以外ありませんでした。「校訓」とは「自己を尊重せよ(自分自身と向き合う)」「真理を探求せよ(事実や課題と向き合う)」「社会に献身せよ(人々や世界と向き合う)」です。

後藤 そのベースがあっての教育ですし、入試は土台を踏まえて考えますからね。

片山 そうですね。そういった本校における

（左上）運動会。定番の綱引きで大盛り上がり／（右上）遠足の風景／（左下）東寺合宿／（右下）学習発表会。練習を重ねてきた合唱の成果を保護者にも披露

教育体制の振り返りが今回の入試の変更へとつながっています。

　実は、今までの入試では、認知能力をペーパーテストで、非認知能力を運動実技、行動観察で、また、家庭での教育を保護者面接や作文で観ますと言ってきました。実は、入試において、運動実技、行動観察は、みなさんしっかりと準備をしていただき、良い意味であまり差がつきませんでした。その結果、合否を分けるウェートがペーパーに比重過多になってしまった。それが、洛南はペーパー重視、ペーパーができる子が欲しいという間違ったメッセージになっていたようです。本

校は、認知能力が上で、非認知が下というとらえ方はしていません。どちらも必要な力であることには変わりありません。ペーパーの時はペーパーをしている取り組み、集中して座っていられることも観ます。集団の時の移動も含めて、きちんと移動できるか、待つときはきちんと待っていられるかなど、目の前の課題に対してしっかり向き合い、必要とされていることを理解し、どのように取り組むことができるかを1日かけて観ていましたが、そういった非認知能力の大切さを明確にしていこうということです。

　そこでまず、入試の時間配分を変更しま

（左上・右上）仏教をベースとした教育方針がとられていることから宗教的行事も行われる／（下）明るく風通しのよい校舎。開校して10年ということもあり、設備もまだ真新しい

す。今まではペーパーテストが全体の3分の2、運動実技が3分の1という時間配分でした。行動観察については集合から解散までのすべての時間で行っていました。そこを「個別(ペーパー)」3分の1、「個別(行動観察)」3分の1、「集団(行動観察)」3分の1へと変更します。

つまり、個別のペーパーテストに加えて、行動観察を個別と集団に分けて実施します。「個別(行動観察)」では、与えられた課題に対して、結果ではなく、「自分自身とどのように向き合うことができるか」、その取り組み方を観させていただこうと思っています。

「集団(行動観察)」では、集団の中で「他者とどのように向き合えるのか」を観させていただきます。しかし、変更するからといって全く違ったことや、変わったことがしたいのではありません。本来、洛南としてやりたかったことを入試に反映させていく。受験生にとっても、準備がしやすい形にしたいと考えています。

また、保護者面接、作文においても間違った解釈をされていました。保護者の認知能力を問うために作文をしてるわけでもありません。面接もご家庭における子どもとの向き合い方や、各ご家庭の教育方針がなどを伺うた

めに行っているのですが、何か違うようにとらえれられていました。

そこで今回、保護者面接を親子面接に変更し、本来質問したかった、子どもとの向き合い方やご家庭の教育方針はどのようなことですかという、本来のお子さま主体の面接であるというメッセージが伝わるようにしたいと思っています。

作文ですが、廃止するのではなく、600字の作文を2回書いていただいておりましたが、それを、600字のもの1回に変更します。この作文ですが、保護者の方の考えを伺いたくて実施をしていますから、学力を観るとか、上手、下手とかを観ているのではありません。題目に対して保護者の方がお子さまとどう向き合っているのかを観させていただきます。

後藤 行動観察に関してもう少しお話しいただけますか。

片山 行動観察で何を観ていくのかですが、それは本校の校訓をよく理解していただければ、求めていることはお解りいただけると思います。そこには、感情のコントロールなどができているか、生活習慣が身についているかなども含まれます。と申し上げるのも、幼児期の生活習慣は入学後に結びついてきます。それがコミュニケーションや協働などといわれるものです。この非認知能力が、認知能力を伸ばしていきますし、認知能力が非認知能力を伸ばしていきます。この流れが小学校における「主体的な学習」といわれるものだととらえています。

今回の入試の変更により、本校に入学するのに何を準備しておけばいいのかだけではなく、小学校に入学するのに、何を準備してお

くと子どものためになるのかという、ただ合格、不合格だけにとらわれない意味のある入試準備につなげていただけるのではないでしょうか。

入学してから頑張ればいいというのではなく、入学する前、準備段階に培ったものが入学後に必要になってきます。もちろん、100点でなければ合格できないという入試ではありません。入学後の生活を含め考えていただきたいと思います。

それは親子面接、作文でも同様です。学校の考え方と同じ方向を向いていただけているかの確認の場です。入試を機に、「子育てにちゃんと向き合っていますか。」「していることが本当に子どものためになっていますか。」このことを一度、立ち止まって考えてみてはいかがでしょうか。保護者の方の思いがいきすぎてしまっていないか。子どもの存在を認められているかを振り返っていただきたいです。

また、ご家庭がお子さまにとって安心できる場所であるのか、子どもがチャレンジできる環境であるかについても、今一度ご確認ください。子どもが安心して失敗できるようにしてあげていただきたいです。

ぜひ、説明会などにお越しいただき洛南を感じてください。お待ちしております。

後藤 今日はありがとうございました。

複数のコースを
あえてSSCに一本化

香里ヌヴェール学院小学校
校長　赤野孝一先生

2017年度から、探究活動に特化したSSCと英語イマージョンを特徴とするSECの2コース体制での教育活動を行ってきた貴校が、2025年度から1コース体制にすることに踏み切ったのはなぜですか。

　この7年間2コース体制で、それぞれのコースの特徴を明確にした教育活動を行ってきました。2コース体制は、それぞれ

のコースの到達目標を達成するのに効果的・効率的ですが、同時に、コースの特徴が明確な分、この小さな学校の中に二つの学校があるように感じることもありました。私たちの学校は決して大きな学校ではありません。この香里の丘に流れるゆったりした時間とたくさんの緑の中で子どもたちがのびやかに過ごす環境を確保するためには、1学年60名程度が限界です。この小さな規模の集団において、できるだけ多くの友達と関わり、様々な価値観に触れ、経験値を高めるには、「学年全体が一つ」の体制での教育活動が必要だと考えたのです。

「SSCでの教育活動をベースに」とのことですが、大切にされていることは何ですか。

　どのような時代が来ようとも、子どもたちには、困難を乗り越えて社会に貢献しようとするたくましい人間に成長してほし

香里ヌヴェール学院小学校
校長 赤野孝一 先生

PCを使用しての授業。友だちとの対話で意見を交換したり、実験を通して課題を見つめなおします

いです。そのためには、道筋を立てて考える学習や、友だちと話し合いながらより良い解決法を見つけていく学習を通して「自分で考え行動する力」を身につけることが重要です。

現在SSCでは、単なる知識理解にとどまることのない、意思決定力・状況分析力・論理的思考力・批判的思考力の育成を目標にした授業を展開しています。授業の中では、「他の見方や考え方はないか」、「もし自分だったらどうするか（自分事として課題に取り組む）」という段階まで考えを深めていけるよう、問いかけのことばや内容を工夫しています。これは授業の時だけではありません。2023年度、総合的な学習の時間には、全学年がそれぞれの年代に合わせた「社会とつながる」を軸とした取り組みをしまし

た。4年生の「BOOK OFF プログラム」5年生の「物産展」の取り組みなどは非常にわかりやすい例だと思いますが、国語や算数、図工、家庭科……すべての教科での学びが教科の枠を超えて総合の時間の取り組みに統合される設計になっています。

2025年度体制では、英語教育を強化すると聞きましたが、どんな点が変わりますか？他校との違いをどんなところで出されますか？　ぜひ教えてください。

週4時間（火～金曜の朝のモジュールタイム含む）の英語授業は、児童の英語力に応じた習熟度別授業を行います。英語の勉強は初めてという児童には、楽しみながら

（左上）算数の授業の風景。英語、理科、音楽、図工、書写は専門教員が教える専科制としている／（右上）古書店を再現した体験型授業の風景／（左下）校庭に設置された自由広場。自然を模した広場で伸び伸び遊べる／（右下）広々とした運動場はわが校の自慢

英語や外国の文化に触れることからスタートし、入学当初に一定の英語力がある児童には、幼児期に育んできた英語力に応じた授業を行いたいと考えています。また、これまでは英語力をはかる指標として、希望者がTOEFL primaryを受けるシステムでしたが、2025年度からは一部の中学入試にもニーズのある英検を指標にして英語力の伸びを確認していきます（卒業時英検準2級取得を目指す）。

小学校の英語教育は、「聞く」「話す」の2技能の教育に偏りやすいのですが、中学校の英語教育にうまくつなげるため、「読む」「書く」技能を鍛えることにも注力します。現SECで導入しているRaz-Kidsのような多聴多読プログラムの導入なども、検討中です。

最後に、新校長としての香里ヌヴェール教育の展望をお聞かせください。

ご来校くださるみなさまからよく言われるのは、「子どもたちが心から安心してのびのびと過ごしているのがわかる」ということです。この学校で過ごす子どもたちは

外国人教員による授業を日本人教員がサポートする2名担任制で授業を行います。音楽や図工などは専門教員が教える専科制としています

「互いの違いを良さとして引き出し合う」土壌を自分の中にしっかりと持っています。ですから、違っていることは当たり前で、違っていることを恐れることがありません。この土壌こそ、創立以来じっくりと醸成されてきた、他校にない強みであり、日本社会全体がこの力の育成の大切さに気付いたのではないかと思うのです。

100メートルの大きな廊下で、小学校、中学校、高等学校が一つにつながる校舎。12学年が、同じゆったりとした時間の流れる空間で過ごしています。同じ理念でじっくりと時間をかけて、焦らず、せかされ

ることなく、自分の心の成長を確認しながら進んでいく豊かな空間です。子どもたちの成長に役立つと思われることをどん欲に取り入れ、未来の社会に平和の天使を送り続けていきたいと思っています。

学校行事や合宿の中で、仲間との関わりの中で「適応力」「協働力」「自己肯定感」を育みます

近畿大学附属小学校　児童作品

受験に役立つ本

ニチガクの

小学校受験のパイオニアである日本学習図書（ニチガク）発行の受験に役立つ書籍をご紹介します。試験対策はもちろん、お子様との家庭での過ごし方接し方まで、受験にまつわるあらゆる課題を解決いたします！

あらゆる質問に対応した入試面接対策の決定版！

新・小学校受験の入試面接Q&A

発行日：2016 年 5 月 23 日

定　価：¥2,860

《目次》

国立小学校
　　保護者への質問／子どもへの質問
私立小学校
　　父親への質問／母親への質問／
　　保護者への質問／子どもへの質問

過去 10 数年に遡り、入試面接での質問内容を完全網羅。国立・私立別に「父親への質問」「母親への質問」「保護者への質問」「子どもへの質問」の具体例を掲載。更に、質問に対する模範解答例やアドバイスも掲載しています。

ほぼすべての分野について網羅されているため、本書を読み込めば入試面接対策はパーフェクト！　後顧の憂いなく試験当日を迎えられること間違いなし。

保護者のてびき①

子どもの「できない」は親のせい？

日本学習図書
代表取締役社長
後藤耕一朗

日本学習図書

子どもの「できない」は親のせい？

発行日：2020 年 2 月 21 日

定　価：¥1,980

《目次》

第 1 章. 常識がないのは親のせい？

第 2 章. 勉強できないのは親のせい？

保護者のてびきシリーズの 1 冊目です。親子
で学ぶことの意義と幸福な親子関係を築くヒ
ントをまとめました。第 1 章では、外出先で
の振る舞いや普段の生活における注意点な
ど、お子さまと関わる上で大切な内容をまと
めています。また、実際に起きたエピソード
もご紹介しています。第 2 章は、勉強につい
てです。感謝の気持ちを忘れずに、受験に臨
んでほしいという想いが詰まっています。普
段のお子さまとの会話や生活体験の重要性、
これから本格的に受験勉強を始める今の時期
にピッタリの読み物です。

保護者のてびき②

ズバリ解決
お助け
ハンドブック
〜学習編〜

日本学習図書
代表取締役社長
後藤耕一朗

保護者のてびき②

共感あるある100＋α‼
リアルQ&Aでモヤモヤ解消！　小学校受験のプロが教える
そんな時はコツ‼

日本学習図書

お助けハンドブック〜学習編〜

発行日：2020 年 5 月 22 日

定　価：¥1,980

《目次》

第 1 章. 学習態度編

第 2 章. 学習内容編

保護者のてびきシリーズの 2 冊目です。保護
者の方から寄せられたお悩みに回答する形
で、お子さまに目を向けられるように執筆し
ました。「毎日のアドバイス」と「受験前の
アドバイス」の 2 つを掲載しています。

第 1 章の学習態度編は 37 の質問、第 2 章の
学習内容編は 70 の質問を収録しています。
小学校入試では、保護者の方とお子さまが、
親密であり、ともに学ぶ姿勢ができているか
ということが重要です。学習することが、「教
える－教わる」という一方的な図式にならな
いことを強調しています。

保護者のてびき③

お助けハンドブック〜生活編〜

発行日：2020 年 5 月 22 日

定　価：¥1,980

《目次》

第 1 章. 成長編

第 2 章. 生活編

第 3 章. 性格編

保護者のてびきシリーズの 3 冊目です。保護者から寄せられたお悩みに答えています。お子さまの成長・生活・性格について、100以上のお悩みを集めました。お悩み一つひとつを丁寧に解決していきます。また、それぞれ「学習中」と「受験直前」の時期を分けた2 項目の回答を用意しました。きっと、抱えている同じ悩みにお答えできるはずです。

保護者のてびき④

子育ては「親育」

発行日：2020 年 6 月 24 日

定　価：¥1,980

《目次》

第 1 章. 受験編

第 2 章. 子ども編

第 3 章. 保護者編

保護者のてびきシリーズの 4 冊目は、保護者の方に向けた、少し辛口で役に立つアドバイス集。教育出版人としてだけでなく、3 人の息子を持つ先輩パパの視点からも、保護者のみなさまを激励します。

「受験編」「子ども編」「保護者編」の 3 編に読みやすい見開きの 73 のヒントが掲載されています。ちょっと辛口だけれど、思わず納得の子育てエピソードが満載です。

保護者のてびき⑤

子どもの帝王学

発行日：2020 年 7 月 21 日

定　価：¥1,980

《目次》

第 1 章. 保護者の心構え

第 2 章. 親子のルール

第 3 章. 子どもの自立

保護者のてびきシリーズの最終巻となる本書では、日本学習図書社長の後藤耕一朗が、3 人の息子を育てた経験を振り返り、長男が誕生した時のエピソードから、自らの死生観に至るまでを書き下ろしました。

「見えない子どもの保護者になる」を社是とする出版社、日本学習図書社長・後藤耕一朗が、すべての親に贈る、ありきたりでない子育て論を綴っています。

今、話題の保護者作文にも対応！

小学校受験 願書・アンケート・作文

新 文例集５００

発行日：2017 年 5 月 22 日

定　価：¥2,860

《目次》

志望動機／教育方針／家族（父・母）／

学校について望むこと・知ってほしいこと／

その他／複雑な質問

願書でお悩みの保護者に朗報！　有名私立小学校や難関国立小学校の願書やアンケートに記入するための適切な文例を、質問の項目別に収録。入学の動機、家庭の教育方針や志願者（子ども）のことといった頻出の話題から、時事問題や学校の創立者に関することといった個性的な質問まで、あらゆる質問に対する「答え」となる文例を網羅しています。また、必要な項目にはアドバイスも併記し、願書を書くうえでの技術解説もされています。

願書を書く前に、是非一度お読みください！

年中からの早期学習にピッタリ！ 基礎力アップトレーニングシリーズ

聞く力・記憶力アップ

発行日：2024 年 1 月 25 日
定　価：¥1,650

基礎力アップトレーニングシリーズ第 1 弾、「聞く力・記憶力アップ」の問題集です。小学校で成績がよい子がもっているといわれる「傾聴力」を身につけるために、本書ではその第一歩である「聞く力」「記憶力」を高めます。

また、学習していると、「同じ問題を繰り返し使用すると、お子さまが解答を覚えてしまう」ということはありませんか。この問題集では、単語の一覧表を多方向から使用します。問題を読む方向を変えることで、バリエーションが増え、マンネリを未然に防ぐことができます。本書に掲載している問題数は全部で 673 問。それを系統立てて収録していますので、基礎作りとしてはこれ以上ない問題集です。

スピードアップ

発行日：2024 年 1 月 25 日
定　価：¥1,650

シリーズ第 2 弾、「スピードアップ」の問題集です。5 つの課題から構成されており、問題を 2 回 1 セットで行うとより効果的です。1 回行った課題は慣れていますから、次にやるときはスピードが上がります。その効果を用いて、処理スピードを向上させていくことを目的に作成いたしました。練習用のプリントもありますので、何度でも復習したり、アレンジして問題数を増やしたりして学習することができます。また、本問題集は、簡単な問題から、難易度の高い問題まで、幅広い内容を収録しています。お子さまのレベルに合わせて学習を進め、徐々にステップアップしていくことができます。

比較力アップ

発行日：2024 年 2 月 23 日
定　価：¥1,650

《ステップ》
1．数　　量
2．長　　さ
3．面　　積
4．水　　量
5．重さ比べ

シリーズ第 3 弾、「比較力アップ」の問題集です。一言に「比較」といっても、比べる内容はさまざまあります。比べるものによって、着眼点や考え方は違います。本問題集は、比較の代表的な問題を取り上げ、基本が身につくような構成になっています。また、問題用紙を回転させて比較するマスを工夫することで、問題数を増幅させることができます。

1 話 5 分の読み聞かせ お話集①

発行日：2014 年 3 月 17 日
定　価：¥1,980

《目次》
第 1 章．学習態度編
第 2 章．学習内容編

「アラビアン・ナイト」「アンデルセン童話」「イソップ寓話」「グリム童話」「日本の民話」「各国の昔話」「偉人伝」という膨大な数の物語の中から、特に教育的、教訓的と思われる物語や、知名度が高い作品、過去に数多くの小学校入試にも出題されてきた物語を中心に計 48 話分を掲載。各話は 4 ページからなり、前半は物語、後半は保護者向けの解説および問題の掲載ページで構成しています。
初版の刊行以来、10 年に亘って改訂を重ねてきたニチガクのベストセラーです。

マンダラチャートで受験を考える

日本学習図書株式会社　代表取締役
後藤耕一朗

マンダラチャートとは？

　マンダラチャートとは、9×9の81マスで構成される目標達成シートのことです。

　大リーグの大谷選手が高校の恩師に教えられて実践してきたことで有名になった「マンダラチャート」ですが、中に記載する内容を変えることで、小学校受験にも応用できます。特に保護者の方の意識改革には、最適な対策シートとして活用できます。

　詳しくは、次の頁から説明をしていきますのでご覧ください。

作り方

　このマンダラチャートですが、3×3の9マスが9つ集まったものと考えていただけると分かりやすいと思います。

　①真ん中の9マスの中心に、一番の目標である「合格」と記入します。

　②次にその周囲の8マスに、合格するために関係するキーワードを8つ書き出します。

　③書いた8つのキーワードを、周囲にある8つの3×3のマスの中心に書き写します。

　④書き写したら、今度はそのことに関連するキーワードを周囲の8マスに書き出します。

　⑤全て埋めたら、書き出した周囲の8つのマスに書いてあることを意識しながら日常生活を送ります。

　このように書き出すことで、受験をするのにどのようなことに配慮し、意識を向ければいいのかが分かります。

　また、視覚化されることで、関連性も把握でき、保護者の方も整理ができるのではないでしょうか。

マンダラチャートの作り方（1）

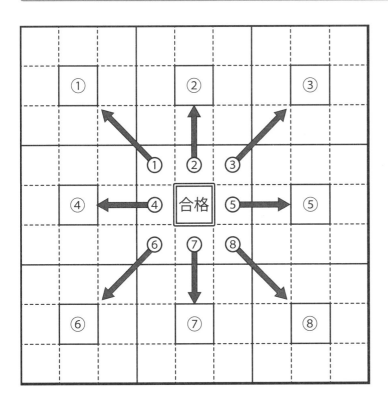

【作り方の説明】

① 81マスの中心に「合格」と記入する。

②合格するために関係するキーワードを周りの8マスに記入する。

例：説明会、出願、ペーパー、行動観察、面接、生活体験、工作、運動など

③②で書いた項目を、周囲の8マスの中心に転記する。

※太矢印部分

アドバイス

　マンダラチャートで大切なことの一つに、それぞれの関連性を考えて意識を広げていくことがあります。入試のことを考えると、意識が「合格」に集中しがちになってしまいます。しかし、そのような状況になると、どうしても柔軟性がなく、イライラすることが多くなってしまいます。そのような悪循環に陥らないように、マンダラチャートで関係性を整理することで、保護者の方の意識を外側に向けるようにします。

　ここでのポイントは、入試に関連する大きな項目を取り上げます。そうすることで、合格するまでにクリアしなければならないこと

が整理できます。最初の項目を作成する際、志望校のHPなどをご覧になり、リストアップしていくのもおすすめです。

　中心のマスの周りに書く8個の項目は、志望校によって内容が違いますから、お子さまが志望される学校に関連したことを記入します。それができましたら、今、書いたものを周囲のマスの中心に書き入れます。

マンダラチャートの作り方（2）

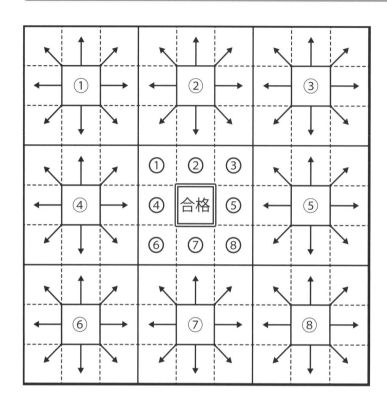

【作り方の説明】

④転記したことに関連するキーワードを周囲の8マスに記入する。

※細矢印部分

アドバイス

　さぁ、準備は整いました。次のステップに進みましょう。

　このマンダラチャートで一番大切な行程になります。最初の行程でリストアップしたものに、今度は一つひとつ必要なことを周囲に挙げていきます。恐らく、色々と考え、頭を使うことでしょう。実は、この行程がこのマンダラチャートの大きな目的の一つになります。

　受験に関連することはたくさんあります。ですから、それを一度に考えると頭がパンクし、収集がつかなくなってしまいます。それを項目毎に整理をして考えていくことと同時に、生活の中に落とし込むことを意識します。考えれば考えるほど、日常生活の中に受験で必要なことがたくさんあることが分かると共に、幾つものことが絡み合うように関係していることが分かると思います。

　そして、考えたことを整理すると、最初に考えていたことよりもグループ化され、頭の中がスッキリしていると思います。

　また、受験全体を俯瞰して見ることもでき、焦りも少なくなっていることでしょう。このマンダラチャートを活用することで、マイナスはありません。

マンダラチャートで受験を考える（例）

日時場所	服装	参加方法	起床	通園準備	挨拶お礼謝罪	候補	場所	合格実績
交通手段・時間	説明会・公開授業	持ち物	失敗体験	基本的生活習慣	片付け	費用	幼児教室	カリキュラム・時間
注意事項の確認	見学する順番など	まとめ・振り返り	意欲	自信	配慮気づき	体験授業	相性	特別講習
基礎力	体験	集中力	説明会・公開授業	公開授業	幼児教室	聞く・伝える	姿勢	理解力
聞く力	ペーパー	理解力	ペーパー	合格	口頭試問	意欲	口頭試問	観点の転換
対応力	復習と量	意欲	面接	運動・行動観察	提出書類	プロセス	諦めない	基本的生活習慣
挨拶	姿勢態度	集中力	意欲	経験	理解力	要項	HP・学校案内	下書き・校正
発言力	説明会・公開授業	理解力	自制心	運動・行動観察	集中	記入	提出書類	集中
マナー	思考	生活体験	態度	基本的動作	返事	期日	提出方法	確認

　参考として、81マスを全て埋めてみました。

　こうして全てを埋めると、試験対策としてどのような対策を取らなければならないか、一目瞭然！

　また、同じような項目が別の項目の中に出てきた場合、同じ内容としてとらえても構いません。ただし、場所（学校）が違えば、別々に考える必要があります。

アドバイス

　あまり、根を詰めず作成してください。

　みなさんが作ったマンダラチャートを見てください。すると、幾つかのグループに分けることができると思います。これから生活をするときに、このマンダラチャートを常に意識することが大切です。常に意識をすれば、生活に取り入れたり、ちゃんとしようと考えたりすると思います。そうです、この、常に意識をして取り組むことこそ、マンダラチャートの狙いと言えるでしょう。

　そして、保護者の方は取り組まなければならないことを視覚化することで、焦りを減らすことができ、ゆとりを生むことにつながっていくのです。

　この例で説明するなら、上の段の真ん中、「基本的生活習慣」は大切です。これらを意識し、取り入れ、修得することで、「挨拶」は自然な挨拶ができるようになりますし、「片付け」も自ら進んでするようになるでしょう。そうした一つひとつの仕草を自然にできたら、素敵だと思いませんか。そして、繰り返し取り組むことで、自信へとつながっていきます。

　一つの自信は、次の自信を生み出します。

　笑顔を絶やさず、楽しみながら取り組んでください。

近畿大学附属小学校　児童作品

学校アンケート

2025 年度入試に向けて

学校アンケート

2025年度入試に向けて

2023年5月8日、新型コロナウイルス感染症が「5類感染症」に移行しました。これに伴い、国立小学校・私立小学校は、どのように対応して2025年度入試を行い、受験者・保護者に対してどのようなことを思ったのかーー。アンケートを行いました。

入試内容（出題項目）

コロナが5類に移行し、コロナ前の日常が戻ってきました。コロナ禍で余儀なくされていた人数制限などの感染拡大防止対策がなくなり、2024年度入試は2023年度入試から入試内容を変更したのでしょうか。変更したと回答した学校には、その内容も聞いてみました。

Data 01 入試内容(2023年度と比較)

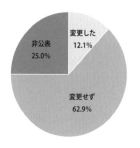

- 非公表 25.0%
- 変更した 12.1%
- 変更せず 62.9%

試験内容を変更した学校はごくわずかでしたが、変更した学校からは以下のような回答がありました。

- ・協同制作・言語・数・空間認知・道具の使い方などを増やし、試験時間を長くした。
- ・ペーパー：長文聞き取り問題をなくした。試験時間を短くし、配点を下げた。
- ・行動観察：30分の試験を2種類に増やし、試験時間を長く、配点を上げた。
- ・志願者面接：なくした。（親子面接後に保護者のみが退出する形式だったが、最後まで親子面接）。
- ・ペーパー：知識の問題を口頭試問に変更。欠所補完と推理思考問題のみに変更。　口頭試問：知識問題をとり入れた　保護者作文：廃止。
- ・全体の難易度を上げ、試験時間を長くした。

※当調査は、2024年3月に本誌掲載の国立小学校、私立小学校を対象に実施

身につけておいてほしいこと

ここでは 2025 年度入試を控えるご家庭についてです。まずは、受験生に、入試までに身につけておいてほしいことは何か、選択肢から選んでいただきました。

「話を聞く態度」が最も多く、次が「コミュニケーション能力」でした。この他、「諦めない気持ち」、「正しい姿勢」、「言葉遣い」などが挙がっています。

一方、保護者に対しても学校側からの要望がありましたので、以下を参考にしてみてください。

Data 02　受験生に身につけてほしいこと

1. 記憶力	1.6%
2. 計算力	0.0%
3. 想像力	4.2%
4. 語彙力	2.3%
5. 知識量	0.5%
6. 正しい姿勢	6.5%
7. 話を聞く態度	15.2%
8. 挨拶	9.6%
9. 積極性	3.7%
10. コミュニケーション能力	10.0%
11. 集中力	6.5%
12. 体力	4.7%
13. 理解力	4.2%
14. 諦めない気持ち	7.9%
15. 忍耐力	4.2%
16. 正しい筆記具の持ち方	2.3%
17. 表現力	4.4%
18. 手先の器用さ	1.9%
19. 思考力	4.4%
20. 言葉遣い	5.8%

- 入試までに、あるいは入学までに、本校の教育方針について理解を深めていただきたい。
- 塾や幼児教室任せではなく、家庭環境を整えることや、我が子に様々な経験をさせたりいろいろな声かけをしたりすることが、子供の力を伸ばすことを理解してもらいたい。
- 入試が弊害にならないような子育て　「できないこと」を叱るのではなく、チャレンジする好奇心を大切に育んでほしい。
- 本校の教育方針の理解。
- 本校が本当にお子様に合っているのか、子どもさんの様子をよく見て選んであげていただきたい。

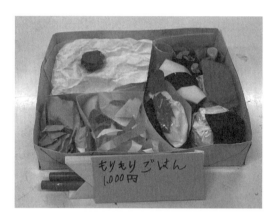

近畿大学附属小学校　児童作品

小学校受験 標準テストとは

模擬テストで腕試し！

模擬テストで腕試し！

"小学校受験標準テスト"とは

志望校合格のための最も有効な対策の1つである「模擬テスト」。お子さまにとっても、保護者の方々にとっても貴重な経験となることは間違いありません。
"小学校受験標準テスト" 模試での解説を務める弊社代表 後藤耕一朗が、実際に行われる模擬テストのシステムや魅力をお伝えします。

■ 私立小学校が会場に

私立小学校を会場として、出版社系列の模擬試験専門会社が行います。

塾や幼児教室で行われる模擬試験(以下、模試)では、いつも顔を合わせているお友だちや先生といっしょに、慣れた教室で行います。しかし、この模試は私立小学校で弊社スタッフが行うので、ふだんと全く違った環境で、お子さまの様子を観ることができます。

また、ふだん通っている幼児教室とは別の教室からも、大勢のお子さまが受験されます。ですから、規模が大きくなります。しかも、弊社は教室運営を行っていない模試専門の会社ですので、受験者全員が公平な条件でお受けいただけます。したがって、入試本番さながらの雰囲気の中で、全体評価と客観的評価が可能となり、進路指導の貴重な資料となるのです。

運動テストでは、待ち時間も本番さながらです。

■ 保護者の方々も待機時間が充実

お子さまが模試に参加している間、保護者の待合室では、模試会場校の先生の講演や、インタビューなどが行われます。ここで、保護者の方も、学校の雰囲気を味わえるだけでなく、志望校選びの参考にもなります。

また、弊社解説者による模試の出題意図・観点などを含む解説も行われます。ただ問題に対する解答をお伝えするだけでなく、間違え方による理解度を分析します。

さらに、受験を控えた保護者の方とお子さまのために、受験までのご家庭での過ごし方や、心構えなども合わせてお話ししております。

■ 納得の試験内容

テスト内容は、過去に小学校入試で出題された問題を分析するとともに、「各小学校が求める子ども」をテーマに、プリント、絵画造形、運動、個別テスト、行動観察などで構成されています。本番を意識した模試ですので、たとえ会場校が志望校でなくても「小学校」の雰囲気に慣れるため、複数校での受験をおすすめしています。

■ アフターケア

お子さまが答えた解答用紙に採点したものを成績表などといっしょにお送りします。そ

の意図としましては、返却後、解答用紙を見ながら問題を再度行っていただきたいからです。同じ正解でも、偶然当たっていたものか否か。同じ間違いでも、本当にわからなかったのか、ケアレスミスか。また、本人は正しく解答しているつもりでも、採点者に無効と判断される場合もありますので、そのポイントがわかることによって、その後の学習は、大きく変わってきます。お子さまの問題に対する理解度を正確に把握することで、よりよい学習計画を立てていただきたいと思っています。

また、試験官が使用した採点表には、試験中に特に気になった点などが記入されているので、試験中のお子さまの様子がわかるようにもなっています。

テスト内容についての詳しい解説も聞けます。

■ よくある質問集
『模試を受ける際の注意点は何でしょうか？』

—— 毎回感じることですが、テスト自体に対しては、取り組む姿勢や解答する能力が備わっているお子さまが多いようです。しかしながら、テスターの指示が正確に聞けなかったり、教室間の移動や、待機中に、私語が多かったり立ち歩いたりするお子さまが結構いらっしゃるのが気になります。問題行動があった場合は、その場で注意すると同時に行動観察として得点化し、その状況を成績表に記載させていただきます。実際の入試でも、当然このような行動はチェックされますので、記載があれば要注意です。

ふだんはお行儀もよく優等生のお子さまであっても、実際の小学校というふだんとは異なる環境下では、予想外の行動をとることもあるようです。模試では、保護者の方にお子さまの弱点を把握していただくために、私情

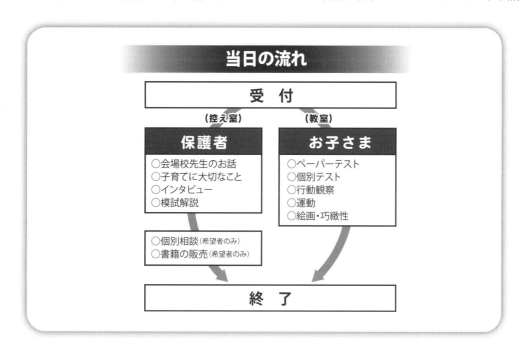

当日の流れ

受 付

（控え室）

保護者
○会場校先生のお話
○子育てに大切なこと
○インタビュー
○模試解説

○個別相談（希望者のみ）
○書籍の販売（希望者のみ）

（教室）

お子さま
○ペーパーテスト
○個別テスト
○行動観察
○運動
○絵画・巧緻性

終 了

個別テストの風景

を交えず、個々の受験生を客観的に評価し、お子さまの現状をありのままに報告しています。

したがって、成績表の得点評価に一喜一憂するのではなく、今後の課題として受け止め、その後の学習の参考にしていただきたいと思います。

本番の入試で思わぬ失敗をしないためにも、擬似体験として弊社模試をご活用いただければ幸いです。

『テストは、どのような先生が実施しますか？』

—— 教職免許取得者、もしくは教育現場経験者を採用しています。テスターに学生アルバイトは採用していません。

『模試の申込はどのようにすればよいのですか？』

—— 多くの塾や幼児教室にご協力をいただいておりますので、最寄りの塾や幼児教室でもお申し込みいただけます。外部生の受付を行っている教室も多いようですので、最寄りの教室までお問い合わせください。また、Webサイトやお電話でも受け付けております。

『成績表の返却方法は？』

—— Web、または電話でお申し込みいただいた場合は、成績表一式をご自宅まで宅配便にて直送させていただきますが、幼児教室経由でお申し込みいただいた場合は、成績表一式を封印して教室へ発送いたします。したがいまして、成績表はお申し込みされた教室よりお受け取りください。

『個人情報の管理はどうなっていますか？』

—— 試験結果を含むすべての情報を厳重に管理しておりますので、小学校を含め外部に個人情報が漏れることはありませんので、ご安心ください。

解説風景（話者は弊社代表後藤耕一朗）

合格のカギは、『保護者の成長』

実際の模擬試験では、学校へのインタビューや解説などを、どのような観点から行っているのかを聞いてみました。

▶お子さまと保護者のレベルアップが大切

小学校受験を乗り切るためには、お子さまのレベルアップもさることながら、保護者の方が指導力をアップすることも大切です。なぜなら、お子さまの学力の伸長のポイントは家庭学習にあると弊社では考えているからです。ですから、お子さまが受ける模擬テストと同様に、保護者の方への解説も重視しています。

▶先生の本音を引き出す

では、解説の位置付けについてお話しします。この模擬試験では、お子さまが受けるテストと同時進行で、保護者の方への問題解説を行います。保護者控え室での流れをご紹介します。

まず最初に会場校の先生のお話を伺います。お話は、会場校の紹介よりも、教育、育児など、「保護者力」を高める内容が中心となります。次に会場校で担任をされている先生方に対して皆様の前でインタビューを行います。インタビューとは言いますが、事前打ち合わせは全くしていません。ですから、現場の先生方の本音を聞くことができます。私立小学校の担任の先生がどのようなことを考えながら授業を行っているのかなど、説明会でも聞くことができない、生の声を皆様にお届けしています。

例えば、「授業をする上で気を付けていること」「この学校に勤めたきっかけ」「現在、教師として努力していること」などです。時には、運動会でのダンスが印象に残ったとお答えになられた先生に、印象に残ったダンスを実際に踊ってもらったこともあります。

▶解説の観点

その後、模擬テストの解説に移るのですが、話す内容を2部構成で考えています。

前半は、保護者としての心構えや教育全般のお話などを中心に進めていきます。もちろん、その中には、取材で得た㊙情報も織り交ぜてお話ししています。

後半は、問題に即した内容です。問題の解き方や学習方法だけでなく、どうしてこの問題を出したのかという出題意図まで落とし込んでお話しします。苦手な問題の場合の指導方法や解答用紙の見方まで説明します。

解説終了後に、個人的な質問なども受け付けていますから、悩みを抱えていらっしゃる多くの保護者の方がお話しに来られます。

合格するためには、お子さまだけでなく、ご家庭全体のスキルアップが必要ですから、当然のことでしょう。

模擬テストの会場小学校様から
感想その1

先生の感じたこと…

　私立小学校を会場として実施されている模擬試験は、お子さまにとりましても保護者さまにとりましても、本番の試験に臨まれるにあたり、ご安心いただける機会となることでしょう。

　本校は、大阪市の中央区に位置し、アクセスに便利なことから、毎年多くのお子さまが受験なさっておられます。

　日頃から、人の話をよく聞き、理解し、行動できるようになさってください。また、親子の会話も大切になさってください。

　小学校受験準備を通して、親子の絆がより強まることをお祈り申し上げます。

（城星学園小学校　校長　奥 栄三郎）

　小学校を会場として、本番同様の模擬テストを最初に行った小学校受験標準テスト。1番のポイントは、現場の先生方の声が直接聞けること。先生方の生の声を知っていただくため、事前の打ち合わせは一切行っていません。聞いている側も「そこまで聞くの？」と驚くような鋭い質問や、先生個人の信条まで、幅広い質問を行います。説明会や講演会では絶対に聞けない情報が得られる小学校受験標準テストを体験してみませんか？

模試実施実績校…

追手門学院小学校（大阪）／賢明学院小学校（大阪）／香里ヌヴェール学院小学校（大阪）／四天王寺小学校（大阪）／城南学園小学校（大阪）／城星学園小学校（大阪）／帝塚山学院小学校（大阪）／箕面自由学園小学校（大阪）／甲子園学院小学校（兵庫）／仁川学院小学校（兵庫）／雲雀丘学園小学校（兵庫）／京都聖母学院小学校（京都）／ノートルダム学院小学校（京都）／近畿大学附属小学校（奈良）／帝塚山小学校（奈良）／奈良学園小学校（奈良）ほか　**（府県別五十音順）**

※ **今年度の詳しい実施予定につきましては右記 Web サイトをご覧ください。**

直接
学校の中を見たり先生のお話を聞けるのがとてもよいです。
出版社の方の客観的な意見が聞けるのも、とても参考になりました。
細かく採点、チェックした結果を後日いただけますから、当日までの対策にも役立ちます。

問題の解説がわかりやすく、とてもためになりました。受験までの日々の過ごし方についても具体的なアドバイスがあり、有意義な時間が過ごせます。

子育ての大切だけど忘れてしまいがちな部分を、思い出させてもらえました。試験対策だけではなく、小学校に入るまでの教育をどうするかを考えるよい機会、きっかけになります。

校長先生のお話も聞くことができ、学校説明会では気付けないその学校のよさがわかり、学校選びの大きな助けにもなります。家庭での学習、躾などの参考にもなり、とてもよかったです。

模試会
場となった小学校の各先生方のお話をお聞きすることができ、大変勉強になりました。また、実際の試験・面接の内容を知って、入試までにしなければならないことがはっきりとしました。

試験当日と同じような環境の中で模擬試験ができることに魅力を感じました。毎回結果に対して弱点克服の方法や解答方法からの分析の仕方等、本番に役立つ有益な情報をいただけ大変ためになりました。

近畿大学附属小学校　児童作品

入学試験
データ一覧

私立小学校　2025 年度入試・説明会日程一覧 （2024 年実施予定分）

	学校名	説明会	願書配布	出願	選考	合格発表
	[京都府]					
共	同志社小学校	未定				
共	ノートルダム学院小学校	7/6	未定			
共	京都文教小学校	6/1・29	4/27	7/29 ～ 8/28	8/30・31	9/2（郵送）
共	立命館小学校	未定				
共	京都女子大学附属小学校	6/15、7/27	未定			
共	光華小学校	未定	Web	7/30～8/16(Web)	8/18	8/20
共	一燈園小学校	未定				
共	京都聖母学院小学校	5/17・18、7/1	Web	7/12～8/19	8/24・26・27、9/2	9/3
共	洛南高等学校附属小学校	未定				
共	同志社大学附属 同志社国際学院初等部	未定	Web 出願	未公開（Web）	未公開	Web 合否
	[大阪府]					
共	アサンプション国際小学校	5/18、6/15、7/27	5/18 ～（Web）	8/12 ～ 19(Web)	9/7・8	9/9
共	箕面自由学園小学校	未定				
共	追手門学院小学校	4/20、6/15、7/13	Web 出願	8/19 ～ 27	9/14	9/16
共	城星学園小学校	3/23	3/23 ～	説明会にて公表		
共	大阪信愛学院小学校	3/20、5/25、7/27	4/1 ～（Web）	9/2 ～ 11	9/15	9/16
共	帝塚山学院小学校	6/9、7/21	6/14 ～（Web）	8/21 ～ 9/13	9/23	9/25
共	大阪金剛インターナショナル小学校	6/22、7/27、9/7	Web 出願	Web 出願	10/26、11/30、1/25	試験当日
共	建国小学校	6/29、8/24、9/21	随時、HP から	9/1 ～ 30（Web）	10/19	10/21
共	城南学園小学校	4/15 ～ 20、5/13 ～ 18、6/15、7/20	Web 出願	8/26 ～ 9/9	9/14	9/15（郵送）
共	関西大学初等部	5/19、6/8、7/7	Web 出願	7/10 ～ 8/20	8/25～9/7、9/13	9/17
共	関西創価小学校	5/3、6/16、7/28	Web 出願	7/1 ～ 8/24	8/31 ～ 9/1、9/14 ～ 15	9/18
共	香里ヌヴェール学院小学校	5/25、10/8	Web 出願	8/19 ～ 30	9/20	9/21
共	四條畷学園小学校	6/1、8/24	8/24～9/11(Web)	8/25～9/11(Web)	9/19	9/20（Web）
共	賢明学院小学校	5/11	Web 出願	8/26～9/1	9/10・11	9/12
共	はつしば学園小学校	未定				
共	四天王寺小学校	4/20、6/8、7/27	Web 出願	8/19 ～ 27	8/29～9/4、9/7	9/9
	[兵庫県]					
女	愛徳学園小学校	5/18、11/9、6/15、7/20	5/18 ～（Web）	7/27 ～ 8/7	9/7	9/7（Web）
共	須磨浦小学校	4/20、5/11、6/3～14、7/25・27	4/20 ～（窓口・郵送）	4/20 ～ 8/22	9/7	試験当日（発送）
女	神戸海星女子学院小学校	未定				
共	甲南小学校	5/25、6/29	7/1～29(HPより)	7/22 ～ 8/2	9/7	9/7（郵送）
共	高羽六甲アイランド小学校	4/27、5/11・25、6/8	未定			
共	雲雀丘学園小学校	4/20、6/12、6/22	Web 出願	7/1 ～ 15	9/7	9/10（郵送）
共	関西学院初等部	4/13、5/11、6/22	Web 出願	未定	9/11	未定
女	小林聖心女子学院小学校	5/11、6/8	5/11 ～	8/1 ～ 23	9/7	9/8
共	仁川学院小学校	4/7、12/21	Web 出願	未定	9/7・8	9/7・8（Web）
共	甲子園学院小学校	5/25、9/20、1/29	5/25 ～	8/16 ～ 20	9/7	9/8
女	百合学院小学校	4/20、6/24、7/15	4/7～（来校・郵送）	8/23 ～ 9/1	9/9	9/10

※入試日程は 2023 年 3 月時点の予定です。第 1 次日程（A 日程等）のみの記載となっています。

	学校名	説明会	願書配布	出願	選考	合格発表
	［奈良県］					
共	奈良育英グローバル小学校	5/25、7/6	未定	8/26 ～ 9/11	9/14・15	9/16・17
共	帝塚山小学校	6/15、7/27	Web	8/26 ～ 9/3（Web）	9/21	9/21（Web）
共	近畿大学附属小学校	7/31	Web	8/23 ～ 9/4（Web）	9/14・18	9/20（Web）
共	奈良学園小学校	4/27、6/15、7/28	4月上旬予定（Web）	8/21 ～ 9/3（Web）	9/9 または 10、9/15	9/16（Web）
共	智辯学園奈良カレッジ小学部	4/20、4/29、5/25、7/21	Web 出願	8月	9月	9月（Web）
	［和歌山県］					
共	智辯学園和歌山小学校	5/18、6/8	6/8 ～（Web）	7/20 ～ 31（Web）	9/15	9/19（Web）
	［愛知県］					
共	南山大学附属小学校	未定	9/18 ～ 10/4	9/18 ～ 10/4	11/9・16・17	11/26（発送）
共	名進研小学校	5/19、8/31	8/31 ～（Web）	8/31 ～ 9/16（Web）	10/26・27 のいずれか 1 日	10/28
女	椙山女学園大学附属小学校	6/22、8/24、9/14	未定			

国立小学校　2024 年度入試・説明会日程一覧 （2023 年実施分、一部 2024 年実施含む）

※ 2025 年度の日程は学校ホームページなどでご確認ください。

	学校名	説明会	願書配布	出願	選考	合格発表
共	滋賀大学教育学部附属小学校	**11月初旬**	**10月下旬**	未定	未定	
共	京都教育大学附属京都小中学校	9/9	Web出願	10/2 ～ 11/1	1/11（女）、1/12（男）、1/17	1/15（Web）1/17（本合格）
共	京都教育大学附属桃山小学校	6/22（Web）	6/24 ～ 7/19	7/22・23	1次：8/24 2次：9/27 3次：10月上旬	未定
共	大阪教育大学附属天王寺小学校	8/19	8/19、11/13 ～ 17	12/5 ～ 8	1/8 ～ 16	1/18
共	大阪教育大学附属平野小学校	11/24	11月下旬～12月上旬	12/21・22	1/17・18	1/19
共	大阪教育大学附属池田小学校	12/7	Web（未定）	Web（未定）	1/22・27（女子）1/23・27（男子）	未定
共	奈良女子大学附属小学校	7/11、9/9	7/11、9/9	9/22・23	10/21	10/25
共	奈良教育大学附属小学校	7/27、8/26、10/26	7/27 ～ 9/13	9/13・14	9/28	9/28
共	和歌山大学教育学部附属小学校	11/1・8	説明会にて配布	11/2 ～ 17	12/8	12/15（郵送）
共	愛知教育大学附属名古屋小学校	11/15	11/15 ～ 17	12/13 ～ 15	1/9・10、1/19	1/19
共	愛知教育大学附属岡崎小学校	10月	10/10 ～ 31	10/20 ～ 31	12/26・27	1/10

※太字は 2025 年度の入試・説明会日程です。

私立小学校　志願者数一覧　2024年度（2023年実施分、一部2024年実施含む）

付
録

	学校名	募集人数	志願者数
	[京都府]		
共	同志社小学校	約60名	非公表
共	ノートルダム学院小学校	＊約120名	非公表
共	京都文教小学校	＊約30名	非公表
共	立命館小学校	＊120名	非公表
共	京都女子大学附属小学校	※60名	81名
共	光華小学校	＊約60名	非公表
共	一燈園小学校	＊10名	4名
共	京都聖母学院小学校	※＊約120名	非公表
共	洛南高等学校附属小学校	90名	124名
共	同志社大学附属 同志社国際学院初等部	※約60名	非公表
	[大阪府]		
共	アサンプション国際学校	約80名	91名
共	箕面自由学園小学校	50名	128名
共	追手門学院小学校	約130名	160名
共	城星学園小学校	※約100名	246名
共	大阪信愛学院小学校	※＊60名	非公表
共	帝塚山学院小学校	※100名	130名
共	大阪金剛インター ナショナル小学校	40名	非公表
共	建国小学校	35名	27名
共	城南学園小学校	約70名	36名
共	関西大学初等部	※60名	166名
共	関西創価小学校	約100名	非公表
共	香里ヌヴェール学院小学校	＊約60名	非公表
共	四條畷学園小学校	※約90名	95名
共	賢明学院小学校	※60名	47名
共	はつしば学園小学校	＊90名	108名
共	四天王寺小学校	90名	85名

	学校名	募集人数	志願者数
	[兵庫県]		
女	愛徳学園小学校	40名	非公表
共	須磨浦小学校	※36名	19名
女	神戸海星女子学院小学校	50名	63名
共	甲南小学校	＊約25名	33名
共	高羽六甲アイランド小学校	40名	非公表
共	雲雀丘学園小学校	※135名	189名
共	関西学院初等部	80名	168名
女	小林聖心女子学院小学校	60名	107名
共	仁川学院小学校	60名	123名
共	甲子園学院小学校	※約60名	16名
女	百合学院小学校	＊60名	非公表
	[奈良県]		
共	奈良育英グローバル小学校	＊30名	非公表
共	帝塚山小学校	約70名	83名
共	近畿大学附属小学校	※120名	148名
共	奈良学園小学校	※90名	66名
共	智辯学園奈良カレッジ 小学部	約60名	非公表
	[和歌山県]		
共	智辯学園和歌山小学校	約80名	63名
	[愛知県]		
共	南山大学附属小学校	90名	212名
共	名進研小学校	約90名	非公表
女	椙山女学園大学附属小学校	＊約55名	非公表

※内部進学者を含む。
＊2次募集などでの若干名の募集を除く。

国立小学校　志願者数一覧　2024 年度 （2023 年実施分、一部 2024 年実施含む）

	学校名	募集人数	志願者数
共	滋賀大学教育学部 附属小学校	105 名	128 名
共	京都教育大学 附属京都小中学校	96 名	非公表
共	京都教育大学 附属桃山小学校	30 名程度	非公表
共	大阪教育大学 附属天王寺小学校	105 名	313 名
共	大阪教育大学 附属平野小学校	※ 105 名	128 名
共	大阪教育大学 附属池田小学校	100 名	非公表
共	奈良女子大学附属小学校	※ 70 名	非公表
共	奈良教育大学附属小学校	※ 90 名	非公表
共	和歌山大学教育学部 附属小学校	約 200 名	非公開
共	愛知教育大学 附属名古屋小学校	90 名	非公表
共	愛知教育大学 附属岡崎小学校	90 名	非公表

付録

私立小学校　出題分野一覧表　2024 年度（2023 年実施分、一部 2024 年実施含む）

学校名	考査					面接		
	ペーパー	口頭試問	行動観察	制作	運動	親子同時	保護者	志願者
[京都府]								
共 同志社小学校	●	●	●		●	●		
共 ノートルダム学院小学校	●		●	●	●	●		
共 京都文教小学校	●		●	●	●	●		
共 立命館小学校	●							
共 京都女子大学附属小学校	●	●	●			●		
共 光華小学校	●		●			●	●	
共 一燈園小学校		●	●			●	●	
共 京都聖母学院小学校	●		●	●		●		
共 洛南高等学校附属小学校	●		●			●		
共 同志社大学附属 同志社国際学院初等部	●	●	●			●		●
[大阪府]								
共 アサンプション国際学校	●	●	●			●		イングリッシュコースのみ
共 箕面自由学園小学校	●	●	●	●	●	●		
共 追手門学院小学校	●	●	●	巧緻性のみ		●	●	
共 城星学園小学校	●		●	巧緻性のみ		●		
共 大阪信愛学院小学校	●		●			●		
共 帝塚山学院小学校	●	●				●	●	
共 大阪金剛インターナショナル小学校	●	●	●	●	●	●		
共 建国小学校		●	●		●	●		●
共 城南学園小学校	●		●			●		●
共 関西大学初等部	●		●	●		●		
共 関西創価小学校			●					
共 香里ヌヴェール学院小学校			●					
共 四條畷学園小学校	●					●		●
共 賢明学院小学校　A日程			●			●		
B・C日程	●		●			●		
共 はつしば学園小学校	●		●	●		●		
共 四天王寺小学校	●	●	●			●		
[兵庫県]								
女 愛徳学園小学校	●						●	
共 須磨浦小学校		●	●		●	●		●
女 神戸海星女子学院小学校	●		●	●	●	●		
共 甲南小学校	●	●	●		●			●
共 高羽六甲アイランド小学校	●	●	●		●	●		
共 雲雀丘学園小学校		●	●	●	●	●		
共 関西学院初等部	●	●	●			●		
女 小林聖心女子学院小学校	●	●	●	●		●		
共 仁川学院小学校	●	●	●			●	●	
共 甲子園学院小学校	●	●	●		●	●		
女 百合学院小学校	●	●	●	●	●	●		●

	学校名	考査					面接		
		ペーパー	口頭試問	行動観察	制作	運動	親子同時	保護者	志願者
	[奈良県]								
共	奈良育英グローバル小学校	●	●	●	●	●	●		
共	帝塚山小学校	●	●	●		●		●	
共	近畿大学附属小学校	●	●	●	巧緻性のみ			●	
共	奈良学園小学校	●		●	●	●		●	
共	智辯学園奈良カレッジ小学部	●		●	●		●		
	[和歌山県]								
共	智辯学園和歌山小学校	●		●	●		●		
	[愛知県]								
共	南山大学附属小学校	●	●			●		●	
共	名進研小学校	●	●			●		●	
女	椙山女学園大学附属小学校 AO型 一般	●	●	●		●	●	●	●

国立小学校　出題分野一覧表　2024年度（2023年実施分、一部2024年実施含む）

	学校名	考査					面接		
		ペーパー	口頭試問	行動観察	制作	運動	親子同時	保護者	志願者
共	滋賀大学教育学部附属小学校		●	●	●	●			
共	京都教育大学附属京都小中学校	●	●	●	●	●			
共	京都教育大学附属桃山小学校	●	●	●					
共	大阪教育大学附属天王寺小学校	●	●	●	●	●	●		
共	大阪教育大学附属平野小学校	●	●	●	巧緻性のみ			●	
共	大阪教育大学附属池田小学校	●	●	●	●	●	●		
共	奈良女子大学附属小学校	●		●				●	●
共	奈良教育大学附属小学校								●
共	和歌山大学教育学部附属小学校	●	●	●	●	●	●		●
共	愛知教育大学附属名古屋小学校	●	●	●		●		●	
共	愛知教育大学附属岡崎小学校	●	●	●	●	●	●		●

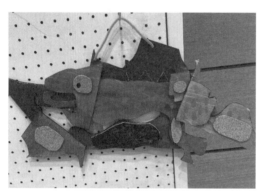

近畿大学附属小学校　児童作品

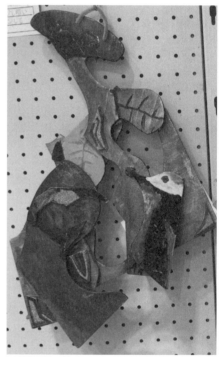

学校紹介

学校紹介ページの見方

学校紹介アイコン

カトリック　プロテスタント　聖公会　仏教　共学　男子校　女子校　給食　アフタースクール　スクールバス

学校基本情報①

●校章　●住所　●電話番号

●Webサイト　●QRコード

●校舎写真　●地図

学校基本情報③

●入試情報　●諸費用

●系列校　●主な年間行事

インデックス

●掲載校を府県ごとに表示

学校基本情報②

●創立年　●創立者　●児童数　●教員数

●制服　●土曜授業　●給食　●スクールバス

●転・編入制度　●復学制度　●帰国子女受入

●沿革　●安全対策

試験分野アイコン

ペーパー　絵画　制作　巧緻性　運動　行動観察　個別テスト　口頭試問　親子面接　保護者面接　アンケート

■ 学校基本情報③

●建学の精神　●校訓
●教育の特色　●課外活動
●外国語教育　●情報教育など

■ 試験内容

●過去の入試情報
※独自に入手した情報が含まれます。
（過去の出題内容ですのでご注意ください）

◆追手門学院小学校◆

過去の試験の内容

見本

■ 学校からのメッセージ

近畿大学附属小学校　児童作品

滋賀県

QRコードで学校HPに
アクセスできます。

滋賀大学教育学部附属小学校
しがだいがくきょういくがくぶ ふぞくしょうがっこう

滋賀県大津市昭和町 10-3　☎ 077-527-5251　https://www.edu.shiga-u.ac.jp/fs/

共学　給食

滋賀

アクセス

● J R 東海道本線（琵琶湖線）「膳所」駅より徒歩 8 分
● 京阪石山坂本線「錦」駅より徒歩 5 分
※湖西線及び県外を経過する路線の利用は認められない。

■学 校 情 報

創立年	1875 年（明治 8 年）	**【沿革】** 1875 年…小学教員伝習所附属小学校設置（堅田町・現 大津市島の関）
創立者	――	1911 年…滋賀県女子師範学校に附属小学校設置（堅田町・現 大津市島の関）
児童数	620 名（1 クラス定員 35 名） ※ 2024 年 3 月 1 日時点	1947 年…滋賀師範学校男子部附属小学校・女子部附属小学校設置（学校改正に伴う）
教員数	31 名（非常勤 6 名を含む） ※校長・副校長を除く	1966 年…滋賀大学教育学部附属小学校と改称 1975 年…創立 100 周年記念式典
制服	あり	2004 年…国立大学法人滋賀大学教育学部附属小学校となる（大学の法人化に伴う）
土曜授業	なし	2019 年…附属学校園いまを生きる基金創設 2023 年…附属学校園教育環境充実基金創設
給食	あり（月・火・水・金）、弁当（木） ※アレルギー対応あり	
スクールバス	なし	**【安全対策】** ・警備員による校門警備・敷地内巡視
転・編入制度	あり（附属間のみ）	・携帯電話メールによる不審者情報等の配信 ・安全教室
復学制度	あり（3 年以内／ 5 年生末まで）	・PTA 安全推進部の設置
帰国子女受入	なし	

※掲載内容は発行時の情報となります。最新の情報については学校発表の情報を必ずご確認ください。

■入 試 情 報

●応募状況

募集人数	男女 105 名（内部進学者を含む）
志願者数	**2024** 男女 128 名 **2023** 男女 161 名 **2022** 男女 158 名 **2021** 男子 78 名　女子 70 名 **2020** 男子 87 名　女子 84 名

●考査内容

口頭試問、行動観察、制作、運動、面接（保護者・志願者同時）

●受験番号

抽選

●月齢の考慮

なし

● 2025 年度入試日程

願書配布	2024 年 10 月下旬（本校事務室）
出願期間	未定
選考	未定
合格発表	未定
入学説明会	未定

● 2025 年度入試説明会日程

学校説明会 （含 授業参観）	2024 年 11 月初旬

■諸 経 費 (2024 年度)

考査料	3,300 円

■系 列 校

- ●幼稚園：滋賀大学教育学部附属幼稚園
- ●中学校：滋賀大学教育学部附属中学校
- ●大　学：滋賀大学・同教職大学院
- ●特別支援学校：
  滋賀大学教育学部附属特別支援学校

■主 な 年 間 行 事

4月	入学式、前期始業式、学年懇談会、個別懇談
5月	運動会、教育実習、開学記念日
6月	教育実習、プール開き
7月	学習参観、懇談会、修学旅行
8月	教育実習
9月	教育実習、校外学習
10月	個別懇談、前期終業式、秋休み、後期始業式
11月	学校説明会、研究発表協議会、音楽会
12月	人権集会、学習参観
1月	入学者選考、入学説明会、書き初め展
2月	1 日入学体験、アートフェスティバル
3月	学習参観、学級懇談会、卒業式、修了式

■教 育 の 基 本 理 念

「いまを生きる」

幼児・児童・生徒 1 人ひとりが、刻一刻と変わる「今」を大切にして、自らの課題と目的意識を持って、その貫徹のために精一杯の力を発揮して追究し、持続させる中で、充実感を持ち、自らの可能性を拡大していく生き方を言う。このような生き方を育てる中で、自ら考え、正しい判断ができる資質の啓培を図るとともに、豊かな心情の陶冶とたくましい意志と体力を育てる教育の充実と創造を目指すものである。

■学校教育目標

●めざす子ども像

- 自ら学ぼうとし、「確かな学力」を身につける子ども（意欲・基礎学力・思考力・表現力等）
- 進んで取り組み、仲間とともにやり遂げる子ども（実行力・行動力・持続力・達成感）
- いのちや人権を大切にする子ども（安全・健康・言葉・思いやり・礼儀・物の大切さ）
- 汗して「つくる」「働く」子ども（実体験・失敗と創造・勤労・鍛錬）

●めざす教師像

- 教育的愛情に溢れ、子どもを多面的に理解しようとする教師（児童理解）
- 子どもとともに活動し、熟視助勢する教師（師弟同行）
- 工夫をこらし、授業改善に努力する教師（資質向上）
- 基本的なことを徹底し継続する教師（凡事徹底）

●めざす保護者像

- 子どもに物事の善し悪しをはっきり示し、指導できる保護者（責任ある子育て）
- 学校と手を携えて子育てしていこうとする保護者（学家連携・規範意識）
- 子どものよさや伸びの姿に気づき、褒めることのできる保護者（共感・称賛）
- 子どもの思いや訴えを聴き取り、受容したり、支えたりできる保護者（受容・支援）

●「ふしょうっこ」宣言

- ふ 「ふれあい」と「いのち」をだいじにします。
  主として「ひと」「自然」「もの」に向けたもの（人・自然・もの・思いやり・いたわり・慈しみ）
- し 「しっかり」と「こころ」をこめてつたえます。
  主として「礼儀」「言葉遣い」に向けたもの（言葉・優しさ・感謝・反省・素直さ・礼儀）
- よ 「よくかんがえ」て「ねばりづよく」やりぬきます。
  主として「鍛錬」「忍耐」「失敗体験」に関するもの（集中・挑戦・意志・強さ・粘り・我慢）
- う 「うそ」や「いけないこと」をみのがしません。
  主として自分自身の行動や社会性に向けたもの（きまり・責任・正直・自信・善悪・厳しさ）
- つ 「つながり」と「でんとう」をたいせつにします。
  主として生活や愛校心に関するもの（家族・先輩・先生・学舎・誇り・自覚）
- こ これからの「じぶん」と「みらい」のためにどりょくします。
  主として目標の実現に向けたもの（夢・目標・勇気・継続・全力・達成）

学校からのメッセージ

　「いまを生きる」のもとに、"いま"しかできない学びや人との「出会い」「つながり」を大切にし、喜びと楽しさにあふれた活気ある学校づくりをめざします。また、附属小学校の教育目標である「心豊かで、実行力のある子ども」が育つことを願って、子どもを中心に、教師も保護者も1人ひとりができることを主体的に行い、みんなが生き生きと輝く学校になるように、手をたずさえて進んでいきたいと思います。

※掲載内容は発行時の情報となります。最新の情報については学校発表の情報を必ずご確認ください。

滋賀

A－1 票

令和　年度　滋賀大学教育学部附属小学校
入　学　願　書

受検番号	※

受付番号	※

志願者			写真貼付	保護者	
ふりがな 氏　名		男 女	出願3か月以内に撮影した 無帽・無背景・正面上半身 受検票と同一の写真 裏面に名前を記入のこと 4. 5cm×3. 5cm	ふりがな 氏　名	
生年月日	平成　年　月　日生			志願者との続柄	
現住所	〒　－ （電話　－　－　）			現住所	〒　－ （電話　－　－　）
保育歴	保育園　年 幼稚園　年			現住所の該当する公立小学校名	市 町 立　小学校

上記の者を貴校に入学させたいので出願します。

令和　年　月　日

滋賀大学教育学部附属小学校長

保護者氏名　㊞

〔入学願書記入上の注意事項〕

1. 願書，受検票及び受検番号控の記入事項は黒のペン又はボールペンで正確に記入してください。
2. 保護者印を所定箇所へ押印してください。(シャチハタは不可)
3. 性別，現住所の該当する公立小学校名欄の設置者別は該当文字を○で囲んでください。
4. 志願者との続柄欄の記載例･･････父、母
5. 現住所はマンション名等を含め，詳細に記入してください。
6. 保育歴があるときは園名等を記入し，該当の園を○で囲んでください。
7. ※印欄は記入しないでください。

区分コード	2210120

取扱金融機関収納印 1

切りはなさない　　　　振込後出願者切り取り

A－2 票

受付番号	※

令和　年度　滋賀大学教育学部附属小学校

受　検　票

氏　名		男 女
受検番号	※	写真貼付 出願3カ月以内に撮影した 無帽・無背景・正面上半身 願書と同一の写真 裏面に名前を記入のこと 4. 5cm×3. 5cm
保護者氏名		

(注)選考時に必ず持参してください。
選考時に回収します。

※

切りはなさない

令和　年度　滋賀大学教育学部附属小学校

A－3 票

受検番号控

氏　名		男 女
受検番号	※	

(注)入学説明会時に必ず持参してください。

振込後出願者切り取り

B 票　　本人保管

振込金(兼手数料)受取書

金　額	¥ 3 3 0 0	手数料
先方銀行	ご希望の金融機関に○印をつけてください。 滋　賀　銀　行　彦根支店　普通　972622 三菱UFJ銀行　京都中央支店　普通　2717355	
受取人	滋　賀　大　学	
区分コード	2210120	
志願者氏名		

上記の金額正に受け取りました。

取扱金融機関収納印 2

注)金融機関収納印のないものは無効となります。
滋賀銀行の本店・支店から滋賀銀行彦根支店への振込の場合は、手数料は不要です。
その他の場合は、振込手数料が必要となります。

銀行切り取り

C 票　電信扱　令和　年度　滋賀大学教育学部附属小学校入学検定料

振込依頼書(取扱店保存)

依頼日	令和　年　月　日	科　目	※
先方銀行	ご希望の金融機関に○印をつけてください。 滋賀銀行　彦根支店　普通　972622 三菱UFJ銀行　京都中央支店　普通　2717355	指定振込　電信扱　手数料	円
		金　額	¥ 3 3 0 0
		内訳　現金	
受取人	シ ガ ダ イ ガ ク	内訳　当店券	
口座名	滋　賀　大　学	内訳　他店券	

志願者	振込コード(7桁)	志願者氏名(カタカナ)
	2210120	セイ　メイ
	志願者氏名(漢字)	姓　名
	住所	〒　－　TEL　－　－

取扱金融機関収納印 3

※

取扱金融機関へのお願い

1. 太枠内を打電してください。必ず振込コード(7桁)は氏名頭部に打電してください。なお、姓と名の間は1コマ空けてください。
2. 取扱金融機関収納印をA-1・B・C票の3ヶ所に必ず押印の上、C票以外を振込人にお渡しください。

取扱期間　令和　年　月　日(　)～令和　年　月　日(　)まで
(取扱期間以外は受け付けないでください。)

近畿大学附属小学校　児童作品

京都府

QRコードで学校HPにアクセスできます。

京都教育大学附属京都小中学校
きょうと きょういくだいがく ふ ぞくきょうと しょうちゅうがっこう

京都府京都市北区紫野東御所田町 37 ☎ 075-441-4166・4167 https://www.fuzokukyoto.jp/

共学 給食

アクセス
●地下鉄烏丸線「鞍馬口」「北大路」駅より徒歩8分
●バス「北大路バスターミナル」下車徒歩8分
　「北大路堀川」「北大路新町」「堀川鞍馬口」下車徒歩3分

学 校 情 報

創立年	1882 年（明治 15 年）
創立者	——
児童数	875 名（各学年3クラス）特別支援学級別途 31 名（6クラス）
教員数	25 名（初等部）
制服	なし（初等部）
土曜授業	なし（行事登校あり）
給食	あり
スクールバス	なし
転・編入制度	なし
復学制度	あり（3 年以内）
帰国子女受入	なし

【沿革】
1882 年…京都府師範学校附属小学校創立
1938 年…現校舎新築、移転
1947 年…学校教育法施行に伴い、京都師範学校男子部附属小学校と改称
1972 年…京都教育大学教育学部附属京都小学校と改称
1975 年…障害児学級を開設
2003 年…「9 年制義務教育学校設立に向けた教育システムの確立」をテーマとして、文部科学省研究開発学校指定を受ける
2004 年…国立大学法人法施行に伴い、京都教育大学附属京都小学校と改称
2010 年…小中一貫校として、京都教育大学附属京都小中学校と公称
2017 年…国立大学附属学校で最初の義務教育学校に移行

【安全対策】
・テレビ画像付きインターホン
・オートロック
・非常警報設備
・校内電話機
・テレビ監視カメラ
・警備員の配置

※掲載内容は発行時の情報となります。最新の情報については学校発表の情報を必ずご確認ください。

京都

■入 試 情 報

●応募状況

募集人数	男女 96 名
志願者数	2024 非公表 2023 非公表 2022 非公表 2021 非公表 2020 非公表

●考査内容

ペーパー、面接、行動観察、運動

●受検番号

指定日に学校へ行き、受検番号票を受け取る

●月齢の考慮　あり

● 2024 年度入試日程　※実施済みの日程

願書配布	Web 出願
出願期間	2023 年 10 月 2 日〜 11 月 1 日
選考	第 1 次　2024 年 1 月 11 日（女子／考査） 第 1 次　2024 年 1 月 12 日（男子／考査） 第 2 次　2024 年 1 月 17 日（抽選）
合格発表	第 1 次　2024 年 1 月 15 日（Web） 第 2 次　2024 年 1 月 17 日（本合格）
合格者保護者会	2024 年 1 月 25 日

● 2024 年度入試説明会日程　※実施済みの日程

学校説明会	2023 年 9 月 9 日

※説明会終了後、初等部施設見学が実施された。

■諸 費 用

考査料	3,300 円

■系 列 校

- ●幼稚園：京都教育大学附属幼稚園
- ●小学校：京都教育大学附属桃山小学校
- ●中学校：京都教育大学附属桃山中学校
- ●高　校：京都教育大学附属高等学校
- ●大　学：京都教育大学・同大学院
- ●特別支援学校：京都教育大学附属特別支援学校

■主 な 年 間 行 事

4月	入学式、全校対面式
5月	たてわり植物園遠足（1〜4年）、 学年校外学習（7・8年）、 沖縄学習旅行（9年）、球技大会（5〜9年）
6月	合唱コンクール（5〜9年）
7月	海洋体験（3年）、海浜学習（5年）、 臨海学舎（7年）
8月	蓼科林間学舎（8年）
9月	紫翔祭
10月	タイ国生徒交流会（5〜9年）、 学習旅行（4年）、学年遠足（1〜4年）
11月	学年遠足（5〜7年）、休日保護者参観
12月	紫友祭、代表生徒タイ国訪問（8年）
1月	そり教室（1・2年）、スキー教室（3・4年）、 百人一首大会（8年）
2月	職場体験学習（8年）、 志賀高原宿泊スキー（6年）、 初等部持久走大会（1〜4年）
3月	9年生お別れの式、卒業証書授与式（9年）

■外 国 語 教 育

本校は文部科学省研究開発学校指定を受け、1年生から9年生まで、小中9年間一貫した本校独自の英語教育カリキュラムを作成・実践。1年生から外国人講師とのTT（チーム・ティーチング）による英語の授業を週1時間設定。

■学 校 教 育 目 標

「未来の社会に躍動する生徒の育成」
急速にグローバル化、情報化する21世紀型社会において、社会の変化に対応しつつ、主体的に社会と関わり、国際社会の形成者として必要な資質・能力を、次の5つの柱を中心として総合的に育成する。
①高い知性
②豊かな感性
③柔軟な創造性
④逞しい心身
⑤敬愛の聖心

初 等 部 方 針

①課題に対して自分なりの方法で継続的に活動できる生徒の育成

・学習活動に対しての持続力・継続力・忍耐力を身に付けさせる

・学習活動に対して正しくていねいに行うことのできる力を身に付けさせる

②自分の感じ方・考え方を育み、豊かに表現しようとする生徒の育成

・あいさつや返事を気持ちよく行うことのできる態度を育てる

・美しいものを美しいと感じ、想像豊かに表そうとする表現力を身に付けさせる

特 色

●京都教育大学の附属校

京都教育大学の附属校として、大学と共同して教育指導上の理論や方法に関する先進的、実証的な研究を行う。また、京都教育大学をはじめとする学生の教員養成課程として重要な位置づけをもつ教育実習を行う。

●小中一貫の義務教育学校

未来の社会に躍動する生徒の育成を大切に考え、この力を育むために、学校教育全般を通じて子どもたちのキャリア発達を支援し、小中一貫教育の中でキャリア教育に取り組んでいます。

望ましい職業観を育み、日常生活上の役割や社会における役割を把握・認識する力や、学業と進路を密接に関連づける力、人間関係を築いていく力を総合的に育て、「生きる力」を育むことを「キャリア教育」の目的としています。

●自発性・自主性を柱とした特別活動

初等部（1〜4年）では、たてわり活動や学校行事などに子どもたちが主体的に企画・運営していくことができる組織を作り、自主的・実践的態度を育てる活動を進めている。中・高等部（5〜9年）では、5つの学年がともに「学友会」と呼ぶ生徒会を組織して、各委員会活動、学校行事、全校集会などを生徒自らが運営している。

●特別支援学級と通常学級との交流教育

学校生活場面で日常的に交流することから、お互いに理解を深め、仲間意識を持って個性を認め合い協力し合う活動を進めている。

●国際理解教育

1995年にタイ国の王立アユタヤ大学附属中高等学校と姉妹校協定を結び、5〜9年生が主体となって交流活動を進めている。

■教 育 課 程

①義務教育9か年を大きな枠組みとして、キャリア教育を土台に行事や活動を計画的に取り組んでいます。

②文部科学省の研究開発学校指定を受け、義務教育9か年のカリキュラム開発に取り組んでいます。このため、各教科の9年間の学習内容を発達の段階や各教育の枠を超えた形で整理・精選を行っています。

③プログラミング教育と食育を系統的に取り入れるため、第3学年より技術科と家庭科を取り入れています。

④社会科の歴史分野について、第6学年から第9学年の4年間かけて学習する取り組みを行っています。

⑤英語教育の充実のために、第1学年より英語科として教科指導を行っています。

⑥論理的思考力を育成するために、理科を中心に、英国の認知促進プログラムを取り入れた学習を実施しています。

◆京都教育大学附属京都小中学校入試情報◆

試験の内容

考査内容	ペーパー（数量、指示迷路、運筆、指示の聞き取り、常識、鏡絵、しりとり）、制作、行動観察
備考	第1次検定／検査（試験）、第2次検定／抽選

過去の出題例

ペーパーテスト

運筆

それぞれの絵の1番中にある線からはみ出さないように色を塗ってください。

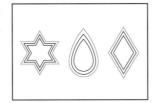

推理

それぞれの四角の中の絵でしりとりをした時に、つながらないものはどれでしょうか。選んで○をつけてください。

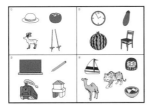

運動テスト
チーム対抗戦による指示行動

行動観察
ドミノ作り（3〜4人で実施）

試験のポイント

バラエティに富んだ出題形式。
切り替えの早さと応用力が必要。

当校の入試の特徴は出題形式の幅広さです。ペーパーテスト、制作、個別テスト、運動、行動観察とあらゆる形式での力が問われます。また、ペーパーテストの出題分野も多岐に渡っています。問題はそれほど難しくはありませんが、分野が幅広いので、頭の切り替えの速さが求められます。日頃の学習から「解答の制限時間を意識する」「テスト形式の問題集を解く」といった工夫が大切です。

筆記具は色鉛筆を使用します。力を入れすぎて、芯が折れてしまわないように練習しておきましょう。

行動観察は、3〜4人程度のグループで行われています。最初の質問に答えた後に理由を問う質問が重ねられるので、なぜそう答えたのかを説明できるようにしておきましょう。制作は、ペーパーテストの続きで「ハサミで切る」という課題でした。渡されたものは、向きの違うプリントでした。制作というよりは、巧緻性に近い課題と言えるかもしれません。

運動、行動観察は「自己の確立した人間を育てる」という学校方針の通り、自主性に観点が置かれています。具体的には、「指示を1度で聞き取る」「ルールやマナーを守れる」といった基準です。付け焼き刃の対策ではなく、日頃からそういった点に気を付けて行動するようにしましょう。

個別テストの質問例

志願者

・遊び道具がないときは、どうやって遊びますか。

・好きな食べものは何ですか。

・好きな遊びは何ですか。

・この絵を見てどう思いますか。

質問に答えた後、「それはどうしてですか」と重ねて質問される。

ナプキンで弁当を包み終わったら先生に渡す。

※このページは弊社発行の学校別問題集の内容に基づいて作成しています。

京都教育大学附属桃山小学校

きょう と きょういくだいがく ふ ぞくももやましょうがっこう

京都府京都市伏見区桃山筒井伊賀東町 46 ☎ 075-611-0138・0139 http://www.momosyo.com

共学

給食

京都

アクセス
●京阪本線、近鉄京都線「丹波橋」駅よりすぐ

学 校 情 報

創立年	1908 年（明治 41 年）
創立者	──
児童数	約 420 名（1 クラス 34 ～ 36 名） 令和 7 年度から 400 名
教員数	31 名（非常勤 8 名を含む）
制服	あり
土曜授業	なし
給食	あり
スクールバス	なし
転・編入制度	あり（附属間のみ）
復学制度	なし
帰国子女受入	あり（2 年生以上／1 クラス 2 名まで）

【沿革】
1908 年…京都府女子師範学校が京都市吉田町の仮校舎に設けられ、同時に京都市第一高等小学校の一部と京都市第二錦林尋常小学校の全てをもって、代用附属小学校発足
1936 年…現在の所在地（京都市伏見区丹波橋）に校舎を移転
1949 年…校名を「京都学芸大学附属桃山小学校」と改称
1972 年…校名を「京都教育大学教育学部附属桃山小学校」と改称
2004 年…国立大学法人化に伴い、校名を「京都教育大学附属桃山小学校」と改称
2008 年…創立 100 周年記念式典

【安全対策】
・人感センサー
・テレビ画像付きインターホン
・オートロック式の電気錠
・非常警報設備
・テレビ監視カメラ
・警備員の配置

※掲載内容は発行時の情報となります。最新の情報については学校発表の情報を必ずご確認ください。

■入 試 情 報

●応募状況

募集人数	男女 30 名程度（内部進学者を除く）	
志願者数	2024	非公表
	2023	非公表
	2022	非公表
	2021	非公表
	2020	非公表

●考査内容

口頭試問、行動観察、筆記による検査

●受験番号

抽選

●月齢の考慮

なし

● 2025 年度入試日程（予定）

願書配布	2024 年 6 月 24 日～ 7 月 19 日
出願期間	2024 年 7 月 22 日・23 日
選考	2024 年 8 月 24 日（1 次検定） 2024 年 9 月 27 日（2 次検定） 2024 年 10 月上旬（3 次検定）

● 2025 年度入試説明会日程（予定）

Web 説明会	2024 年 6 月 22 日～

■系 列 校

●幼稚園：京都教育大学附属幼稚園

●中学校：京都教育大学附属桃山中学校

●高　校：京都教育大学附属高等学校

●特別支援学校：

　　京都教育大学附属特別支援学校

●大　学：京都教育大学附属小中学校

　　　　　・同大学院

●義務教育学校：京都教育大学附属小中学校

■主 な 年 間 行 事

4 月	入学式、始業式、学級懇談
5 月	個人懇談会、避難訓練、授業参観、全校遠足
6 月	開学記念日（1 日）、教育実習、プール開き
7 月	水泳教室、臨海学習（5 年）、個人懇談、終業式
8 月	オーストラリアベレア小学校訪問（隔年）、始業式、入学検定
9 月	農家宿泊体験（4 年）、避難訓練、オーストラリアベレア小学校来校（隔年）、教育実習、小中連絡進学入試
10 月	附属特別支援学校交流、スポーツフェスティバル
11 月	秋の遠足、芸術鑑賞会、修学旅行（6 年）
12 月	表現発表会、個人懇談、終業式
1 月	始業式、音楽鑑賞会（5 年）、避難訓練
2 月	新入生保護者会、帰国生検定
3 月 （予定）	6 年生を送る会、卒業謝恩会、修了式、卒業式

■教 育 目 標

　自ら自分たちの生活を切り拓く「自立」の力と、互いを尊重し合いながらともに生きる「共生」の力を育む。子ども達を取り巻く背景を見据え、変化の激しい時代に対応し、広い世界で新たな価値を創造する人の基盤を育成する。

■育 み た い 力

・自分の考えをもとに責任ある行動の選択や判断をしていくことができる力

・自分と違う価値観や理念を持っている他者の思いや考えを知的に想像し、粘り強く対話をすることで受け止めようとする力

・他者との関わりを通して、新たな価値を創造する力

情 報 教 育

　各教室に70インチ電子黒板と無線LANが整備され、タブレットを使った授業を積極的に取り入れています。学習内容に応じて1年生から段階的にICT機器の利用を進め、中学年から学習支援ソフトを効果的に活用した学習が進展しています。

　教室環境のICT化に加え、本校では2011年度より文部科学省研究開発指定を受け、21世紀の知識基盤社会を生き抜く子どもに必要とされる「情報活用能力」の体系的な育成を目指した、小学校教育における「情報教育」の推進のため、新教科「メディア・コミュニケーション科（MC科）」を創設し、「メディアの特性」や「情報の取り扱い」、「メディアを活用したコミュニケーションのあり方」などを学ぶ機会を設けています。

スポーツフェスティバル・表現発表会

　学校行事にも児童会が積極的に関わっています。スポーツフェスティバルや表現発表会では、全体の司会進行をしたり、係活動などを自分たちの手で行ったりしています。

児 童 会 活 動

　日常的な学校生活において、困ったことやみんなで話し合いたいことがあれば、代表委員会で話し合います。各クラスの代表と各委員会の委員長が出席し、遊びや生活の決まりなども含めて自分たちの身近な問題を自分たちで解決できるように話し合っています。

京都

■つゆくさグループ（たてわり活動）

　「仕事や行事を通して仲間の輪を広げる」ことを目標に、1～6年の縦割り方式で編成した「つゆくさグループ」で清掃や行事を行っています。

　スポーツフェスティバルでは、1～6年の縦割りグループでいろいろな競技に参加し、スポーツの楽しさに触れる一日を過ごします。

　5月には「つゆくさグループ」を単位とした、つゆくさ遠足も行っています。

■児童の活動を支援する環境整備

　最新の高品質人工芝を敷設した運動場は、悪天候によって使用できない日数を減らし、児童の怪我を軽減することに大きな効果を発揮しています。畳が敷ける多目的ホールや、複数学年が一同に給食を食べることができるランチルームも、子どもたちのさまざまな活動を支えるものとなっています。また、1978年まで京都市内を走っていた市電が運動場の一角に置かれています。

◆京都教育大学附属桃山小学校◆

試験の内容

ペーパー 口頭試問 行動観察

考査内容	口頭試問、行動観察
備考	志願者が80名を超えた場合、第1次検定（抽選）あり。

過去の出題例

口頭試問

図形

（○、△、□の形の
カードを各5枚程度
カードを用意する。
①を見せる)
お手本と同じ形を
作ってください。
（②を見せる）
次の形を作ってください。

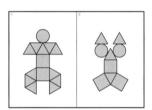

常識

（絵を線に沿って切
り分けてカードにし
ておく）
①この8枚のカード
　を、2つのグルー
　プに分けてくださ
　い。
②なぜそう分けたのですか。教えてください。

行動観察

積み木（指示を守りながら積み上げる）

試験のポイント

**片付けなど、生活と密着した行動観察と
常識を問う口頭試問が出題。**

募集人数が少ないため、倍率が高く、隠れた難関校と言えます。ノンペーパーテストのため、試験前の付け焼き刃的な対策では、合格は難しいでしょう。口頭試問では、「系列」「常識」「図形」「昔話」などの出題がされていますが、取り立てて難しいものではありません。むしろここで問われているのは、年齢相応の常識が備わっていること、受け答えがきちんとできることなのです。試験官の観点もそこにあります。

検査の多くは行動観察で、「きちんとした生活ができているか」「集団の中においてルールが守れているか」という2つの観点で実施されているようです。「片付けをする」「箸でものをつかむ」「お茶を注ぐ」といった、生活巧緻性の課題は、志願者の生活、ひいては家庭の様子をうかがおうとするものです。指示行動の課題は、指示を守りながら秩序に沿って行動ができるかどうかを測るためのものです。

これらは生活の中で身に付けるべきものなので、保護者の方は、自らが規範となり、お子さまが理解できるように指導してください。理解がないまま表面的な指導を続けていただけでは、予想外の課題や質問などが出された時に対応ができません。

行動観察では自主性や積極性も判断の基準となります。教え込まれた通りに取り組むのではなく、自然と身に付いた身のこなしで、楽しく積極的に検査に取り組むことを心がけましょう。

※このページは弊社発行の学校別問題集の内容に基づいて作成しています。

同志社小学校

（どうししゃしょうがっこう）

QRコードで学校HPにアクセスできます。

京都府京都市左京区岩倉大鷲町 89-1　☎ 075-706-7786　https://www.doshisha-ele.ed.jp

プロテスタント

共学

給食

京都

アクセス
- 地下鉄烏丸線「国際会館」駅より徒歩10分
- 叡山電車「岩倉」駅より徒歩5分

学校情報

創立年	2006年（平成18年）
創立者	新島襄
児童数	定員540名（1クラス30名）
教員数	63名
制服	なし
土曜授業	なし
給食	あり
スクールバス	なし
転・編入制度	あり（欠員時）
復学制度	個別に対応
帰国子女受入	なし

【沿革】
同志社は 1875 年新島襄によって創立された、キリスト教主義の学校です。新島の「一国の良心ともいうべき人々を育成する」という願いのもと、キリスト教を徳育の基本として、知育、体育にもすぐれ、良心を手腕に運用する個性豊かな人々を世に送り出すことに努めています。
「一国を維持するのは、決して 2、3 の英雄の力ではない。実に一国を形成する、教育があり、知識があり、品性の高い人たちの力によらなければならない。これらの人たちは『一国の良心』と言うべき人たちである。そして私たちはこの『一国の良心』[良心の全身に充満したる丈夫（ますらお）] ともいうべき人たちを養成したいと思う。」(教育宣言)
新島が理想とした教育理念は、145 年以上を経た現代社会においても、色褪せるどころかますますその重要性を増してきています。

【安全対策】
- 敷地および校舎入口に門衛所や校務センターを配置
- 敷地全体を防犯カメラ、トラップセンサー、赤外線センサーで警備
- 各教室に警報装置を設置
- 個人の椅子に防災ヘルメットを常置
- 校内各所にさすまたを設置
- 地震などの緊急災害時における防災備蓄品（水、食料など）を完備
- 各校門および最寄り駅に登下校メール配信システム導入
- 門衛所常駐の守衛のほか、登下校時には交通指導員（8 名）が児童の安全確保に努めている
- AED（4 台）を設置

※掲載内容は発行時の情報となります。最新の情報については学校発表の情報を必ずご確認ください。

■入 試 情 報

●応募状況

募集人数	男女約 60 名（内部進学者を除く）	
志願者数	**2024** 非公表	
	2023 非公表	
	2022 非公表	
	2021 非公表	
	2020 非公表	

●考査内容

ペーパー、行動観察、指示運動、面接（保護者・志願者）

●受験番号

生年月日順

●月齢の考慮

あり

● 2024 年度入試日程　※実施済みの日程

出願期間	2023 年 7 月 11 日〜 18 日（Web）
選考	2023 年 8 月 29 日
合格発表	2023 年 8 月 30 日（Web・郵送）
入学手続き	〜 2023 年 9 月 5 日

● 2024 年度入試説明会日程　※実施済みの日程

ドキドキ学校探検・学校説明会	2023 年 5 月 19 日・24 日・29 日
わくわく道草体験・学校説明会	2023 年 11 月 18 日

■諸 費 用

考査料	20,000 円
入学時	
入学金	250,000 円
年額	
授業料	800,000 円
教育充実費	150,000 円
給食費	124,100 円
教材費	39,000 円
安全費	7,743 円
修学旅行積立金	50,000 円
保護者後援会費	12,000 円

■系 列 校

小学校：同志社国際学院初等部

その他：同志社国際学院国際部

中学校：同志社中学校、同志社女子中学校、
　　　　同志社香里中学校、同志社国際中学校

高　校：同志社高等学校、同志社女子高等学校
　　　　同志社香里高等学校、
　　　　同志社国際高等学校

大　学：同志社大学・同大学院、
　　　　同志社女子大学・同大学院

■主 な 年 間 行 事

4月	入学式、始業式、入学おめでとうの会、授業参観・懇談会、ワイルドローバー結団式、なかよし遠足
5月	花の日礼拝、土曜参観、良心探求ウィーク
6月	修学旅行（6年）
7月	水泳教室、終業式
9月	始業式、授業参観・懇談会、国際交流ウィーク
10月	宿泊体験学習（4・5年）、スポーツフェスティバル、ハロウィンパレード
11月	良心探求ウィーク、収穫感謝礼拝、クリスマスツリー点灯式、創立記念礼拝
12月	クリスマス礼拝・祝会、終業式
1月	始業式、創立者永眠記念礼拝
2月	同志社幼稚園との交流会（1年）、授業参観・懇談会、留学生ウィーク、ポスターセッション（6年）
3月	ワイルドローバー解団式、卒業記念礼拝、卒業おめでとうの会、卒業式、修了式

※新型コロナウイルス感染症の状況により変更あり。

■教 育 の 柱

『キリスト教主義』
『自由主義』
『国際主義』

教育理念

「良心の涵養」…知・徳・体の調和。宗教的な心情。生命・人権尊重。
「自治自立精神の形成」…豊かな創造性。主体的な行動。自由と責任。
「国際人の育成」…自国文化の理解。多様な文化の尊重。コミュニケーション能力。

教育内容

「根っこの学力」を育む『道草教育』では、単に結果だけを重視するのではなく、そこに至るまでの「思考の過程」を重視する。また、授業において、クラスの仲間と思いや考えを出し合う、「学び合い」を大切にしている。さらに、興味を喚起するために、本物に触れることや体験することを重視している。

世界とつながる英語の時間

英語：各学年週3時間
日本人教員3名、外国人教員5名
英語の時間は少人数グループで行う。さまざまなルーツをもつ8名の教員が一人ひとりと向き合いながら、子どもたちの学習意欲を大切にした多彩な学習活動を取り入れている。

情報教育

・児童用 Mac Book Air60台
・児童用タブレット（iPad）120台
・個人用タブレット（iPad）1人1台所有（4〜6年）
・e ラーニングシステム「オンライン学習サイト（Learning Box）」
・ロイロノート school
・全館 wifi 完備

■アーモスト・ボストンへの修学旅行

6年生は、新島襄の足跡をたどり、マサチューセッツ州のアーモストとボストンを訪れ、10日間の体験学習を行う。現地の小学生やお年寄りとの交流、歴史的・文化的な施設への訪問を通して、語学力向上と異文化理解を図りながら、自国の暮らしや文化、あるいは自己を見つめなおすことのできる貴重な機会となっている。これからの国際社会を生きる子どもたちの大きな糧となる体験である＊。

■「知・徳・体」の調和を目指す体育

「体」の柱なくして、「知」「徳」の育成は成り立たないといっても過言ではない。人が社会で生きていく上で必要な反応・バランス・力量発揮・位置感覚の能力なども、小学校の体育教育で培うことが重要である。さまざまな角度から、体を動かすことの大切さを学び、体を動かすことの喜び、楽しさを味わう授業を実践している。

■交流学習

本校では本物と出あう時間や社会へつながる学びを大切にしている。同志社の多彩なネットワークを活用しながら、一流の文化や芸術、研究機関に触れる体験型学習を実施し、豊かな人間性を磨き、人間力の基礎を培う。

■ワイルドローバー（異年齢）活動

清掃、給食、スポーツフェスティバル、なかよし遠足など、学校生活のさまざまな場面で異年齢縦割りグループでの活動を取り入れ、子ども同士で支え合い学び合う心、共生の心を育む。

学校からのメッセージ

　同志社小学校といえば、学びを楽しみ、学ぶ力を育む『道草教育』、そして「えらいひとになるよりもよいにんげんになりたいな」という谷川俊太郎さんによる校歌の歌詞にも表れている『良心教育』です。
　最短距離で解に向かい、与える学びではなく、大切な仲間との関わりや様々な体験活動を通して、時には道草をしながら、学ぶ楽しさやよさを体感します。
　「見たい、知りたい、やってみたい」という、子どもたち自らが「学び求める」姿をぜひご覧いただき、ともに同志社小学校を創っていきませんか。
　どうぞよろしくお願いいたします。

同志社小学校　田中雅裕

※掲載内容は発行時の情報となります。最新の情報については学校発表の情報を必ずご確認ください。
＊新型コロナウイルスのため、現在の行き先は北海道。

◆同志社小学校◆

試験の内容

考査内容	ペーパー（お話の記憶、常識、図形、言語、数量など）、口頭試問、行動観察、運動
	保護者・志願者面接（考査日前に実施）
備考	試験は、グループごとに先生と部屋を回って実施していく形式。試験時間は約3時間。

過去の出題例

ペーパーテスト

推理

絵を見てください。スイカ2個とイチゴ3個は同じ重さです。

では、下の絵を見てみましょう。この4つのシーソーでは、左と右のどちらが下がるでしょうか。下がる方の四角の中に○を書いてください。左と右が同じ重さで、つり合う時は真ん中の四角の中に○を書いてください。

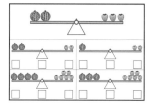

行動観察

魚つり、お絵描き、音楽に合わせて踊る

運動テスト

モニターテレビを観たあと説明され、実施は一人で行う

試験のポイント

分野ごとに難易度が異なるペーパーテスト、生活常識を問う行動観察。

「道草教育」を掲げ、大学までの一貫教育を念頭に置いているため、考査においては、長い時間をかけて、子どものふだんの生活状態が観られます。ペーパーテストばかりに気を取られないように注意してください。特に、行動観察などでは、ほかの子の取り組みを待つ様子、志願者自身の取り組みの姿勢、はじめて会うお友だちと集団で取り組む際の協調性など、ペーパー以外のことにも目を向けて、総合的な学習を行うことが大切です。運動は説明後、一人ずつ行いました。

ペーパーテストにおいては、学習で得た知識を活用して、どのように考えを発展させていくかということも重要になります。分野にこだわることなく、さまざまな問題に触れ、バランスの取れた学力を身に付けていくように心がけましょう。

「お話の記憶」の出題は、それほど難度が高いとは言えません。しかし、短期間で習得できる分野ではないため、こつこつと取り組みを積み重ねていくことが不可欠です。お話の流れを把握しつつ、細かい場面の描写に気を配るよう練習しましょう。

数量の分野は、複合的な問題や増減、思考などの力が必要になります。

例年、面接は考査前の日程で15分程度行われます。学校への理解や、子どもに対する保護者の責任について、子どものことをどれだけ理解しているかなどの観点から質問が行われます。

京都

面接の質問例

保護者

・志願理由をお聞かせください。

・一貫教育についてどのようにお考えですか。

・子どもの成長を感じたのはどんなときですか。

・ご家庭で大切にされていることは何ですか。

・園生活での様子をお聞かせください。

志願者

・あなたの名前、幼稚園の名前と担任の先生の名前を教えてください。

・お友だちの名前を教えてください。

（乗りものの絵本を見て）

・乗りものの名前、好きな乗りもの、いつどこへ行くときに乗ったか教えてください。

※このページは弊社発行の学校別問題集の内容に基づいて作成しています。

ノートルダム学院小学校
（がくいんしょうがっこう）

QRコードで学校HPにアクセスできます。

京都府京都市左京区下鴨南野々神町 1-2　☎ 075-701-7171　http://www.notredame-e.ed.jp

 カトリック　 共学　 給食　 アフタースクール

京都

アクセス
- 地下鉄烏丸線「松ヶ崎」駅より徒歩6分
- 京阪本線「出町柳」駅よりバス「野々神町」下車
- 阪急京都線「京都河原町」駅よりバス「野々神町」下車

学 校 情 報

創立年	1954 年（昭和 29 年）	**【沿革】** 創立者マザーテレジア・ゲルハルディンガーが、ドイツでノートルダム教育修道女会を設立したのは 1833 年。神に創造され、愛されている子ども達一人ひとりがもつ可能性を開花し、平和な地球社会の発展に貢献できる人間の育成をめざして、創立されました。その活動はヨーロッパに広がっていきました。 1847 年にはノートルダム教育修道女会はアメリカ合衆国へ渡り、教育を受けられずにいた子ども達への教育活動を始めます。その 100 年後の 1948 年、第二次世界大戦後の荒廃した日本に「教育による復興」をと、アメリカ・セントルイスから 4 人のシスターが京都にやってきました。 アメリカのノートルダム関係者からのバザー収益や善意の寄付により、ノートルダム学院小学校は 1954 年に開校しました。
創立者	ノートルダム教育修道女会	
児童数	634 名（1 クラス 30 名）	
教員数	57 名（非常勤 18 名を含む）	
制服	あり	
土曜授業	なし	
給食	あり（アレルギー対応あり）	
スクールバス	なし	
転・編入制度	あり（本校の教育方針・指導内容に賛同できること）	**【安全対策】** ・防犯監視カメラ ・IC タグによる登下校時刻通信システム ・校内 4 カ所でのモニタリングと記録 ・指導マイク設置 ・夜間警備保障
復学制度	あり	
帰国子女受入	あり（該当学年相当の日本語力を有すること）	

※掲載内容は発行時の情報となります。最新の情報については学校発表の情報を必ずご確認ください。

■入 試 情 報

●応募状況

募集人数	A日程　男女約120名 B日程　男女若干名 C日程　男女若干名
志願者数	2024 非公表 2023 非公表 2022 非公表 2021 非公表 2020 非公表

●考査内容

ペーパー、制作、運動、面接（保護者・志願者）、アンケートの記入

●受験番号　願書受付順

●月齢の考慮　あり

● 2024年度入試日程（A日程）　※実施済みの日程

出願期間	2023年7月26日〜8月16日(Web出願)
選考	2023年8月26日
面接	2023年8月22日・23日・26日
合格発表	2023年8月27日〜29日（Web）
入学手続き	〜2023年8月29日

● 2025年度入試説明会日程（予定）

入試説明会	2024年7月6日

■諸 費 用 （2023年度）

考査料	20,000円
入学時	
入学金	200,000円
年額	
授業料	606,000円
施設設備費	96,000円
教育充実費	90,000円
給食費	145,200円
ICTタブレット積立（1〜3年）	42,000円
修学旅行積立	20,000円
父母の会会費	15,000円

■系 列 校

- ●中学校：ノートルダム女学院中学校
- ●高　校：ノートルダム女学院高等学校
- ●大　学：京都ノートルダム女子大学

■主 な 年 間 行 事

4月	入学式、前期始業式、遠足、写生会
5月	聖母月のミサ・集い
6月	スポーツフェスティバル
7月	遠泳合宿（5年）、写生展
9月	前期終業式
10月	後期始業式、6年生修養会、ディスカバリー（6年生）、NDフェス
11月	死者月のミサ・集い、全校音楽会、ランフェスティバル
12月	クリスマスの集い、1年生大茶会、もちつき会
1月	書き初め大会、書き初め展、TOEFL Primary
2月	美術展、スキー学習・合宿、英語劇（2年生）、6年生卒業茶会、漢字検定
3月	数学技能検定、6年生を送る会、卒業式、修了式

■建 学 の 精 神

イエス・キリストの福音に基づいてめざした教育の精神に沿って、神に創造され、愛されている児童一人ひとりのもつ可能性が完全に開花され、平和な地球社会の発展に貢献できる人間の育成をはかる。

■教 育 理 念

『徳と知』をモットーとする全人教育
カトリック精神に基づき、創立者マザーテレジア・ゲルハルディンガーの「人がかわれば、世界がかわる」という信念をもって、次のような知性と品格をそなえた児童・生徒・学生の育成を目指す。「誰もが神に愛され、互いに愛し合うかけがえのない尊い存在であることを理解し、知性を磨き、自分で考え、判断し、選びとる力をそなえた自律した人間となる。そして、多様な人間同士の、また、人と自然との共生の大切さを知り、そのために行動できる人となる。」

めざす児童像

●神を敬い、自分も人も大切にする子ども
・正しいもの、美しいものを大切にし、豊かに感じる心をもつ。
・神から与えられた能力を伸ばすために、真剣に学ぶ。
・喜んで働き、進んで神と人のために奉仕できる。
●よく考え、自ら学ぶ子ども
・自ら目標を定め、主体的に学習を進め、学び方を身につける。
・進んで課題に取り組み最後までやり遂げる。
・知識や技能を学び、思考力・判断力・表現力を身につける。
●健康でいきいきとした子ども
・健康や安全に気をくばることができる。
・体力づくりに関心・意欲をもち、進んで強い体をつくる。
・異学年の友だちとも運動の喜びや楽しさを味わうことができる。

教育の3つの柱による思考力の育成

世界は'かかわり'によって成り立っている。自然、もの、他者、自分自身、さまざまなかかわりの中で人は成長することから、本校は「思いやりの心」を土台に教科と体験を連動させ、思考力を育成する。
●世の中の本質を知る「学び」
・教科担任制により深い学び。
・高い基礎学力にもとづく、思考力の育成。
・知識を活用した新たな価値の創造。
●行動力を身につける「体験」学習
・本物に触れることによる知識の定着。
・他者との関わり、仲間との協働、共感による成長。

●思いを伝える「英語力」
・確かな英語力を支える4技能(聞く、読む、話す、書く)。
・英語が身近な教育環境。
・教科を超えたプロジェクト型言語学習。

■英語が身近な教育環境

「English Everyday Program！」と銘打って、全学年週2時間の英語授業に加え、毎日英語に触れる機会(9分×5日)を全学年で設ける。火曜日は「English TV」と称し、朝のテレビ放送を、英語クラブ員を中心に All English で行う。

■PBL（思考力教育）

児童が自ら課題を発見して解決する能力を養うための PBL 型授業 (Project Based Learning) を実施。まず課題を探し、その解決に必要な知識は何か、その集め方をどうするか等を対話を通して学ぶ授業を展開し、知識の定着、思考力、情報リテラシー、表現力を育成する。

■情報教育

2014 年度創立 60 周年を機に、ICT 機器を本格的な導入し、2016 年度よりタブレット学習をスタート。校内無線 LAN システムを導入し、各教室（特別教室含む）に電子黒板や教材提示装置を配備。2021 年度より、タブレット（iPad）を一人一台導入（1・2 年は貸与）。2020 年度 5 月から全学年でオンライン授業を実施。現在、タブレットを使用し対面在宅のハイブリット授業を展開。自主的・積極的な対話活動にタブレットを使用し広く深い「思考力」の育成に、力を入れている。

学校からのメッセージ

「よく祈り、よく学び、持っている力をよく伸ばし、それを使って人に奉仕しよう」
これが本校の学校目標です。
「可能性の開花」と「徳と知」をモットーに、宗教性と国際性に富んだ人材の育成を全教育活動を通して実施しています。子ども達が、神を敬い、他人を自分と同じように大切にする心を内面に育て、自然とまわりへの気づかいや思いやりのある言動が備わるよう、日々取り組んでいます。

※掲載内容は発行時の情報となります。最新の情報については学校発表の情報を必ずご確認ください。

京都

◆ノートルダム学院小学校◆

試験の内容

考査内容	ペーパー（見る記憶、図形、数量、迷路など）、行動観察、制作、連続運動
	親子面接（考査日当日に実施）
備考	実物を使ったテストが出題される。

過去の出題例

ペーパーテスト

常識

（机の上にコップに入ったドングリが置いてある）

①ドングリの帽子はどれでしょうか。○をつけてください。

②ドングリを植えると、どんな木に育つでしょうか。正しいものに○をつけてください。

③ドングリと同じ季節のものを選んで○をつけてください。

制作テスト

折る・切る・貼るなど

運動テスト

なわとび、ボール投げの指示運動

試験のポイント

記憶分野と常識分野の問題が頻出。
実物を見て「知識」を増やす。

入試は、ペーパーテスト、制作、運動、親子面接という形で実施されています。当校のペーパーテストは出題範囲が多岐に渡るので、バランスの取れた学習が必要になります。特に「お話の記憶」、昆虫や植物、季節などに関する「常識」の問題は毎年出題されているので、しっかりと対策をしておいてください。また、当校入試の特徴として、実物を使用した出題があげられます。また、近年「音の聞き取り」では実際の楽器を演奏して音を聴かせるといった問題が出題されています。当校の対策学習をする際には、できるだけ「体験」「実物」を取り入れてください。面接時間は 10 ～ 15 分ほどです。ご家庭の教育方針をじっくり観ようという当校の方針を読み取ることができます。

実物を使用して、常識を問う内容は毎年必ず出題されています。植物の絵を見て得る情報と、実物に触れて得る情報とでは、あきらかに後者が知識の質で勝っています。机上の学習にこだわらず、ふだんから自然や動物に触れ、実体験を通した知識を身に付けることが大切です。

京都

面接の質問例

父親に

・本校志望の理由をお聞かせください。

・本校のどういう行事に参加され、どんなところに本校の精神を感じられましたか。

母親に

・ご家庭の教育方針を教えてください。

・子育てにおいて気を付けていることは何ですか。

志願者

・本を読むのは好きですか。

・好きな本の名前を教えてください。

（掃除している絵を見せて）

・何をしている絵ですか。

・あなたは家でどんな手伝いをしていますか。

・ほめられることは、どんなことですか。

※このページは弊社発行の学校別問題集の内容に基づいて作成しています。

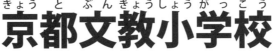

京都文教小学校
きょうと ぶんきょうしょうがっこう

QRコードで学校HPにアクセスできます。

京都府京都市左京区岡崎円勝寺町50　☎ 075-752-1411　https://kyotobunkyo-sho.ed.jp

 仏教　 共学　 給食　 アフタースクール

アクセス
●京阪本線「三条京阪」駅より徒歩10分
●地下鉄東西線「東山」駅より徒歩5分
●バス「東山仁王門」下車徒歩5分

学 校 情 報

創立年	1982年（昭和57年）	**【沿革】** 1904年…高等家政女学校設立 1934年…現在地・東山仁王門に校舎新築移転 1953年…附属幼稚園設置 1960年…京都家政短期大学設置認可 1982年…京都文教短期大学付属小学校開校 1988年…英語学習開始 1996年…京都文教大学設置開学 2000年…京都文教大学大学院開設 2002年…小学校新校舎とビオトープ完成 　　　　　学校法人「京都文教学園」に名称変更 2004年…京都文教学園創立100周年 　　　　　京都文教中学校・高等学校男女共学化 2021年…全校児童iPad所持 　　　　　ロイロノートを使った学習本格化 2023年…Everyday English（毎朝の英語学習）を実践 2024年…「京都文教小学校」に名称変更
創立者	獅子谷 仏定（1904年）	
児童数	140名（1クラス25名）	
教員数	17名（非常勤2名を含む）	
制服	あり	
土曜授業	なし。ただし年に4回実施（行事等）	
給食	あり（郷土料理週間・世界の料理週間・縦割班給食等も実施）	
スクールバス	なし	
転・編入制度	あり	**【安全対策】** ・学園正門に守衛所の設置 ・防犯カメラの設置 ・登下校防犯システム「ミマモルメ」全校生登録 ・京都府警による交通安全指導 ・定期的な避難訓練 ・防災座布団を使用
復学制度	あり	
帰国子女受入	あり ※入学試験があります	

※掲載内容は発行時の情報となります。最新の情報については学校発表の情報を必ずご確認ください。

■入試情報

●応募状況

募集人数	A日程　男女25名 B日程　男女5名 C日程　男女若干名
志願者数	2024 非公表 2023 非公表 2022 非公表 2021 非公表 2020 非公表

●考査内容

ペーパー、行動観察、制作、運動、面接（保護者・志願者）

●受験番号

願書受付順

●月齢の考慮

あり

● 2025年度入試日程（A日程）

願書配布	2024年4月27日～
出願期間	2024年7月29日～8月28日
選考	2024年8月30日・31日
合格発表	2024年9月2日（郵送）

● 2025年度入試説明会日程

学校説明会	2024年6月1日
文教小プレテスト	2024年6月29日

■諸費用

考査料	15,000円
入学時	
入学金	130,000円
年額	
授業料	360,000円
教育充実費	132,000円
教材費	約30,000円
給食費	約70,000円
保護者会費	9,600円

※その他、学用品費（約120,000円）等が必要。

■系列校

●幼稚園：

京都文教短期大学附属家政城陽幼稚園

●中学校：京都文教中学校

●高　校：京都文教高等学校

●短　大：京都文教短期大学

●大　学：京都文教大学・同大学院

■主な年間行事

4月	第1学期始業式、入学式、れんげデビュー集会、保護者総会、学級懇談会、知恩院参拝
5月	ウキウキウォーキング（動物園）、授業参観＆鑑賞会、創立記念日（25日）、児童会総会、大文字山遠足（3年）、英検（希望者）
6月	学びと力の発表会Ⅰ、沖縄総合学習（6年）、1年授業参観＆懇談会＆給食試食会、京都私小連合同音楽会（5年）
7月	琵琶湖自然教室（4年）、れんげスクールランチ、終業式、大江山自然教室（5年）
8月	第2学期始業式＆大掃除
9月	水泳指導（温水プール）
10月	運動会、小関越え遠足（4年生）、月かげ祭バザー、れんげ全校遠足
11月	学びと力の発表会Ⅱ、京都御苑遠足（1年生）、縦割れんげ班スクールランチ、栗田山遠足、さつまいも収穫（2年）、TECS英検（全校生）
12月	月かげ集会、内部進学説明会（6年）、大根の収穫（1・6年）、学期末個人懇談会、終業式
1月	第3学期始業式、避難訓練、グローバル月間
2月	作品展＆親子鑑賞会、聖日参拝、おうちの方ありがとう茶会（2年）、知恩院修養合宿（6年）、漢字検定（全校生）、新入生半日入学
3月	6年生ありがとう給食（縦割れんげ班）、ありがとう茶会（1・6年）、6年生ありがとうの会、卒業式、学年末懇談会、修了式

建学の精神

～月かげの　いたらぬ里はなけれども
　ながむる人の　こころにぞすむ～
澄んだ心を照らし出す「月影教育」

校 訓

「明るく　正しく　仲よく」
やさしい人になってほしい

目指す児童の将来像

1学年…『布施』えがお
　　　　「明るい心」で挨拶する子
2学年…『持戒』まじめ
　　　　「正しい心」できまりを守る子
3学年…『忍辱』すなお
　　　　「利他の心」で協力する子
4学年…『精進』ほんき
　　　　「明るい心」で努力する子
5学年…『禅定』おちつき
　　　　「正しい心」で実践する子
6学年…『智慧』かしこさ
　　　　「利他の心」で自ら行動する子

教育目標

●低学年「人間力の基礎・学習習慣を身につける」
・明るい挨拶、「はい」の返事、もくもく掃除・

礼儀作法などを通して、正しい基本的行動を学ぶ。
・「根っこタイム」で計算・音読・漢字・英語などで基礎学力と学習習慣を身につける。また、根っこマラソンで体力の向上と根気強さを養う。
・英語は1年生から実施。ネイティブに学び、世界の人と文化に関心を高める。
・生活科の一人一鉢栽培や、食に結びつく畑活動を行う。またそれらを育てることの苦労や実りの感動、大自然への「おかげさま」の心を育む。
●中学年「課題を理解し、進んで学ぶ」
・次世代のSDGsプレイヤーとしての意識を高めるために、身近な社会問題から取り組む。
　事例1）クリーンセンターや浄水場、疏水経路など現場を見学したり、記念館・ミュージアムで学習を深めたりする。また琵琶湖清掃に直接関わることで、問題点をより掘り下げて考察する。
　事例2）絶滅危惧種のキクを育てる活動に参画し、心を込めてお世話することで「自然愛護の心」を養う。またその成長記録を本校に発信するとともに、他校児童へオンラインを通した植生保護の啓発活動にも努める。
・祖父母との交流を通して、昔のくらしぶりに関心を持ち、今を生きる自分との関わりに気づく。また障がいのある方の理解を深めるために、体

学校からのメッセージ

『校訓「明るく」「正しく」「仲よく」を日々体現する【月影教育（心の教育）】を実践しています』

　毎日、教室では挨拶の際に「合掌をして同称十念」をお称えしています。この合掌の姿は、そのものが人としての美しい姿であり、自分と他者との心のふれ合いを表しています。また、私たちの命を支える全てのおかげに対する感謝の姿でもあり、「私たちが今、与えられた命を生かされている」ことを感じ得る姿なのです。日々の学校生活の中で「手を合わせる心の静寂」を大切にしています。

　小学校の6年間は、人格の基礎を形成する大切な時期です。感受性豊かなこの時期に、心を育てる教育が欠かせません。それが「生きる力」の根底となるからです。本校では【月影教育】と称して挨拶・返事・掃除など「人として基本の行い」を日々実践する中で、感謝の心、謙虚な心、利他の心、そして、人権意識を育みます。

　本校は1学年1クラス、全6クラスの小規模校です。全教職員が全児童を知るという家庭的な環境の中で、全教職員が子どもたち一人一人の育ち見守ります。私学ならではの学習環境と、きめ細やかな教育体制で子どもたちの【人間力】を鍛えます。

※掲載内容は発行時の情報となります。最新の情報については学校発表の情報を必ずご確認ください。

験学習・点字学習に取り組むほか、ゲストティーチャーを招いたり盲導犬と触れ合ったりして、思いやりの心を育てる。

●高学年「課題解決に向け、探究心・知識量・行動力を伸ばす」

・児童会集会や縦割りれんげ班のリーダーとして自分の役割を自覚し、状況を判断して、場に応じた行動と言葉かけを心がける。

・平和総合学習では、沖縄本島の戦火跡や記念館を訪ね、語り部より直接お話を聞くことで、命の尊さを深く心に刻む。また諸活動を通して、沖縄の独特の歴史と文化を体感する。

・アフリカ出身の大学研究者より話を伺い、アフリカ貧困地域に主眼を置いてSDGsを考え、広い視野で物事を捉え考察する力を養う。また自分にできることを考えたり、「利他の心」で奉仕（ボランティア）に取り組んだりする喜びや達成感を知る。

・高齢者理解学習と認知症安心サポーター講座を通して、高齢者の視力・聴力・筋力の衰えを理解する。共生社会の一人として高齢者を支えるやさしさと行動力を持つ。

■情 報 教 育

全校生が、一人一台の端末（iPad）を、すべての教科で利用しています。例えば毎朝、英語四技能を高めるための本校オリジナル教材に取り組みます。学習支援アプリ「ロイロノート」の使用頻度が高く、シンキングツールを使って物事を整理するほか、写真・スライド・アンケート調査に至るまで、用途に合わせて活用します。他にも、本を自由に閲覧できるアプリをiPadに入れており、児童は図書室の本と並行して利用します。また、各教科の様々な基礎・応用・発展問題が入ったアプリも活用し、授業のデジタル教科書に続く演習問題として活用しています。それは個別最適化学習が可能で、答え合わせや直し・解説が、自分のペースで進めることができます。

児童は、キーノートやロイロノートなどを使ってプレゼンテーションをします。またオンラインで他校と交流したり、英語ネイティブ教諭と会話を楽しんだりします。

■外国語教育

英語：全学年 週2時間（朝のEE学習を入れると、週3時間）。課外の英語イベントも充実。

授業では、いろいろな歌やゲーム・絵本に触れるほか、発音・リスニング・定型表現・児童英検対策・国際理解学習などを、系統立てて取り組みます。1年生よりオックスフォード出版局のテキスト・ワークブックを使い、フォニックス（音素認識学習）にも意識して取り組んでいます。

毎朝、オリジナル教材（EEシート）で「聞く・話す・読む・書く」の四技能を必要とする学習を継続して取り組み、単語や英文の習得に向けて力の蓄積をしています。

また課外では英語イベントが充実しており、火曜日の昼休みは、「英語昼ドッジ」をします。子どもたちは、ドッジボールに関わる様々な英語表現文を声に出して、楽しく活動しています。また木曜日の放課後は「放課後英語タイム（ASE）」があります。英語絵本音読やおすすめ英語表現学習（E表現）、ダイナミックな鬼ごっこ系の英語遊びを通して、英語に触れる楽しさを味わいます。金曜日の朝は、英語朝体操があります。英語ラジオ体操やヨガに取り組むほか、ここでも集団遊びをして楽しみます。

■学 校 自 慢

（児童の作文より）

●「文教小学校では、ふだんから上級生が下級生の面倒を見て、兄弟のように接しています。班長になった時など、自分のことより低学年のことをまず考えるという自覚（利他の心）は、いたわりある活動からうまれるのだと思います。真剣に悩みを聞いてくれる先生、励ましや勇気を与えてくれる友だちに囲まれた最高の6年間でした。」

●「文教小学校は、1年生から6年生までが家族のように仲が良いのが特長です。学年をこえて交流できる縦割りれんげ班活動は、大変な面もあったけれど、いい思い出として残っています。先生と生徒の距離が近いことも、いいところだと思います。」

立命館小学校

りつめいかんしょうがっこう

京都府京都市北区小山西上総町22 ☎ 075-496-7777 https://www.ritsumei.ac.jp/primary/

京都

アクセス

●地下鉄烏丸線「北大路」駅より徒歩3分

学校情報

創立年	2006年（平成18年）	**【沿革】** 1869年、新しい時代を担う若者を育てるため、西園寺公望が私塾「立命館」を創始し、1900年、文部大臣時代の西園寺の秘書であった中川小十郎が、その意志を引き継ぎ立命館大学の前身となる「私立京都法政学校」を設立。2006年に立命館小学校が開校。立命館学園は2020年で120周年を迎えた。
創立者	中川小十郎（学園創立者）	
児童数	720名（1クラス30名）	
教員数	67名	1869年…西園寺公望（学祖）私塾「立命館」を創始 1900年…中川小十郎「私立京都法政学校」を創立 1951年…財団法人立命館を「学校法人立命館」へ組織変更 2006年…立命館小学校開校
制服	あり	
土曜授業	なし	
給食	あり	
スクールバス	なし	**【安全対策】** ・警備員の配置 ・防犯カメラの設置 ・赤外線監視システムの設置 ・防犯ベルの設置 ・登下校の状況を知らせるICタグ（GPS）
転・編入制度	欠員時（2月・7月実施／新2〜5年生）	
再入学制度	1年以上の在学・2年以内・新5年生開始までの条件に限り転編入（再入学）試験を実施	
帰国子女受入	欠員等の状況に応じて実施	

※掲載内容は発行時の情報となります。最新の情報については学校発表の情報を必ずご確認ください。

■入 試 情 報

●応募状況

募集人数	A日程　男女約120名 B日程　男女若干名
志願者数	**2024** 非公表 **2023** 非公表 **2022** 非公表 **2021** 非公表 **2020** 非公表

●考査内容

ペーパー、行動観察、面接（保護者・志願者）

●受験番号　非公表

●月齢の考慮　あり

● 2024年度入試日程　※実施済みの日程

願書配布	Web出願
出願期間	2023年7月14日〜24日（A日程）
面接	2023年8月18日〜20日、22日（A日程）（Web）
選考	2023年9月3日（A日程）
合格通知発送	2023年9月5日（A日程）（Web）
入学金振込	2023年9月5日〜8日（A日程）

● 2024年度入試説明会日程　※実施済みの日程

学校説明会	2023年5月27日
入試説明会	2023年7月8日
入試報告会	2023年11月14日、28日

■諸 費 用

考査料	20,000円
入学時	
入学金	300,000円
年額	
授業料	800,000円
教育充実費	200,000円

※その他、諸会費、積立金、給食費、制服代が必要。

■系 列 校

- ●中学校：立命館中学校、立命館宇治中学校、
  立命館慶祥中学校、
  立命館守山中学校
- ●高　校：立命館高等学校、
  立命館宇治高等学校、
  立命館慶祥高等学校、
  立命館守山高等学校
- ●大　学：立命館大学・同大学院、
  立命館アジア太平洋大学・同大学院

■主 な 年 間 行 事

4月	入学式、ハウス歓迎会
5月	ハウス遠足
6月	水泳、探究発表会、宿泊体験学習
7月	ハウスものづくり
8月	ワールドウィーク、 海外語学研修（ハワイ・タイ）
9月	スポーツフェスティバル（ハウス対抗）
11月	リッツ秋フェス（保護者会行事）
12月	合唱コンクール、芸術鑑賞、探究発表会
1月	百人一首大会
3月	卒業式、立志式（4年）、 海外語学研修（アメリカ・オーストラリア）

■施 設 ・ 環 境

最新、最先端の教育を実現するため、理科、図画工作、音楽、家庭科といった専科教室の他に、「陶芸の部屋」、「ロボットの部屋」や「博士の部屋」、「伝統文化室」、「アクトシアター」、「ハウス活動室」といった特色ある施設が多数設けられている。

教育の考え方

立命館小学校の校門脇に掲げられる「培根達支（ばいこんたっし）」の扁額は、学祖・西園寺公望が1912年夏に揮毫したものです。

「培根達支」とは、中国の哲学者である朱子が編纂した『小学』の「題辞」（序文）の一節「建学立師、以培其根、以達其支」に基づいています。

「人生を豊かにし、学問を大成させるには、生き方の根本、学びの基礎・基本を若いうちにしっかり養い育てることが重要である」という意であるこの言葉。立命館小学校ではその信念を継ぎ、生き方の根本、学びの基礎・基本をしっかり身に付け、社会のさまざまな分野で活躍してほしいという思いが込められています。

5つの誓い

目指す児童像として、以下の5つの誓いを掲げています。

一、わたしたちは、かけがえのない1人ひとりの生命を大切にします。

一、わたしたちは、言葉を大切にし、心をみがいていきます。

一、わたしたちは、知りたいという気持ちを大切にし、あらゆることから学び続けます。

一、わたしたちは、たくましく生きていくために必要な「根っこ」をきたえます。

一、わたしたちは、身につけた力を、進んで他の人に分かち伝えていきます。

■4つの柱

●確かな学力形成

基礎・基本の積み重ねにより獲得した基礎学力をもとに、自らの力で調べ、考え、応用し、発展させることができる力を身に付ける。小学校から大学・大学院までを擁する総合学園の教育力を生かし、高度な学習に系統的に取り組む。

●真の国際人を育てる教育

将来国際社会のリーダーとして活躍するために求められる、実践的な英語コミュニケーション能力を獲得するための教育を小学校1年生から開始。日本人教員・ネイティブ教員の2名体制による授業を実施。同時に、異文化に対する理解と、自国の文化に関する深い知識も身に付けていく。

●豊かな感性を育む教育

本格的な音響・映像設備のあるアクトシアターで本物の芸術に触れ、また、自らも表現活動に取り組む中で、豊かな感性、芸術・文化への理解を育む。また読書の時間を設定し、蔵書量45,000冊を超えるメディアセンター（図書室）を活用した読書指導にも力を入れる。

●高い倫理観と自立心を養う教育

人としての生き方や在り方を取り扱う「立命科」の授業を行う。また、異年齢の子どもたちが共に活動する「ハウス制度」を導入。高学年がリーダーとなり、日ごろの清掃活動やスポーツフェスティバルで下学年を引っ張ることで、兄弟姉妹のような絆がうまれる。

学校からのメッセージ

本校は「自由にして清新」な学園創設を掲げた、大学創設者中川小十郎先生の100年越しの夢を叶えるべく、2006年に京都市北大路に建てられました。学びの基礎基本と学習の構えを大切にする「培根達支（ばいこんたっし）」を建学の志として、4つの教育の柱「確かな学力」「真の国際人」「豊かな感性」「高い倫理観と自立心」を子ども達に身に付けさせることを中心に、ICT教育にも先進的に取り組んでいます。学校施設も充実し、各教室はオープンスクール仕様、250人収容のアクトシアター、校舎内に組み込まれている体育館、広々とした人工芝グラウンドには多種遊具を設置しています。

※掲載内容は発行時の情報となります。最新の情報については学校発表の情報を必ずご確認ください。

◆立命館小学校◆

試験の内容

考査内容	ペーパー（見る記憶、お話の記憶、数量、推理、言語、常識、図形など）、行動観察
	保護者・志願者面接（考査日前に実施）

過去の出題例

ペーパーテスト

言語（しりとり）

絵を左から右までしりとりでつなげます。その時「？」のところにあてはまる絵を、下の絵から選んで、○をつけてください。

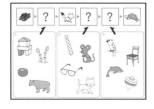

推理（系列）

上の段を見てください。「？」の書いてある太い線の枠に当てはまるものはどれですか。正しいものを下の段から選んで○をつけてください。

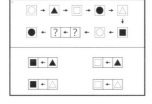

行動観察

タンバリンの音の数だけの人数になる、折り紙、指示によるなわとび

試験のポイント

基礎と応用のペーパーテスト、生活常識を問う行動観察に注意。面接対策も重要。

当校のペーパーテストは、内容はそれほど難しくありませんが、出題範囲が幅広いので総合的な力が求められます。また、ご家庭での学習ではできていたことが、使う道具や場所が変わると実力が発揮できないという場合も出てきます。日頃からさまざまなことを経験させて、状況の変化によって戸惑ったり、混乱したりしないような落ち着きを身に付けておきましょう。

ペーパーテストは、基礎的な力を測る問題だけでなく、さらに1段階深く考えなければ解けない問題も出題されます。基本的な問題は、落ち着いてケアレスミスのないようにしてください。応用問題は、まずは、何を問われているのかを理解する能力が必要になります。日頃から、人の話をよく聞き、理解することができるように取り組んでください。

親子面接は、考査日前に指定された日時で実施されています。例年、親子関係や生活習慣などを問われています。言葉だけで終わらず、ふだんから家庭での実践が伴うことが必要です。事前に願書が深く読み込まれており、ご家庭ごとに異なる質問がなされたようです。家庭内で意思疎通ができるように、ふだんからお子さまを交えてよく話し合うようにしてください。

面接の質問例

保護者

・志望動機をお聞かせください。
・ご両親の教育方針について、どうのように話し合われているかお聞かせください。
・一貫教育についてのお考えをお聞かせください。
・4・4・4制についてどうお考えですか。
・ほかの小学校と比べて、当校のよいところはどこですか。
・子育てをしていて、難しいところはどこですか。

志願者

・名前と誕生日を教えてください。
・どんなお手伝いをしますか。お手伝いをした時、褒めてもらえますか。
・今、何をがんばっていますか。
・お父さんお母さんのそれぞれ1番好きなところを教えてください。

※このページは弊社発行の学校別問題集の内容に基づいて作成しています。

QRコードで学校HPに
アクセスできます。

京都女子大学附属小学校
きょうとじょしだいがくふぞくしょうがっこう

京都府京都市東山区今熊野北日吉町 6-3　☎ 075-531-7386・7387　http://www.kyoto-wu.ac.jp

仏教

共学

給食

アフター
スクール

アクセス

●ＪＲ「京都」駅、京阪本線「七条」駅、阪急京都線「京都河原町」
　駅より直通バス（プリンセスラインバス）
●京阪本線「七条」駅より徒歩 15 分

学校情報

創立年	1957 年（昭和 32 年）
創立者	甲斐和里子
児童数	436 名（1・2 年／ 1 クラス約 30 名、3・4 年／約 40 名、5・6 年／ 1 クラス約 27 名）
教員数	29 名（常勤・非常勤講師 9 名を含む）
制服	あり
土曜授業	なし
給食	あり（月に 1 回お弁当の日）
スクールバス	なし
転・編入制度	あり
復学制度	あり
帰国子女受入	あり

【沿革】
京都女子学園には戦後の学制改革とともに幼稚園、中学校、高等学校、短期大学、大学が設置されて、総合学園としての体を成しつつありましたが、小学校だけが欠けていたため、その設立が学園の内外から要望されていました。
こうした中で、1956 年に小学校教員養成を目的とした、京都女子大学文学部初等教育学科及び京都女子大学短期大学部初等教育科が設置され、親鸞聖人の体せられた仏教精神を基盤にした初等教育の研究実践と学生の教育実習の場としての小学校の設立が急務となり、1957 年に京都女子大学附属小学校を開校しました。これにより京都女子学園は、名実ともに全国有数の総合学園としての形を整えることができました。

【安全対策】
・児童登下校時以外は、校門を閉門する
・登下校時に警備員を配置
・IC タグによる登下校お知らせメール配信
・週 2 回下校指導をしながら教員が一緒に下校
・一斉配信システム導入
・保護者の管理のもと、児童に携帯電話を持たせている

※掲載内容は発行時の情報となります。最新の情報については学校発表の情報を必ずご確認ください。

京都

■入 試 情 報

●応募状況

募集人数	男女 60 名（内部進学者を含む）	
志願者数	**2024** 男子 27 名　女子 54 名	
	2023 男子 34 名　女子 74 名	
	2022 男子 40 名　女子 69 名	
	2021 男子 41 名　女子 83 名	
	2020 男子 44 名　女子 75 名	

●考査内容

ペーパー、口頭試問、行動観察、運動、面接（保護者・志願者）

●受験番号

願書受付順

●月齢の考慮

非公表

● 2024 年度入試日程　※実施済みの日程

願書配布	2023 年 6 月 17 日〜 8 月 29 日
出願期間	2023 年 8 月 24 日〜 29 日（消印有効）
選考	2023 年 9 月 13 日・14 日
合格発表	2023 年 9 月 15 日
入学手続き	〜 2023 年 9 月 22 日

● 2025 年度入試説明会日程

学校見学会	2024 年 6 月 15 日、7 月 27 日

■諸 費 用

考査料	15,000 円
入学時	
入学金	100,000 円（2023 年度）
入学施設費	50,000 円
年額	
授業料	387,600 円
教育充実費	70,000 円
施設費	49,200 円
実習料	18,000 円
給食費（1 年生）	77,000 円
給食費（2〜6 年生）	82,500 円

■系 列 校

- ●幼稚園：京都幼稚園
- ●中学校：京都女子中学校
- ●高　校：京都女子高等学校
- ●大　学：京都女子大学・同大学院

■主 な 年 間 行 事

4月	入学式、1 年生を迎える会、本山参拝（1 年）、修学旅行（6 年）
5月	花祭り、宗祖降誕会、春の遠足、運動会
6月	田植え、あじさい読書週間、音楽会
7月	ふじの子集会
9月	夏休み作品展、林間学校（4・6 年）
10月	稲刈り・芋掘り、観劇会、宗教体験学習（3 年）、教育実習、宿泊行事（5 年）
11月	秋の読書まつり、学園報恩講
12月	心の学園記念日、報恩講
1月	附小百人一首大会、附小体力向上週間、雪遊び（3 年）
2月	学習発表会、風の子集会、音楽会、スキー教室（6 年）、作品展
3月	6 年生を送る会、本山参拝（6 年）、卒業式

■建 学 の 精 神

親鸞聖人の顕かにされた仏教精神を基盤とした「こころの教育」の実践。

■教 育 理 念

生かされて生きていることに感謝する「こころ」をもつ豊かな人間性、「国語力は人間力」を合い言葉に、確かな学力を身に付けた人間の育成。

３つの学びプロジェクト

特別に３つのプロジェクトを編成し、指導内容および計画を明確にし、全校で重点的に取り組むようにしている。

1．ことばプロジェクト

国語力をみがき、一人ひとりの力量の向上を図るとともに、国語力でみんなとつながる子どもを育てる。

・附小ノート検定
・附小言語力検定
・附小音読集会
・附小ニュースタイム
・漢字検定

2．こころプロジェクト

子どもたちがワクワクするような活動、将来のキャリアにつながる活動に取り組む。

・親子スポーツ大会
・親子で enjoy cooking
・天体観測会

3．いのちプロジェクト

シンクグローバリー、アクトローカリーを合い言葉に、地球のために自分にできることをやろうとする子どもを育てる。

・鴨川清掃、通学路清掃
・京エコロジーセンターでの体験
・先輩に学ぶキャリア教育

■特 色

●宗教教育

毎日、始業と終礼時に各教室で合掌、礼拝を行っている。週１時間宗教の時間があり、また、親鸞聖人の命日にあたる毎月16日は全校児童が講堂に集まり、おまいりをして、法話を聞くことにしている。学校生活のあらゆる面で生命を尊び、生かされ生きていることの自覚、報恩感謝の気持ちを培っている。

●学力の充実

「自ら学ぶ子どもを育てる」を目指し、基礎学力を徹底して身に付けることを大切にしている。理科・音楽・図工・体育・宗教・英語は専科教員が担当し、より充実した指導によって、情操教育や体力づくりを図っている。高学年になると、１クラス約27人の少人数制による指導を行い進路目的に応じたきめ細かい指導をしている。

●大学とのつながり

京都女子大学家政学部食物栄養学科の指導のもと、食育を進めたり、現代社会学部の先生や学生によるプログラミング学習を実施したりしている。また、小学校の音楽会では発達教育学部教育学科音楽教育学専攻の先生による記念演奏を聴かせていただくなど大学と連携して幅広い視野から教育を行っている。

京都

《 参 考 資 料 》

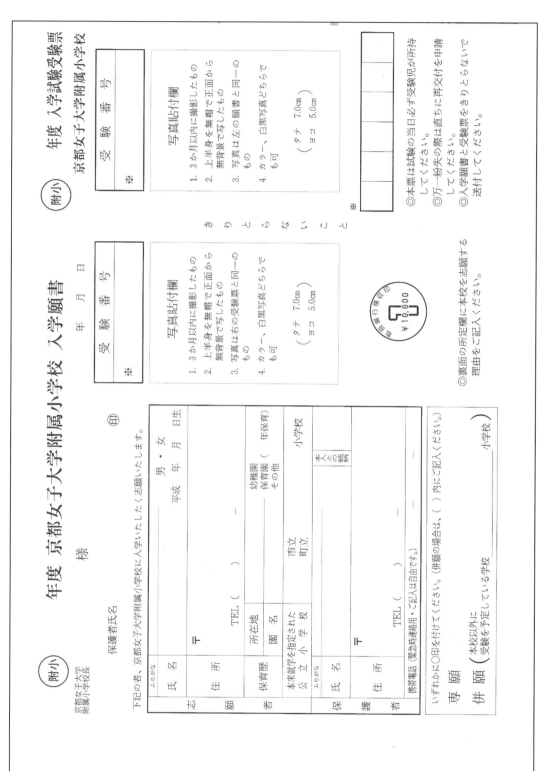

（2023年度入試の入学願書）

QRコードで学校HPに
アクセスできます。

光華小学校
こうか しょうがっこう

京都府京都市右京区西京極野田町 39　☎ 075-325-5250　https://ps.koka.ac.jp

 仏教　 共学　 給食　 アフタースクール

アクセス
- 阪急京都線「西京極」駅より徒歩 5 分
- バス「光華女子学園前」下車

学 校 情 報

創立年	1968 年（昭和 43 年）
創立者	大谷智子
児童数	定員 360 名（1 クラス 30 名）
教員数	24 名（非常勤 6 名を含む）
制服	あり
土曜授業	月 1 回（不定期）、行事などで登校（午前のみ）
給食	あり（月～金）※アレルギー対応あり
スクールバス	なし
転・編入制度	あり（5 年生まで／学期はじめに転入）
復学制度	なし
帰国子女受入	あり

【沿革】
1939 年…財団法人光華女子学園設立認可
　　　　　光華高等女学校設置認可
1940 年…光華高等女学校開設
1951 年…学校法人光華女子学園設立認可
1968 年…光華小学校開設
2001 年…光華女子大学大学院、光華女子大学、光華女子大学短期大学部、光華高等学校、光華中学校を京都光華女子大学大学院、京都光華女子大学、京都光華女子大学短期大学部、京都光華高等学校、京都光華中学校へ校名変更
2014 年…文科省英語教育強化地域拠点事業に採択（4 年間）
2022 年…4 月に新校舎完成予定

【安全対策】
- 常駐警備員が定期的に校内を巡視
- 児童下校時は、校門、通用門に警備員や教職員が立ち、他の時間帯は施錠
- ミマモルメ（登下校時刻をメールでお知らせ）

※掲載内容は発行時の情報となります。最新の情報については学校発表の情報を必ずご確認ください。

京都

■入試情報

●応募状況

募集人数	A日程　男女約50名 B日程　男女約10名 C日程　男女若干名
志願者数	**2024** 非公表 **2023** 非公表 **2022** 非公表 **2021** 非公表 **2020** 非公表

●考査内容

ペーパー、行動観察、運動、面接（保護者）

●受験番号　願書受付順

●月齢の考慮　なし

● 2025年度入試日程

願書配布	Web
出願期間 （Web）	2024年7月30日～8月16日（A日程） 2024年9月17日～10月10日（B日程） 2025年1月6日～22日（C日程）
選考	2024年8月18日（A日程） 2024年10月12日（B日程） 2025年1月24日（C日程）
合格発表 （Web・郵送）	2024年8月20日（A日程） 2024年10月15日（B日程） 2025年1月27日（C日程）

● 2024年度説明会日程　※実施済みの日程

学校説明会	2023年5月20日、7月1日、 10月21日
入試説明会	2023年6月17日、7月29日

■諸費用 （2023年度）

考査料	15,000円
入学時	
入学金	130,000円
年額	
授業料	516,000円
給食費	約90,000円
教材補助費	約60,000円
児童会・保護者会費など	17,900円

■系列校

- ●幼稚園：光華幼稚園
- ●中学校：京都光華中学校
- ●高　校：京都光華高等学校
- ●短　大：京都光華女子大学短期大学部
- ●大　学：京都光華女子大学・同大学院

■主な年間行事

4月	入学式、学園花まつり、修学旅行（6年）
5月	遠足、本山参拝（1年）、交通安全教室（1年）、日曜参観・親子交流会
6月	水泳学習、祖父母参観、幼・小交流授業、小・中交流授業
7月	本山宿泊学習（3年）、ひかりっこサマースクール
8月	夏期学習会、林間学習（4・5年）
9月	小中高合同避難訓練、学園創立記念日、光華フェスティバル
10月	運動会、幼・小交流授業「秋まつり」
11月	学園報恩講、幼小中高研究発表会、光華イングリッシュコンテスト
12月	学園成道会、ひかりっこウインタースクール
1月	修正会、幼・小交流授業、英検（4～6年）、マラソン大会
2月	漢検、数検（希望者）、学園太子忌、学習発表会
3月	本山参拝（6年）、6年生を送る会、卒業式、ひかりっこスプリングスクール

■教育目標

光華小学校は「自分らしさを理解し、選んだ未来を切り拓く力を持った子ども」を育てることを目標に、さまざまな教育活動を行っています。複雑で目まぐるしく変化する現代社会を生き抜くために「つけたい心」と「つけたい力」を養います。

つけたい心　向上心・潤いの心・感謝の心

つけたい力　自律・創造・協働

おもいやりの心を身につける

●仏教教育・伝統文化教育・礼儀マナー教育
　子どもたちが未来を創造し、自ら切り拓く力を身につけられるよう、校訓「真実心」を基盤に仏教精神に根ざした教育を実践しています。教職員は、すべての児童に対して親身になって対応し、一人ひとりの個性を輝かせる教育を実践しています。

ことばのちからを身につける

●年齢に応じたカリキュラムで国語力を磨く授業
●低年齢から英語に親しみ、読む・聞く・話す・書くをマスターする授業
　人が物事を考え、相手の考えを知り、おもいを伝えるときの基盤となるのは「ことば」です。そこで、本校はより多くの時間を充てて、すべての学習の土台となる、日本語・英語の5つの力(読む・聞く→考える→話す・書く)を重点的に育てます。

たしかな学力を身につける

●確かな学力を培う教科指導（教科担当制）
●漢検、英検、数検を校内実施
　小学校での教科学習は、その後の学びにとって重要な基礎となります。たしかな知識と自信につながり、さまざまな分野で将来活躍するための土台となります。

問題解決力を身につける

●教科横断型学習
● ICT の力を磨くプログラミング学習
●実践力を磨く STEAM 教育

複雑で変化の早い現代社会で自分らしい未来を切り拓くには、固定観念にとらわれず、自ら課題を発見し、解決する力が必要です。計画性やチームワークのほか、ICT デバイスやプログラミングを活用するスキルを STEAM 教育で育みます。

■ 学力・心・体をバランスよく育む

●豊富な体験型学習　宗教行事・宿泊学習・京都ならではのイベント、異年齢交流
　子どもたちが「本物」にふれ、五感を使って学ぶ「体験型学習」を大切にしています。教室を飛び出してさまざまな経験を重ねることで、豊かな感性と広い視野が身につきます。

■ アフタースクール

●がんばりっこ（放課後補習）
●ひかりっこ（子育て支援）
●各種多様な習い事
　児童と保護者の方の目的に合わせて選べる3つのプログラムを用意しています。送り迎え不要で、安心安全な場で過ごせるため、保護者の方の負担も軽減します。学習支援、子育て支援、習い事を通して、放課後も子どもたちの成長を後押ししています。

学校からのメッセージ

　光華小学校は、心の教育を基盤とし、自ら知性を磨き、心を鍛え、こ「向上心」　う「潤いの心」　か「感謝の心」を養うことを教育理念としています。

　高い学力だけでなく、子ども一人ひとりをかけがえのない存在として大切にし、児童・保護者・教育者がひとつとなって歩んでいく教育共同体としての学校を目指します。今後もこれまで本校が取り組んできた「思考力・判断力・表現力」の育成に向け、英語教育・国際理解教育・図書館教育・ICT の活用に加え、豊かな体験活動を通して学力だけでなく心や体もバランスよく成長させ、人間力の基礎となる部分を養います。特に今年度は、「非認知能力の育成」に焦点を当て、全学園が連携して、教育をすすめていきます。

※掲載内容は発行時の情報となります。最新の情報については学校発表の情報を必ずご確認ください。

近畿大学附属小学校　児童作品

QRコードで学校HPに
アクセスできます。

一燈園小学校
いっとうえんしょうがっこう

京都府京都市山科区四ノ宮柳山町 29-13　☎ 075-595-3711　http://www.ittoen.ed.jp/elementary.htm

共学　給食　アフタースクール

京都

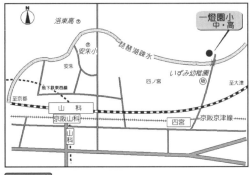

アクセス
●京阪京津線「四宮」駅より徒歩5分

学 校 情 報

		【沿革】
創立年	1933 年（昭和 8 年）	本校は "争いのない生活" を標榜し、ミリオンセラー『懺悔の生活』により多くの人々に影響を与えてきた実践的思想家西田天香によって 1924 年に創設された燈影塾を前身としています。
創立者	西田天香	
児童数	63 名（1 クラス 4 〜 16 名）	1930 年に小学部・幼稚部が設置され、1933 年に小学部が燈影尋常小学校となりました。その後 1947 年に新制中学校として認可を受け、燈影学園中学校になりました。
教員数	10 名（非常勤 2 名を含む）	
制服	なし	1951 年、学校法人燈影学園が認可され、一燈園小学校・中学校と名称を改め、翌 1952 年には高等部が一燈園高等学校として認可されました。その後、1967 年にいずみ幼稚園が認可されたことにより、幼稚園から高等学校までの一貫した学園が完成しました。
土曜授業	第 2・4 土曜日休み（行事により変更あり）	
給食	あり（アレルギー対応あり）	爾来 50 年余にわたり、受験偏重教育と一線を画した全人格教育を実践してきています。
スクールバス	なし	
転・編入制度	あり（原則 4 月入学／ 1 〜 5 年生）	【安全対策】集団下校は教員が引率。安全教室を行い、登下校不審者対策、避難訓練、自転車の安全な乗り方、子ども 110 番の家の確認、安全のために働く人々への感謝等を指導している。
復学制度	あり（仕事の都合等で転居の場合）	
帰国子女受入	あり（随時）	

※掲載内容は発行時の情報となります。最新の情報については学校発表の情報を必ずご確認ください。

■入試情報

●応募状況

募集人数	A日程 男女10名 B日程 男女若干名
志願者数	2024 男子 2名 女子2名 2023 男子 7名 女子5名 2022 男女 8名 2021 男子 8名 女子4名 2020 男子10名 女子10名

●考査内容

口頭試問、行動観察、運動、面接（保護者）

●受験番号

願書受付順

●月齢の考慮

なし

● 2024年度入試日程（A日程） ※実施済みの日程

願書配布	2023年7月1日〜（説明会で配布）
出願期間	2023年11月13日〜24日
選考	2023年12月2日
合格発表	2023年12月5日
入学手続き	2023年12月12日

● 2024年度入試説明会日程 ※実施済みの日程

学校説明会	2023年7月1日、10月21日

■諸費用

考査料	15,000円
入学時	
入学金	120,000円
年額	
授業料	337,200円
教育充実費	18,000円
施設設備費	84,000円

※その他、預り金、給食費が必要。

■系列校

●幼稚園：いずみ幼稚園

●中学校：一燈園中学校

●高 校：一燈園高等学校

■主な年間行事

4月	入学式、花見、家庭訪問（1年）、授業参観、懇談会、安全教室、自然の集い（花）、一燈園春の集い
5月	春の遠足、社会見学、授業参観、避難訓練（小・中・高）、音読発表会
6月	梅ちぎり、広島平和学習（修学旅行）、うきうきランド（幼稚園との交流）
7月	一輪車大会、水泳教室、七夕、個人面談、大掃除、サマーキャンプ、音読発表会
8月	水泳記録会
9月	敬老の集い（小・中）、運動会（小・中・高）
10月	秋の遠足、珠算検定試験、うきうきランド、社会見学
11月	秋の学習発表会（小・中・高）、霜月接心、奉仕活動、募金活動
12月	個人面談、自然の集い（星）、音読発表会、大掃除
1月	持久走大会、とんど焼き、学用品供養祭（幼・小・中）、避難訓練（小・中・高）、音楽鑑賞教室、スケート教室、伝統工芸体験
2月	珠算検定試験、春の学習発表会（小・中・高）、天香さん学習発表会、うきうきランド
3月	ミニ音楽会、個人面談、茶話会（6年）、音読発表会、安全教室、お別れ会、卒業式（小・中・高）、個人面談、半日体験入学、大そうじ

京都

校 是

　本学の教育は単なる知識修得に偏ることなく、「行餘学文」(行じて餘暇あれば文を学ぶ)の校是のもとに、個々の生徒の人間性を高めること、すなわち"天性教育"に重点を置いている。

「自己を深める＝祈り」

「社会に役立つ＝汗」

「基礎学力の徹底と定着＝学習」

特 徴

1. 少人数によるきめの細かい教育を行い、基礎学力の充実をはかります。
2. 毎朝の朝課、食堂での食作法などを通して礼儀・作法を身に付けます。
3. 集中力の向上と右脳の活性化をはかるため、そろばん教育を行います。
4. 器楽、リトミック、日本舞踊、剣道など、伝統的、総合的な授業を実施しています。
5. 器楽、リトミック、日本舞踊、珠算、英会話については専門の先生により指導を行います。
6. 併設の中学生・高校生との交流が活発なため、縦の人間関係が形成できます。
7. 他校にまねのできない本学独自の行事(奉仕活動、一輪車大会など)、小学校から中学・高校まで合同で行う行事(運動会、秋の学習発表会、春の学習発表会)を実施しています。
8. 動植物の採集など、自然豊かな本学の環境を活かした教育にも力を注いでいます。
9. 放課後5時まで(延長は6時まで)時間外として児童をお預かりします。また希望者は夏休みも児童をお預かりします。
10. 併設校である中学校に優先的に入学することができます。

■教 育 方 針

●小学校から高校まで一緒に活動

　入学式から卒業式、運動会や学習発表会(文化祭)などはいつも合同で行われ、小学生から、中学生・高校生まで、なごやかな雰囲気の中で行う。

　日常の生活でも、朝の礼堂で瞑想や、食堂での昼食など、みんないつも一緒に行う。もちろん、それぞれの学年に応じた授業は別々に行われるが、学園生活が大きな家族のような学校である。

●奉仕の勤労体験教育

　21世紀の国際社会に貢献する日本の青少年は国内、国外を問わず、その活躍の場において奉仕の精神が尊ばれる時代を迎える。一燈園ではさまざまなボランティア体験を通して勤労の尊さを学ぶ。

●伝統文化へのふれあい

　日本の伝統文化、伝統芸術への情操教育は幼いほど身に付くものである。一燈園では小学校から洋舞(男女)と日舞(女子)、剣道、そろばん。中学・高校からは謡曲と仕舞を正課として取り入れている。

●少人数による一貫教育

　一燈園では1学年20名以内の小中高一貫教育による指導の下、1人ひとりの学力と資質を把握し、学習効果を高める。

■外 国 語 教 育

英語：各学年週1時間、外国人講師1名。ギャップステューデント講師2名は、学習時だけではなく、登校中いろいろな機会で子どもたちと触れ合っている。英会話という枠を離れて、外国の方との触れ合いを大切にしている。

学校自慢

私の学校、一燈園では小学生が中学生や高校生といっしょに遊んでもらえるのがとても楽しいです。中学生も高校生も私たちにとてもやさしくしてくれます。それから、運動会では小、中、高合同でリレーをしたりします。リレーでは、ぬかされたり、ぬいたりして、とても、もりあがります。勝った時はとってもうれしいです。負けた時でもとても楽しかったのでくやしいとあんまり思いません。なぜかというと、みんなで一つになれたからです。授業では、そろばんや日本舞踊というめずらしい科目があります。私は今、珠算準二級、暗算二級という上級が取れるようになりました。これからも、どんどん上を目指したいです。日本舞踊では二月の発表会に向けて、おけいこをします。六年生は長い曲を発表するのできんちょうします。それと、校長先生の道徳はマジックや昔話をしてもらえます。

学校からのメッセージ

　一燈園の学校は90年近い歴史がありますが、日本で一番小さな私立学校です。1クラス10人前後で、全学年合わせても50人程です。でも先生は各クラスに1人ついて、子どもたち1人ひとりに目が行き届くので、勉強の落ちこぼれやクラスの乱れはありません。大変ユニークな学校なので、いろんな人たちが見学に来られて注目されています。その上、同じキャンパスに中学校や高等学校もあって、大きい人に一緒に遊んでもらえるので、小学生にとってはとても恵まれた環境です。又自然環境も生活環境も抜群です。勉強の科目は国語と算数(そろばんも含む)に特に力を入れていますが、その他の科目はもちろん英会話、リトミック、剣道、日本舞踊も正課として学んでいます。

　最近は日本でも、毎日のように子どもたちが被害に遭う事件がおきています。一燈園の学校は宗教ではありませんが、毎日礼堂というお堂で手をあわせて15分間の「瞑想の時間」を持っています。そのため、昼間学校で知らない人に会っても合掌して「いらっしゃいませ」と挨拶いたします。子どもは本来人を疑う心を持ってはいません。そしてその心は大変尊いものです。そしてその心を拝み育てていくのは大人の責任ではないかと思います。学園の創立者は「教育の原点は拝育」という言葉を残しています。皆さんも一度このユニークな学校をご見学して頂ければ有り難いと思います。

京都聖母学院小学校
<ruby>京<rt>きょう</rt></ruby><ruby>都<rt>と</rt></ruby><ruby>聖<rt>せい</rt></ruby><ruby>母<rt>ぼ</rt></ruby><ruby>学<rt>がく</rt></ruby><ruby>院<rt>いん</rt></ruby><ruby>小<rt>しょう</rt></ruby><ruby>学<rt>がっ</rt></ruby><ruby>校<rt>こう</rt></ruby>

QR コードで学校 HP に
アクセスできます。

京都府京都市伏見区深草田谷町 1　☎ 075-645-8102　http://www.seibo.ed.jp/kyoto-es/

カトリック　共学　給食　アフタースクール

京

都

アクセス

●京阪本線「藤森」駅より徒歩 3 分

学 校 情 報

		【沿革】
創立年	1949 年（昭和 24 年）	1921 年…創立者メール・マリー・クロチルド・リュチニエはじめ 7 人の修道女来日
創立者	メール・マリー・クロチルド・リュチニエ	1923 年…聖母女学院開校 1949 年…京都に聖母女学院開校（メール・マリー・クロチルド・リュチニエ校長兼任）
児童数	722 名（1 クラス約 30 名）	1957 年…小学校男女共学制になる
教員数	60 名（非常勤 16 名を含む）	1960 年…校名を聖母学院小学校と改称 2003 年…国際コース開設
制服	あり	2009 年…文部科学省教育課程特例校として指定
土曜授業	なし（年 10 日程度登校）	2011 年…校名を京都聖母学院小学校と改称 2021 年…「総合コース」を「総合フロンティアコース」と改称
給食	あり（希望制）、弁当持参可	2023 年…学校法人聖母女学院創立 100 周年
スクールバス	なし	【安全対策】
転・編入制度	あり（欠員時）	・交通誘導員及び教員の登下校指導 ・方面別班登校の実施 ・緊急時におけるメール配信システム
復学制度	疾病による休学の場合のみ	・IC タグによる登下校状況の通知（メール配信） ・キッズ携帯の使用許可（届出制） ・防犯カメラの設置
帰国子女受入	あり（欠員時／海外在住 1 年以上／帰国後 2 年以内）	・校門での守衛による来訪者チェック ・全教室に防災用ヘルメット設置

※掲載内容は発行時の情報となります。最新の情報については学校発表の情報を必ずご確認ください。

■入 試 情 報

●応募状況

募集人数	A 日程　男女 100 名（内部進学者を含む） B 日程　男女 20 名 C 日程　男女若干名
志願者数	**2024** 非公表 **2023** 非公表 **2022** 非公表 **2021** 非公表 **2020** 非公表

●考査内容

ペーパー、行動観察、制作、運動、面接（保護者・志願者）

●受験番号

願書受付順

●月齢の考慮

なし

● 2025 年度入試日程

願書配布	Web
出願期間	2024 年 7 月 12 日〜 8 月 19 日 （A 日程） 2024 年 9 月 18 日〜 25 日 （B 日程） 2025 年 1 月 21 日〜 31 日 （C 日程）
選考	2024 年 8 月 24 日・26 日・27 日の うち 1 日(面接)と 9 月 2 日(適性検査) （A 日程） 2024 年 10 月 1 日（B 日程） 2025 年 2 月 6 日（C 日程）
合格発表 （発送日）	2024 年 9 月 3 日（A 日程） 2024 年 10 月 2 日（B 日程） 2025 年 2 月 7 日（C 日程）
入学手続き	〜 2024 年 9 月 17 日（A 日程） 2024 年 10 月 9 日・10 日（B 日程） 2025 年 2 月 12 日（C 日程）

● 2025 年度入試説明会日程

学校説明会	2024 年 5 月 17 日・18 日、11 月 16 日
テスト体験	2024 年 6 月 15 日
Come&See Seibo! （少人数学校見学会）	2024 年 6 月 10 日〜 14 日
入試傾向と対策	2024 年 7 月 1 日〜（オンライン）
入試説明会 （B・C 日程）	2024 年 9 月 18 日

系 列 校

- ●保育園：京都聖母学院保育園
- ●プリスクール： 聖母インターナショナルプリスクール
- ●幼稚園：京都聖母学院幼稚園
- ●小学校：香里ヌヴェール学院小学校
- ●中学校・高校： 京都聖母学院中学校・高等学校 香里ヌヴェール学院中学校・高等学校

諸 費 用

考査料	15,000 円
入学時	
入学金	150,000 円
制服等の制定品費	約 150,000 円
年額（総合フロンティアコース）	
授業料	396,000 円
教育充実費	144,000 円
施設設備費	60,000 円
保護者会費	18,000 円
年額（国際コース）	
授業料	483,000 円
教育充実費	180,000 円
施設設備費	60,000 円
保護者会費	18,000 円

※その他、旅行積立金、教材費等が必要。

主 な 年 間 行 事

4月	入学式、1年生を迎える会
5月	聖母月の実践とまとめの祈りの集い、遠足、自然体験合宿（4年）
6月	創立記念式、広島平和学習（6年）、合唱祭
7月	English フロンティアウィーク（総合フロンティアコース）、国際コース合宿（3・4年）、チャレンジサマー
8月	オーストラリア語学研修旅行（5年国際コース）
9月	夏休み作品展、運動会
10月	遠足、自然体験合宿（3年）、長崎修学旅行（5年）、ロザリオ月の実践と祈りの集い
11月	死者のための祈りの集い、読書週間、スポーツデイ
12月	待降節の実践とクリスマス聖劇
1月	書写展、音楽鑑賞教室
2月	卒業遠足（6年）、わくわくプレゼン DAY、アートフェスティバル（図工作品展）
3月	卒業感謝ミサ、スプリングコンサート、6年生を送る会、卒業証書授与式

建 学 の 精 神

カトリックの人間観・世界観にもとづく教育を通して、真理を探究し、愛と奉仕と正義に生き、真に平和な世界を築くことに積極的に貢献する人間を育成する。

校 訓

従順：真理を探究する歩みの中で出来事を正しく判断し、正しいことをはっきりと表明し、それに誠実に従う強い意志

純潔：真理を純粋に誠実に受け入れ、実践する生活態度

■目 指 す 子 ど も 像

●創造性豊かな子ども

自分の持つ可能性に目覚め、自ら考え新しいものを開発し、目標を達成するために努力する力のある子ども。

●誠実な子ども

自分の中の良心の声に従い、自分の行為に責任を持つ、真に強い心の子ども、人として信頼される子ども。

●人を大切にし、奉仕の喜びを知る子ども

自分自身を大切にし、さらに他者のために、とくに社会的に弱い立場にある人をいたわり互いに尊重し合って、人のために働く喜びを感じることのできる子ども。

■4 つ の プ ロ ジ ェ ク ト

①祈りに見出す

～神と人に対する愛と奉仕の実践～

祈りを大切にする学校生活や宗教行事を通して、神の存在を知り、手を合わせて祈ること、感謝することを学びます。また、「ルワンダレスキュー隊」の活動などの奉仕活動を通して、支えあい、分かち合い、学びあう日々の活動を大切にします。

②自ら学ぶ

～学びへの意欲と中学校受験に対応できる学力、体験と話し合いを重視したアクティブラーニング～

基礎学力を素地とした自分の考えをしっかり持ち、言葉で表現し、まとめる力を育てます。また、仲間との意見交換を通して、プレゼン能力の育成を目指します。

③命を知る

〜生涯を通して命と健康について考えられる子どもの育成〜

　私たちは「神様に生かされている」と伝え、目に見えないものを大切にする心を育みます。校外学習や宿泊合宿では、「命の輝き、大切さ、そして人々の温かさ」を実感します。また、日々の祈りや教育を通して命の大切さを知り、健康についても考えるようになります。

④仲間と築く

〜さまざまな人との出会いや関わりの中で、お互いに心を磨きあえる仲間を作る〜

　共に学び合う仲間の中で、自分が大切にされていると実感できるクラス作りを進めています。運動会や学年縦割りの清掃活動、児童会活動などさまざまな場でより良い人間関係を築くことができるようになります。

■英 語 教 育

　ネイティブ講師と日本人教員のティームティーチング

English Team 27 Teachers

　両者が常に連携を図りながら授業を行うことで、ネイティブ講師の生きた英語にふれながら、基礎学力が身につくよう、日本人教員が支援します。また、総合フロンティアコースでは他教科等で学んだことを英語で表現するCLIL（クリル）にも取り組みます。

■国 際 理 解 教 育

　個性豊かなさまざまな国籍のネイティブ講師が10名在籍！

Communicating And Understanding Each Other in English

　日常的に英語にふれる環境を作ることでコミュニケーションや自己表現に必要な実践的英語力の基礎を身につけていきます。また、異文化にもふれ、お互いを尊重しあいながら世界の人々と共に生きる力を身につけます。

学校からのメッセージ

未来を生きる力を育てる　Fostering Skills for the Future

　本校では、世界的に突然の変化が訪れる時代で育つ現代の子どもたちが、心豊かな人生を送るため、また、自分の可能性を十分に伸ばすことができるよう伝統的価値と未来のスキルを身につける教育を展開しています。また、未来を活きる力を育てるスキルとして、3つの力をつける学びを進めています。この3つの力を総合するものとして「プレゼンテーション」を掲げ、さまざまな場面で発表を重ねています。

洛南高等学校附属小学校
らくなんこうとうがっこうふぞくしょうがっこう

QRコードで学校HPにアクセスできます。

京都府向日市寺戸町寺田54　☎ 075-924-6511　https://www.rakunan-h.ed.jp

仏教　共学　アフタースクール

京都

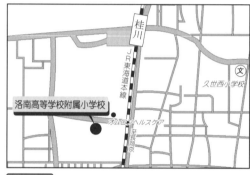

アクセス
- JR「桂川」駅より徒歩10分
- 阪急京都線「洛西口」駅より徒歩15分

学校情報

		【沿革】
創立年	2014年（平成26年）	本校のはじまりは、今からおよそ1200年前、日本文化の父といわれる空海弘法大師が庶民のための教育の場として創られた日本最初の私立学校「綜藝種智院（しゅげいしゅちいん）」にまでさかのぼることができます。
創立者	弘法大師 空海	
児童数	523名（1クラス26〜31名）	
教員数	41名（非常勤7名を含む）	その後、永い歴史の中で承け継がれてきた大師の建学の精神にもとづいて、1962年、新たに「洛南高等学校」として発足。さらに教育の一層の充実強化を願って、1985年、附属中学校を開校。2006年には、男女共学校として、新たな一歩を踏み出しました。
制服	あり	
土曜授業	あり（第2土曜日休み）	
給食	なし（弁当の注文可）	そして機が熟し、2014年4月、長岡京跡・北東部の地に、洛南高等学校附属小学校を創設しました。
スクールバス	なし	【安全対策】
転・編入制度	なし	・ALSOK導入 ・校舎入口に監視カメラ設置 ・常駐警備員2名配置 ・ICタグを配布（登下校メール配信システム「ミマモルメ」導入）
復学制度	なし	
帰国子女受入	なし	

※掲載内容は発行時の情報となります。最新の情報については学校発表の情報を必ずご確認ください。

■入 試 情 報

●応募状況

募集人数	男女 90 名	
志願者数	2024	男女 124 名
	2023	男女 135 名
	2022	男女 123 名
	2021	男女 148 名
	2020	男女 153 名

●考査内容

ペーパー、行動観察、運動、面接（保護者）、保護者作文

●受験番号　非公表

●月齢の考慮　あり

● 2024 年度入試日程　※実施済みの日程

願書配布	2023 年 4 月中旬～（Web・配布）
出願期間	2023 年 7 月 12 日～ 19 日（Web）
保護者面接	2023 年 8 月 26 日・27 日
選考	2023 年 9 月 9 日
合格発表	2023 年 9 月 12 日（Web）
入学手続き	2023 年 9 月 12 日・13 日（インターネット決済）
入学説明会	2023 年 9 月 16 日

● 2024 年度入試説明会日程　※実施済みの日程

入試説明会・学校説明会	2023 年 6 月 17 日
願書配布	学校説明会、事務室窓口、郵送

■諸 費 用

考査料	20,000 円
入学時	
入学金	150,000 円
制服等制定学用品代	約 100,000 円
年額	
授業料	792,000 円
教育費	180,000 円
空調費	5,000 円

■系 列 校

●中学校：洛南高等学校附属中学校

●高　校：洛南高等学校

■主 な 年 間 行 事

4月	入学式、始業式、御影供、春の遠足、善通寺合宿
5月	葵祭見学、御影供、花まつり
6月	水泳学習、空海降誕会、御影供、授業参観、学級懇談会
7月	七夕、祇園祭見学、定期考査、終業式、保護者会、宿泊学習、東寺合宿、高野山合宿
8月	夏休み、夏期学習会
9月	始業式、運動会、御影供
10月	学習発表会、時代祭見学、御影供
11月	祖父母参観日、御影供、修学旅行
12月	成道会、定期考査、終業式、保護者会
1月	始業式、新春の催し、御影供
2月	持久走記録会、涅槃会、御影供
3月	定期考査、卒業式、修了式、保護者会

■教 育 方 針

●知育…小・中・高 12 年一貫教育で高い知性を獲得

●徳育…礼儀と自立心を備えた人間を育む

●体育…生きていく基本となる体力を育成

●共同…行事を通して他人の立場を理解

●自省…教師・親の成長が子どもの成長に

■校 訓

次の 3 つを洛南生の指針として位置づけています。

本校は、仏教の三帰依（帰依仏、帰依法、帰依僧）を現代の言葉に直して校訓としています。

「自己を尊重せよ」

「真理を探求せよ」

「社会に献身せよ」

３つの柱

３つの柱で、自らを伸ばしていく教育。

賢く、熱く、おおらかに生きる力のある「人」を育みます。

● 「心」…仏教の教えを日々に生かす

仏教の教えに触れる理由。それは毎日の生活を人間らしく、節度あるものにしていく秘訣があるからです。

雑事は仏事。日々の学校生活の中に心の教育があります。

「御影供」…月に一度、御仏様に供養をささげ、自らを振り返る機会を得ます。

全校児童と教職員が心ひとつに集う大事な行事で、感謝の心や命の大切さを学び、自らを振り返る静かな１日です。

● 「学」…「自分から学ぶ」習慣を身に付ける

生活即学習、学習即生活の実践で、学ぶことが自然に生活の一部になります。自ら学ぶ「予習中心の学習習慣」を確実に身に付けています。日々の積み重ねこそが真の学力を育みます。仲間とともに磨き合える、よい環境の中で、真剣な時間をともに過ごすから、本当の学力と仲間が得られます。

● 「身」…体を動かし、団結や公正さを学ぶ

心と知と身体のバランスがとれていてこそ、生きる力のある人と言えます。真剣に取り組むからこそ生まれる、本当の明るさと楽しさと連帯感があります。体験的な行事を通じて、健全な心身と協調性を養います。児童会・委員会・クラブ活動を通じて、社会性を育みます。

■ 自分で伸びる力を育む４つの実践項目

● 規律正しく
● 清潔につとめ
● 情操豊かに
● 勉学にはげむ

■ 外国語教育

英語：低学年は週２時間、高学年は週３時間。１年生から英語の歌や英単語の学習などを行う。全学年でネイティブの教員による授業があります。

学校からのメッセージ

洛南高等学校附属小学校の３つの柱は、仏法に学び、日本の伝統・文化を大切にし、あいさつ・礼儀を身に付ける情操教育、「読み・書き・そろばん」を基本として中学校・高等学校での学びを見すえた教科学習、そして健全・健康な心身を磨き育てる体育的行事です。

ここ桂川の地において、児童たちは、のびのびと学校生活を送り、それぞれの「夢」に向かって、考え、学び、遊んでいます。

ともに生活し、ともに学ぶ、新しい仲間に、皆さんが加わっていただけることを、心よりお待ちしております。

※掲載内容は発行時の情報となります。最新の情報については学校発表の情報を必ずご確認ください。

◆洛南高等学校附属小学校◆

試験の内容

考査内容	ペーパー（お話の記憶、図形、数量、言語、常識、推理など）、行動観察、運動
	保護者面接（考査日前に実施）
備考	試験時間は約2.5時間。保護者は待ち時間の間に作文（600字程度）の課題あり（2回）。

過去の出題例

ペーパーテスト

推理（系列）

上の段の四角に入るものは何ですか。四角にあてはまる記号を書いてください。下の段も同じように答えてください。

図形（鏡図形）

鏡が絵のように2枚つながっています。それに黒い「R」を、絵のように置きました。足跡マークから見ると「?」マークの鏡には、どのように映りますか。○をつけてください。

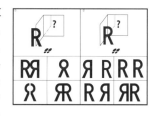

運動テスト

行進、スキップ、ケンパー、ギャロップ、ボール投げなど

試験のポイント

難易度の高いペーパーテストの出題には、「応用力」が必要。保護者も試されるテスト。

ペーパーテストは、難度が高く、観点が複数あり、問題数が多いことが特徴です。幅広い分野で基礎を固めるとともに、内容をしっかりと理解し、応用問題にも対応ができるように準備を進めてください。応用力を身に付けるためには、ペーパー対策だけでは充分とは言えません。実体験を通して理解を深め、さまざまなものごとに触れることで、視野を広げてください。

運動テストは、身体や運動能力の発達度はもとより、子どもの態度や心構え、協調性の有無、マナーが身に付いているかなど、さまざまな点が観られます。お子さまの日常の様子に加え、保護者の方を含む家庭全体が観られているということを意識し、家族全員で受験に取り組んでください。

また、3時間におよぶ試験の間、集中を切らさないようにすることも大切です。必要な時には集中できるように、学習は時間を決めて行い、遊ぶ時は思い切り遊ぶなどメリハリをつけて日常を過ごしてください。

保護者の方には、面接資料提出時と、試験時に2つ、計3つの作文が課されました。この作文も「志望動機」や「家庭の教育方針を聞く」といった、ありきたりなものではなく、お子さまの教育や社会生活などについて、ふだんからしっかり意識してしておかなければとっさには書けないテーマです。家族でコミュニケーションを取る中で、過去の課題を参考に、自分ならどのような文章を書くかを考えておきましょう。

作文の課題例

保護者

1.「子は親の鏡、親は子の鑑」という言葉について思うこと。

2.「エートス（人格・性格）はエトス（習慣）を少し語形変化させることによって得られる」という言葉について思うこと。

3.「どんなに不幸を吸っても、吐くのは感謝でありたい」という言葉について思うこと。

4.「見えないところが本物にならないと、見えるところも本物にならない」という言葉について思うこと。

※このページは弊社発行の学校別問題集の内容に基づいて作成しています。

QRコードで学校HPに
アクセスできます。

同志社大学附属
同志社国際学院初等部
どう　し　しゃだいがく　ふ　ぞく
どう　し　しゃこくさいがくいんしょとうぶ

京都府木津川市木津川台 7-31-1　☎ 0774-71-0810　http://www.dia.doshisha.ac.jp

共学

アクセス

● 近鉄京都線「新祝園」駅、ＪＲ学研都市線「祝園」駅より
　直通路線バス（約 10 分）
● 近鉄けいはんな線「学研奈良登美ケ丘」駅より
　直通路線バス（約 20 分）

学 校 情 報

創立年	2011 年（平成 23 年）	【沿革】 2011 年に開校した同志社国際学院初等部とは国際バカロレア（IB）の世界標準の枠組みに沿いながら文部科学省が定める学習指導要領の内容を学ぶ小学校です（文部科学省から教育課程特例校の認定を受けています）。同志社の歴史と伝統に、未来を志向する国際カリキュラムが融合し、授業の約 50% を英語で行う画期的、先進的、国際的な小学校です（2019 年 1 月には、IB の正式な認定校となりました）。
創立者	新島襄（1875 年同志社創立）	
児童数	343 名（1 クラス 30 名）	
教員数	30 名	
制服	なし	
土曜授業	なし	
給食	なし（ランチオーダー、パン販売／火・木あり）	【安全対策】 ・敷地および校舎入口に門衛所や事務室を配置 ・敷地全体をフェンスならびにセンサーで警備 ・各教室に警報装置を設置 ・IC タグによる登下校管理システム
スクールバス	直通路線バスが運行	
転・編入制度	あり （本校で定めた海外在住経験が条件）	
復学制度	なし（1 年以内の長期欠席制度あり。ただし推薦進学を希望する場合は条件あり）	
帰国子女受入	あり （本校で定めた海外在住経験が条件）	

※掲載内容は発行時の情報となります。最新の情報については学校発表の情報を必ずご確認ください。

■入 試 情 報

●応募状況

募集人数	男女約 60 名（内部進学者を含む）
志願者数	**2024** 非公表 **2023** 非公表 **2022** 非公表 **2021** 非公表 **2020** 非公表

●考査内容

ペーパー、口頭試問、行動観察、面接（保護者・志願者）、面接（志願者）

●受験番号

非公表

●月齢の考慮

一定の配慮あり

● 2025 年度入試日程

願書配布	Web 出願
出願期間	未公開（Web）
選考	未公開
合格発表	Web 合否
入学手続き	未公開

● 2024 年度入試説明会日程

学校説明会	2023 年 5 月 24 日、6 月 15 日

■系 列 校

●幼稚園：同志社幼稚園

●中学校：同志社中学校、同志社女子中学校、
同志社香里中学校、同志社国際中学校

●高　校：同志社高等学校、同志社女子高等学校
同志社香里高等学校、
同志社国際高等学校

●大　学：同志社大学・同大学院、
同志社女子大学・同大学院

■諸 費 用

考査料	20,000 円
入学時	
入学金	250,000 円
年額	
授業料	850,000 円
教育充実費	150,000 円
教材費	40,000 円
書籍費（1 年生）	20,000 円
保護者後援会費	12,000 円
宿泊行事積立金	150,000 円

※その他、登下校時 IC タグ登録料・利用料、災害備蓄費、制定品費が必要。

■主 な 年 間 行 事

4月	始業礼拝、入学式、コミュニケーションタイム（懇談会）
5月	カンファレンス、水泳講習
6月	花の日礼拝、水泳講習、宿泊学習（4年）、宿泊学習（2年）
7月	終業礼拝、夏季休業、学期報告会、水泳講習、学期末カンファレンス
8月	夏季休業、始業礼拝
9月	修学旅行（6年）、宿泊学習（3年）
10月	Sports Day、Halloween、宿泊学習（1年）
11月	きずな祭、収穫感謝礼拝、クリスマスツリー点灯式、宿泊学習（5年）、同志社創立記念日祈祷会
12月	クリスマス礼拝・ページェント、学期報告会、SPT カンファレンス、終業礼拝、冬季休業
1月	冬季休業、始業礼拝、校祖永眠の日祈祷会、PYP※ Exhibition
3月	東日本大震災を憶える礼拝、卒業式、修了礼拝、春季休業、学期末カンファレンス

※ PYP（Primary Years Programme）とは、国際バカロレア（IB）初等教育プログラムのこと。

京都

■同志社国際学院初等部

同志社国際学院初等部とは、国際バカロレア（IB）の世界標準の枠組みに沿いながら、文部科学省が定める学習指導要領の内容を学ぶ小学校です（文部科学省から教育課程特例校の認定を受けています）。同志社の歴史と伝統に、未来を志向する国際カリキュラムが融合し、授業の約50％を英語で行う画期的、先進的、国際的な小学校です。2019年1月には、IBの正式な認定校となりました。

■同志社国際学院の使命

同志社国際学院は、同志社の教育理念に基づき、よりよき人生を営むために生涯にわたって学び続ける人を、よりよき世界を実現するために世界を結ぶ行動をし続ける人を、そして、神様から与えられた生命を正しく生きるために愛を深め続ける人を、その国際的な学校としての教育の中で育てます。（「同志社国際学院のモットー」と「同志社国際学院の使命」は同志社大学の三つの教育理念「キリスト教主義」「国際主義」「自由主義」に基づいています）

■初等部の特色

1. 学校教育法第一条に基づく一条校として、学習指導要領に基づき教育を行いますが、教育課程特例校として、6年間を通して日本語と英語で授業を行う日英バイリンガルスクールとしての教育を行います。
2. 学習指導要領に基づく学習と国際バカロレアの枠組みを融合させることを目指し、教科を横断したテーマ学習を学びの中心とする探究型学習を実践します。
3. 初等部専属のさまざまな国から来たネイティブスピーカーの教員と子どもたちが共に学ぶ中、多文化理解のスキルを身に付け、国際的な態度を養い、国際的なマナーや世界に通じる思いやりを育みます。
4. 海外での生活を体験したことのある児童を積極的に受け入れ、国際的な学校ならではの成長が遂げられるようにします。

5. 1年に1回、宿泊活動を実施し、特別な体験を通じて、児童の自立心を育みます。

■初等部カリキュラムの概要

同志社国際学院初等部では、子どもたちの「なんだろう」「どうなっているんだろう」「なぜだろう」といった探究心を最も大切にした探究型学習が基本となります。子どもたちは、生活体験や自然体験、社会体験などのさまざまな体験を通して、自らの興味や関心、学習意欲を高めながら学んでいきます。同志社国際学院初等部は、学校教育法の一条校の小学校として、2019年1月に国際バカロレアの初等教育プログラム（PYP）の認定校となりました。教科融合型の探究の単元（UOI：Unit of Inquiry）といった探究型学習も、PYPの枠組みに沿って行っています。

■初等部の外国語教育

初等部では6年間の全授業時間の約50％が「英語」での授業になります。この時間はTIE（Time in English）と名付けられています（TIEは日本語では『絆』です。同志社国際学院初等部は国際的な学校として『絆』ということを大切にしていきたいと考えています。本館にある大きなホールも「きずなホール」と名付けています）。TIEでは基本的にすべての授業を英語ネイティブの教師およびバイリンガル教員が担当し、学年や教科によっては、日本人バイリンガル教師が補助に入ります。内容は、教科としての「英語」はもちろんのこと、「算数」「理科」「社会」など、教科の内容を英語で教えます。初等部の児童はTIEの他に音楽、図画工作、体育等の実技系教科も英語で学びます。明るく開放的なDIA Libraryには、日英あわせて2万冊以上の図書資料がそろっています。

※掲載内容は発行時の情報となります。最新の情報については学校発表の情報を必ずご確認ください。

大阪府

大阪教育大学附属天王寺小学校

おおさかきょういくだいがくふぞくてんのうじしょうがっこう

QRコードで学校HPにアクセスできます。

大阪府大阪市阿倍野区松崎町 1-2-45　☎ 06-6621-0123　http://www.tennoji-e.oku.ed.jp

共学　給食

アクセス
- ＪＲ、Osaka Metro「天王寺」駅より徒歩5分
- 近鉄「大阪阿部野橋」駅より徒歩5分
- 阪堺電車「天王寺駅前」駅より徒歩7分

学 校 情 報

創立年	1877 年（明治 10 年）
創立者	——
児童数	628 名（1 クラス 35 名）
教員数	30 名（非常勤 4 名を含む）
制服	あり
土曜授業	なし
給食	あり（アレルギー対応あり）
スクールバス	なし
転・編入制度	なし
復学制度	あり（海外赴任等の場合に誓約書提出）
帰国子女受入	なし

【沿革】
1877 年…大阪府師範学校附属演習小学校として設置
1886 年…大阪府尋常師範学校附属小学校と改称
1898 年…大阪府師範学校附属小学校と改称
1901 年…天王寺区字南河堀町（現大阪教育大学天王寺キャンパス）に移転
1908 年…大阪府天王寺師範学校附属小学校と改称
1941 年…大阪府天王寺師範附属国民学校と改称
1943 年…大阪第一師範男子部附属国民学校と改称
1946 年…大阪第一師範男子部附属小学校と改称
1951 年…大阪学芸大学附属天王寺小学校と改称
1953 年…阿倍野区松崎町現校地に移転
1967 年…大阪教育大学教育学部附属天王寺小学校と改称
2004 年…大阪教育大学附属天王寺小学校と改称

【安全対策】
・警備員 2 名
・防犯ブザー
・緊急通報システム
・防犯カメラ
・保護者による立ち当番
・入校証チェック
・校内の巡回

※掲載内容は発行時の情報となります。最新の情報については学校発表の情報を必ずご確認ください。

■入試情報

●応募状況

募集人数	男女 105 名	
志願者数	**2024** 男子 149 名	女子 164 名
	2023 男子 192 名	女子 198 名
	2022 男子 192 名	女子 219 名
	2021 男子 229 名	女子 211 名
	2020 男子 258 名	女子 243 名

●選考方法
筆記、実技、行動観察、面接（志願者・保護者）

●受験番号
抽選

●月齢の考慮
非公表

● 2024 年度入試日程　※実施済みの日程

願書配布	2023 年 8 月 19 日、 11 月 13 日〜 17 日
出願期間	2023 年 12 月 5 日〜 8 日
選考	2024 年 1 月 8 日〜 16 日
合格発表	2024 年 1 月 18 日
合格手続き	2024 年 1 月 18 日

● 2024 年度入試説明会日程　※実施済みの日程

学校説明会	2023 年 8 月 19 日

■諸費用

考査料	3,300 円
年額	
教材費	約 36,000 〜 48,000 円
PTA 教育支援費	24,000 円
PTA 運営費	12,000 円
給食費（低学年）	52,800 円
教育後援会費「運営会計」	30,000 円
教育後援会費「奨学会計」	30,000 円

■系列校

- ●中学校：大阪教育大学附属天王寺中学校
- ●高　校：大阪教育大学附属高等学校天王寺校舎
- ●大　学：大阪教育大学・同大学院

■主な年間行事

4月	入学式、始業式、春の遠足（2〜5年）
5月	修学旅行（6年）、林間学舎（3・4年）
6月	プール開き
7月	臨海学舎（5・6年）
8月	教育実習
9月	スポーツデー、前期授業終了
10月	後期授業開始、教育実習、附天小祭り、 防災宿泊訓練
12月	学芸会
1月	地震避難訓練、防災食体験
2月	スキー教室、研究発表会
3月	6年生を送る会、卒業式、修了式

■特別な任務

　本校は、大阪教育大学に附属する小学校で、教育基本法及び学校教育法に基づいて義務教育として行われる普通教育のうち基礎的なものを行うとともに、次のような特別な任務を持っている。

①大学と一体となって、教育の理論と実際に関する研究を行う。

②大学の教育実習機関として、実習生を随時受け入れ、適切な指導を行う。

③教育に関する理論を研究し、教育実践に役立てる。

④現職教員に研修の場を提供する。

■教育目標

　個が生きる学校

- ●自他の人格を尊重し、実践力のある子
- ●生命を尊重し、健康で安全につとめる子
- ●みんなと協力してしごとのできる子
- ●自分でよく考え、すすんで実行できる子
- ●ものごとを最後までやりとおせる子
- ●きまりを守り、明るくくらせる子

大阪

◆大阪教育大学附属天王寺小学校◆

過去の試験の内容

ペーパー｜制作｜運動｜口頭試問｜行動観察｜親子面接｜アンケート

考査内容	ペーパー（お話の記憶、図形、数量、言語、常識、推理、巧緻性など）、制作、運動、口頭試問、行動観察
	保護者・志願者面接（考査日当日に実施）
備考	考査中に保護者作文あり。

基本的な内容でも試験対策は必須。抽選は廃止！

当校の入試は、ペーパーテスト、制作、運動、行動観察、保護者・志願者面接の総合評価で合否が決まります。抽選は2016年度からは行われていません。ペーパーテストは、幅広い分野から出題されています。考える力を問う問題も多いので、出題傾向をしっかりと把握した上で本番に臨む必要があります。

制作の課題は、提示された見本の通りに色塗りをしたり、絵を描いたりする課題が出題されています。運筆などの巧緻性の問題も頻出なので、描く・塗る・線を引くといった基本的な練習はしっかりしておきましょう。

当校の行動観察は、これまで「自由遊び」から「サーキット運動」までさまざまなものが出題されました。近年では男女とも、「模倣体操」「リズム体操」「身体表現」といった、競技色の薄い課題が多くなってきています。

面接は、それほど堅苦しいものではなく、何かを示され、それを見たり使ったりしながら答えるというもので、行動観察としての観点も含まれた形式で行われています。控え室から10組ずつが教室に移動し、順番を待ちます。順番になると上級生が迎えに来て、手をつないで面接を受ける場所まで連れて行ってくれます。

過去の出題例

ペーパーテスト

巧緻性

左に書かれた見本と同じになるように点をつないでください。描いた形を好きな色で塗ってください。

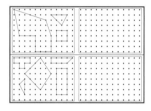

言語、常識

① 「なわとび」と同じ音の数の言葉を選んで○をつけてください。

② 『桃太郎』と『花咲かじいさん』両方のお話に出てくるものを選んで○をつけてください。

運動テスト

・線を左右に飛び越える。
・なわとびを2つに折ってグルグル回す。
・マットの上でなわとびをする。

試験のポイント

アンケートの内容

保護者

・本校のどのようなところに魅力を感じられましたか。

・入学後、交通機関でのマナーは保護者の方に指導していただきますが、現在はどのような指導をしていますか。また、入学後にどのような指導をしようと考えておられますか。

・小学校や幼稚園でどのようなPTA活動をされていますか。現在されていない方はどのような活動をしようと考えられていますか。

・今までにお子さまはお友だちとトラブルを起こしましたか。その時、どのように対処されましたか。トラブルがなかった場合は、トラブルになった時どのように対処されるつもりなのかをお書きください。

※このページは弊社発行の学校別問題集の内容に基づいて作成しています。

大阪

《 参 考 資 料 》

令和6年度生　　**入 学 願 書**

志願者番号
＊この欄に記入の必要はありません。

3ヶ月以内に撮影した志願者の顔写真を貼ってください。
○全面にのりをつけ、はがれないようにすること。
○写真のサイズは
縦5.5cm／横4.5cmにすること。
○これと同じ写真を、出願当日に持参すること。

入学検定振込金証明書添付欄

| 志願者 | ふりがな | |
| | 氏名 | |

保護者　＊保護者氏名は住民票と同じであること
ふりがな
氏名

現住所

自宅電話　（　　）－（　　）－（　　）
＊固定電話を設置していない場合は空白でよい

緊急連絡先　＊全ての欄に記入をすること
（電話）（　　）－（　　）－（　　）続柄：
（電話）（　　）－（　　）－（　　）続柄：
（メール）

生年月日　平成　　年　　月　　日（男・女）

本校を志願する理由

大阪教育大学附属天王寺小学校　校長　小﨑恭弘様

貴校　第1学年への入学を希望しますので、出願します。。

令和5年12月　　日　　保護者氏名

＊日付・保護者氏名は願書受付の際にご記入いただきますので、空白のままご提出ください。

大阪

大阪教育大学附属平野小学校

おおさかきょういくだいがくふぞくひらのしょうがっこう

QRコードで学校HPに
アクセスできます。

大阪府大阪市平野区流町 1-6-41　☎ 06-6709-1230　https://osaka-kyoiku-hirasho.org

 共学
 給食

アクセス

● Osaka Metro「平野」駅より徒歩6分
● JR「平野」駅より徒歩21分

大阪

学 校 情 報

創立年	1900 年（明治 33 年）	【沿革】
創立者	──	1900 年…大阪府女子師範学校附属小学校として南区天王寺北山及び小宮に創立、開校
児童数	630 名（1 クラス 35 名）	1927 年…大阪市住吉区（現 平野区）平野流町に新校舎竣工、移転
教員数	21 名（講師を含む）	1941 年…大阪府女子師範学校附属国民学校と改称
制服	あり	1943 年…大阪第一師範学校女子部附属国民学校と改称
土曜授業	なし	1947 年…大阪第一師範学校女子部附属平野小学校と改称 1949 年…大阪学芸大学第一師範学校平野附属小学校と改称
給食	あり	1951 年…大阪学芸大学附属平野小学校と改称 1967 年…大阪教育大学附属平野小学校と改称 1978 年…大阪教育大学教育学部附属平野小学校と改称 2004 年…大阪教育大学附属平野小学校と改称 2010 年…創立 110 周年記念式典 2021 年…創立 120 周年記念式典
スクールバス	なし	【安全対策】
転・編入制度	あり（附属間のみ）	・警備員 2 名配置、定期的に巡回 ・教員による下校指導
復学制度	あり（1 年未満）	・防犯カメラ、ブザーの設置 ・保護者による登下校指導 ・入構許可証、来校者証なき者の入構禁止 ・安全器機としての携帯電話所持
帰国子女受入	なし	・一斉メール配信システム ・電波バッジによる登下校管理システム

※掲載内容は発行時の情報となります。最新の情報については学校発表の情報を必ずご確認ください。

■入 試 情 報

●応募状況

募集人数	男女 105 名（内部進学者約 60 名を含む）
志願者数	**2024** 男女 128 名 **2023** 男女 133 名 **2022** 男女 204 名 **2021** 男女 129 名 **2020** 男女 115 名

●考査内容

ペーパー、口頭試問、行動観察、巧緻性、面接（保護者）

●受験番号

願書受付順

●月齢の考慮

なし

● 2024 年度入試日程　※実施済みの日程

願書配布	2023 年 11 月下旬～ 12 月上旬
出願期間	2023 年 12 月 21 日・22 日
選考	2024 年 1 月 17 日・18 日
合格発表	2024 年 1 月 19 日
合格手続き	2024 年 1 月 19 日

● 2024 年度入試説明会日程　※実施済みの日程

学校説明会	2023 年 11 月 24 日
オープン キャンパス	2023 年 10 月 30 日

■諸 費 用

考査料	3,300 円

■系 列 校

- ●幼稚園：大阪教育大学附属幼稚園
- ●中学校：大阪教育大学附属平野中学校
- ●高　校：大阪教育大学附属高等学校平野校舎
- ●大　学：大阪教育大学・同大学院

■主 な 年 間 行 事

4 月	入学式、対面式、学習参観
5 月	学年遠足、学習参観
6 月	プール水泳開始、防犯避難訓練、 修学旅行（6 年）
7 月	臨海学舎（5 年）
9 月	運動会
10 月	学年遠足
11 月	開学記念日、研究発表会
12 月	平野フェスティバル（学習参観）、音楽会
1 月	耐寒スポーツ
2 月	研究発表会
3 月	全校お別れ会、卒業式

■教 育 の 方 針

①常に新しい時代の求める人間像を追究する中で、1 人ひとりの子どもの個性を伸張し、最大限に発揮できるようにする。

②学校における教育活動全体を通して、望ましい学習集団の育成をめざし、集団との関わりを大切にしながら、1 人ひとりの可能性を伸ばす。

③既有の知識や経験をもとに、自らの生活を切り開いていくために必要な態度や能力を学び取っていく力を育てる。

■性 格 と 使 命

本校は、教育基本法及び学校教育法の定めるところにより義務教育として行われる普通教育のうち基礎的なものを実施する中で、次のような特別な性格と使命をもっている。

①大阪教育大学の教育実習校として、学生の教育実習の指導を実施する。

②大学と共同し、教育科学・教科教育学等の学術・実践理論の実験実証校となる。

③本校独自のテーマにより、初等教育の実践的研究を行う。

◆大阪教育大学附属平野小学校◆

試験の内容

考査内容	ペーパー（お話の記憶、常識、図形など）、巧緻性、行動観察、口頭試問
	保護者面接
備考	附属幼稚園からの内部進学があるため、ほかの附属2校に比べ募集人数が少ない。

過去の出題例

ペーパーテスト

常識（マナーとルール）

食事の後、ともきくんはウトウトして寝てしまいました。夢の中で友だちの家に行って、遊んでいました。

部屋の中でしてはいけない遊びはどれですか。選んで○をつけてください。

行動観察

猛獣狩りゲーム、風船つきゲーム、ドミノ倒しなど

巧緻性

ハートの形をオレンジのクレヨンで塗る、クマの絵を切り取る、曲線をなぞるなど

試験のポイント

**1つのお話を題材に一連の問題を出題。
考査前後の抽選は廃止に。**

当校の入試はペーパー、巧緻性、行動観察、口頭試問と幅広い出題領域から、さまざまな分野の問題が出題されます。ペーパーテストは、特に難度が高い出題はないので、基礎的な学力を出題分野に整えておくことで充分対応できるでしょう。

ただし、出題形式に特徴があり、ペーパー、巧緻性などの課題が一連のものとして出題されます。また、筆記用具は指示された道具をカゴから取り出して使い、問題ごとに取り替えます。こうした独特の方式に対処するためには、過去の問題を実施された通りに解くことが効果的です。「慣れる」ことが、指示をきちんと理解し、実行することにつながるでしょう。

行動観察は、協調性などが観点になっている集団ゲームです。また、志願者に対する口頭試問で「公園に遊具をどのように配置するか」という内容が質問されたことがありました。これは内容に即した考えが述べられるかという「会話力」が観点になっています。問われたことにきちんと答えられるコミュニケーション力を身に付けることを対策の主眼に置きましょう。面接（志願者には口頭試問）は、志願者・保護者同じ教室で別々に行われます。保護者には「進学校ではないことを知っているか」「交通マナーについてのご家庭での指導内容」といったことが質問されます。

面接・口頭試問の内容

保護者

・通学の安全指導のため、保護者に年4〜5回通学路に立っていただきます。協力は可能ですか。

・交通ルール、公共マナーについて、家庭でどのような指導をしていますか。

・附属中学校へは、希望者全員が進学できるとは限りませんが、その点は理解した上での志願ですか。

・当校の教育目標についての感想をお教えください。

志願者

カードでクマさんの部屋を飾りつけます。

・部屋の好きなところに、好きな家具やものを4つ置いてください。

・（カードを指さし）どうしてここに置いたのですか。

・（置かなかったカードを指さし）なぜ置かなかったのですか。

・小学生になったら何をがんばりたいですか。

※このページは弊社発行の学校別問題集の内容に基づいて作成しています。

《参考資料》

令和　年度

入 学 願 書

志No.

受No.

大阪教育大学附属平野小学校長　　　　様

大阪教育大学附属平野小学校第１学年へ入学させたく思いますので出願いたします。

令和　　年　　月　　日
（保護者）
氏　名　　　　　　　　　㊞

志願者	ふりがな		志願者の正面脱帽上半身の写真（３か月以内に撮影）（5 cm×4 cm）貼　付
	氏　名		
	生年月日	平成　　　年　　　月　　　日生　　男　女	
	現住所		
	経歴	修了見込保育所幼稚園など 名　称（　　　　　　　　　　　） 所在地（　　　　　　　　　　　）	身体状況　既往症（　　　　　　　　　　）健康状態（　　　　　　　　　　）

保護者（志願者本人と同居）	ふりがな		注 意 事 項
	氏　名		①太罫線内だけを黒インキまたは黒ボールペンを用いて自筆でていねいに記入してください。
	年　齢	志願者本人との続柄	
	現住所		②保護者の欄には、志願者と共に居住している方のお名前をお書きください。
	電話番号	（　　　　　　）　　—緊急時の連絡先（自宅不在時）（　　　　　　）　　—	③裏面にも記入欄があります。

照合	証 明 書

入学志願者の個人情報保護について
　本校では、提出された出願書類より志願者の個人情報を、また、入学選考の実施により受検者の個人情報を取得しますが、これらの個人情報は下記の目的でのみ利用します。
　○　入学者選考に関する業務。（統計処理などの付随する業務を含む）
　○　入学手続き完了後、入学者データとして入学後の指導や支援、諸費用の徴収業務。

大阪教育大学附属池田小学校

大阪府池田市緑丘 1-5-1 ☎ 072-761-3591 https://f-ikeda-e.oku.ed.jp

QRコードで学校HPに
アクセスできます。

アクセス
●阪急宝塚線「池田」駅より徒歩 20 分

学 校 情 報

創立年	1909 年（明治 42 年）	**【沿革】** 1909 年…大阪府池田師範学校附属小学校設置 1919 年…大阪府池田師範学校附属小学校と改称 1941 年…大阪府池田師範学校附属国民学校と改称 1943 年…大阪第二師範学校附属国民学校と改称 1946 年…大阪第二師範男子部附属小学校と改称 1951 年…大阪学芸大学附属池田小学校と改称 1967 年…大阪教育大学附属池田小学校と改称 1973 年…大阪教育大学教育学部附属池田小学校と改称 2004 年…本校舎新改築工事終了 2009 年…文部科学省教育課程特例校に指定 2015・2018 年・2021 年 …Safety Promotion School 認証
創立者	──	
児童数	604 名（1 クラス 35 名）	
教員数	27 名	
制服	あり	
土曜授業	なし	
給食	あり	**【安全対策】** 教職員、保護者、学校出入りの業者は学校指定の ID カードをつける／業者などは、正門の警備員と事務室にてチェックを受けてから、来校者用のカードをつける／正門に警備員常駐／PTA 安全部会の働きかけにより、毎朝登校時当番制で保護者が通学路にて児童の安全を見守る／毎月 8 日を「安全の日」として避難訓練、下校指導、施設の安全点検を行う／教職員だけの訓練も行い、危機管理意識を常に持ち、さらに高めていくよう心がける／監視カメラ、非常用押しボタン、警報ブザーの設置／教職員が常に仕事をしている部屋を分散し、子どもに目が行き届いている
スクールバス	あり	
転・編入制度	なし	
復学制度	あり（2 年以内）	
帰国子女受入	あり（3 年生以上／1 学年 5 名以内）	

※掲載内容は発行時の情報となります。最新の情報については学校発表の情報を必ずご確認ください。

■入試情報

●応募状況

募集人数	男女100名（男子50名、女子50名）
志願者数	**2024** 非公表 **2023** 男子103名　女子122名 **2022** 男子133名　女子107名 **2021** 男子122名　女子122名 **2020** 男子147名　女子118名

●考査内容

ペーパー、口頭試問、行動観察、制作、運動、面接（保護者・志願者）

●受験番号

ランダムに決定

●月齢の考慮

非公表

● 2024年度入試日程　※実施済みの日程

願書配布	Web
出願期間	Web
選考	2024年1月22日・27日（女子） 2024年1月23日・27日（男子）
合格発表	未定
合格者招集	未定

● 2024年度入試説明会日程　※実施済みの日程

入学選考 説明会	2023年12月7日

■諸費用

考査料	3,300円

■系列校

- ●中学校：大阪教育大学附属池田中学校
- ●高　校：大阪教育大学附属高等学校池田校舎
- ●大　学：大阪教育大学・同大学院

■主な年間行事

4月	始業式、入学式、1年生歓迎会、春の遠足
5月	富士体験キャンプ（6年）
6月	祈りと誓いの集い
7月	臨海学舎（5年）、終業式
8月	始業式
9月	運動会
10月	秋の遠足、林間学舎（3年）
11月	開学記念日
12月	附小文化発表会、終業式
1月	冬季林間学舎（4年）、始業式
2月	わくわくお別れ会
3月	6年生送別会、卒業式、終業式

■本校の任務

①義務教育として行われる普通教育のうち基礎的なものを行う

②大阪教育大学との共同研究による学校教育と生涯学習の実践的研究

③大阪教育大学の学部生と教職大学院生の教育実習と実地研究指導

④公立学校との実践研究交流など、地域社会との連携・協力

⑤学校が安全で安心できる場所となるための安全教育の実践と発信

■教育目標

①自ら進んで学び生活を切り開く主体的な意欲と能力の育成

②好ましい人間関係を育てることによる集団的資質と社会性の育成

③自他の生命を尊重し、社会の平和と発展を希求する心情の育成

④健康の増進と、明るくたくましい心身の育成

⑤安全な社会づくりに主体的に参画する人間の育成

◆大阪教育大学附属池田小学校◆

試験の内容

考査内容	ペーパー（お話の記憶、図形、常識、言語、推理など）、口頭試問、制作、運動、行動観察
備考	保護者・志願者面接（志願者のみで始め、保護者が後から加わる形式）

過去の出題例

ペーパーテスト

図形（回転図形）

上の段を見てください。左の旗を回すと右のようになります。では、下の四角の家も同じように回すと、煙突から出る煙はどうなりますか。右の絵の中に描いてください。

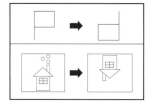

推理（欠所補完）

絵を見てください。消防車のホースが伸びています。四角にはどんな絵が入りますか。下の段から選んで○をつけてください。

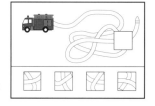

行動観察

お買いものゲーム（すごろく）

試験のポイント

常識分野の問題が多数出題。指示を理解する力と積極的な行動が観点の入試。

当校は考査前の抽選がなく、全員が試験を受けることができます。入試内容は、ペーパー、口頭試問、制作、行動観察、運動と、面接の総合評価で合格者を決定します。ペーパーテストは、オリジナルの問題が多く、他校では見られないような形式での出題もあります。中でも、推理・常識の分野と図形・言語分野の複合問題、お話の記憶などの出題形式が、独特だったり、ひねりがあったりするために注意が必要です。また、常識問題は、理科、生活、マナー全般などから幅広く出題されているため、知識と体験が必要になります。

なお、1月中旬に考査が行われる本校の日程に合わせ、近隣の学校では2次（3次）募集が行われています。私立小学校への入学希望が強い保護者の方は、日程をあらかじめ把握しておくとよいでしょう。

マナーや生活常識を身に付けるために、日常生活でも「なぜいけないのか」「なぜそうするのか」ということを、その都度きちんと説明してあげましょう。そうすることによって当校の求める「常識」がお子さまの身に付いていきます。

制作の課題は、指示が複数回あり、作業ごとに制限時間があります。お子さまの創造性を伸ばすと同時に、時間やルールを守ることも指導してください。

当校の行動観察は、チームで何かをするという形が多く見られます。チームの中で、協調性と積極性の両方を示せるように行動しましょう。

面接の質問例

志願者

・お名前を教えてください。

・通っている幼稚園名を教えてください。

・担任の先生の名前を教えてください。

・1番仲のよいお友だちの名前を教えてください。

・1番好きな遊びは何ですか。言わずに、その真似をしてください。

・今日の朝ごはんは何でしたか。教えてください。

・今日は、帰ったら何がしたいですか。

（保護者が入室）

・今、先生とどんなことをお話したか、教えてあげてください。

保護者

・今のお子さまの話を聞いた感想を教えてください。

※このページは弊社発行の学校別問題集の内容に基づいて作成しています。

大阪

近畿大学附属小学校　児童作品

アサンプション国際小学校

QRコードで学校HPにアクセスできます。

大阪府箕面市如意谷 1-13-23 ☎ 072-723-6150 https://www.assumption.ed.jp/primary/

アクセス

●阪急箕面線「箕面」駅より徒歩 15 分
●北大阪急行「箕面萱野」駅より阪急バス
●阪急バス「如意谷住宅前」「第二中学校口」下車すぐ
●スクールバスあり（箕面、箕面萱野・千里中央、北千里、彩都西より）

学 校 情 報

創立年	1954 年（昭和 29 年）	**【沿革】** パリに本部を置き、世界 30 カ国以上に系列校や教育団体を展開する「聖母被昇天修道会」を母体とする。
創立者	聖マリ・ウージェニー	第二次世界大戦中、日本軍占領下のフィリピンで同会のシスターや子どもたちの温かい歓迎を受け心を動かされた大阪の田口枢機卿の働きかけにより、1952 年、スペイン、イタリア、フランス、フィリピンから 5 人のシスターが来日。大阪・豊中カトリック教会の司祭館に居を定め、国際色豊かなコミュニティによって、学校設立の準備を始める。翌 1953 年、現在の箕面の地に聖母被昇天学院が設立され、1954 年学校法人の認可を得た。
児童数	400 名（1 クラス 20 〜 30 名）	
教員数	50 名（非常勤 12 名を含む）	
制服	あり	「誠実・隣人愛・喜び」をモットーに、キリスト教的な精神に根ざした教育を行い、創立者の求めた「人間を大切にする社会を築く、豊かな人格を持った人間の育成」を目指した教育の場として、現在に及ぶ。
土曜授業	月 1 回程度あり	2007 年 6 月、創立者 聖マリ・ウージェニーが、ローマ法王教皇ベネディクト 16 世により、「聖人」の列に加えられた。2017 年度より、21 世紀型教育を目指し、さらに教育内容を充実させる。聖母被昇天学院の伝統ある教育を男の子にも広げ、"世界の平和に貢献する人間の育成" に努める。
給食	なし（学内食堂からの委託弁当あり）	
スクールバス	あり	
転・編入制度	あり（7 月、12 月、3 月にテスト）	**【安全対策】** ・登下校メールサービス（ミマモルメ） ・警備員常駐、門の施錠、巡回警備を行う ・校門に監視カメラ設置 ・入校証確認による、安全対策の実施 ・安全対策教員による登下校指導の実施（地区別指導） ・防犯ブザーの設置　・AED を設置
復学制度	あり	
帰国子女受入	あり	

※掲載内容は発行時の情報となります。最新の情報については学校発表の情報を必ずご確認ください。

大阪

■入 試 情 報

●応募状況

募集人数	男女約80名（イングリッシュコース、アカデミックコース合わせて）
志願者数	**2024** 男子42名　女子49名 **2023** 男子42名　女子47名 **2022** 男子45名　女子62名 **2021** 男子39名　女子67名 **2020** 男子30名　女子51名

●考査内容

ペーパー、口頭試問、行動観察、運動、面接（保護者・志願者）、英語コミュニケーション面接（イングリッシュコース志願者のみ）

●受験番号

抽選

●月齢の考慮

あり

● 2025年度入試日程

願書配布	2024年5月18日〜（Web）
出願期間 （Web）	2024年8月12日〜19日（A日程） 2024年9月30日〜10月4日（B日程） 2025年1月22日〜24日（C日程）
選考	2024年9月7日、8日のいずれか1日（A日程） 2024年10月12日（B日程） 2025年2月1日（仮）（C日程）
合格発表 （郵送）	2024年9月9日（A日程） 2024年10月12日（B日程） 2025年2月1日（仮）（C日程）
入学手続き	指定日
入学者説明会	2025年3月1日

● 2025年度入試説明会日程

学校説明会	2024年5月18日、6月15日
入試体験会	2024年7月27日

■諸 費 用

考査料	15,000 円
入学時	
入学金	210,000 円
年額	
授業料（イングリッシュコース）	672,000 円
授業料（アカデミックコース）	570,000 円
教育充実費	66,000 円
施設設備維持費	66,000 円

■系 列 校

●幼稚園：こども園 アサンプション国際幼稚園

●中学校：アサンプション国際中学校

●高　校：アサンプション国際高等学校

■主 な 年 間 行 事

4月	始業式、入学式、新入生歓迎会
5月	聖母月祈りの集い
6月	運動会、アサンプションカーニバル
7月	自然教室（3年）、全校奉仕、終業式、English Summer School
8月	始業式
9月	宿泊体験（2年）、自然教室（4年）、レシテーションコンテスト
10月	自然教室（5年）、修学旅行（6年）、七五三のお祝い（1年）、チャリティ・デー
11月	死者の月祈りの集い、学習発表会
12月	クリスマス礼拝、終業式
1月	始業式、書き初め大会
2月	クラブ発表会
3月	送別会・謝恩会、創立者感謝と祈りの集い、卒業証書授与式、修了式

目指す子ども像

●進んで学ぶ子
・基礎的基本的学力を身に付ける
・自分で考え判断する
・自分の考えを表現し、分かち合う

●神と人を愛する子
・自分の良さや人の良さを認める
・思いやりをもち、友だちを大切にする
・感謝の気持ちをもって喜んで働く
・自然を大切にする

●強く生きる子
・基本的生活習慣を身に付ける
・強い心と体をつくる
・責任をもち、自主的に行動する

モットー

「誠実」「隣人愛」「喜び」

教育理念

「CORE VALUES」
Life…活き活きとエネルギッシュに生きる人
Truth…いかなる時でも真実を見極め、誠実に行動する人
Freedom…周りにながされず自分で判断し、自分らしく生きる人
Goodness…一人ひとりの善さを大切に、ポジティブに思考・発言・行動する人
Oneness…誠実・隣人愛・喜びの精神を大切に、多様性を認め、ともに協働する人

イエス・キリストの教えに基づいて真理と善を求め、他者を愛する人間性を育み、社会に平和と正義をもたらすために、自らの生を生き抜く豊かな人間性を育成する。

■英語教育

よき国際人として、世界の人々と心通わせるために伝統に培われた英語教育を通して、英語4技能「聞く・話す・読む・書く」をバランスよく伸ばし、豊かなコミュニケーション能力を育む。1～4年生は週2時間、5・6年生は週3時間学習し、英語技能検定5～2級を取得できるレベルをめざす。2017年度より、英語に特化したコースを開設し、教科としての英語だけではなく、多くの教科を英語で行う『イマージョン教育』を導入。また、ネイティブ講師と日本語教員のTT（ティーム・ティーチング）で行う。
また、朝の15分を使い、『英語モジュールタイム』を実施。繰り返し英語に触れることで、無理なく語彙力を高めていく。

大阪

■ＰＢＬ（課題解決型授業）

自ら課題を発見し解決する能力を養うことを目的とした教育。他者との対話を通じて考えを深めることで、単純な知識の獲得だけではなく、「Logical Thinking（論理的思考力）」「Critical Thinking（批判的思考力）」「Creative Thinking（創造的思考力）」などの力を身に付ける。様々なプロジェクトの中で数多くの選択や判断を経験することで、将来の社会に出た時の実践的な力を養う。

■ 宗 教 教 育

「祈りに始まり、祈りで終わる心豊かな一日」本学院小学校の全ての教育活動の基盤はカトリックの精神である。宗教教育は、この精神を学び、自分の生活の中で実践していくためのものである。愛、祈り、感謝また地球家族の一員として兄弟姉妹との共生、これらをあらゆる学習を通し深めていく。

■ 情 報 教 育

全学年１人１台のiPadを所持。授業を通して、「リテラシー（情報活用能力）」「論理的・創造的思考力」「情報モラル・セキュリティ」をバランスよく、段階的に学ぶ。将来の変化を予測することが困難なこれからの社会を生き抜くために必要な力を身に付けていく。

■ 課 外 活 動

学年、学級の枠を超え、心を１つにした活動…クラブ活動やA.S.A.（児童会）などから、集団の中で自己表現と自主性と豊かな社会性を身に付ける。

学校からのメッセージ

　本校では、6年生が1年生のお世話をします。縦割りでのお掃除や近隣の清掃活動など、入学した時から別の学年の子どもたちと、多くの時間を過ごします。その中で、子どもたちは「自分の居場所」や「自己肯定感」を高めながら社会性を身に付けていきます。また、『生命』をテーマとし、高学年では、生教育(性教育・誕生学・ストレスマネジメント)など、自尊心を育むプログラムで『生命』を大切に想う心を養ったり、全学年で取り組む『食育活動』で、感謝の気持ちも育てています。子どもたちの学校での様子を観て感じるのは、『元気で明るく思いやりがある』ということです。これは、ご家庭と学校とでの分かち合い教育の賜物です。

箕面自由学園小学校

みのおじゆうがくえんしょうがっこう

QRコードで学校HPに
アクセスできます。

大阪府豊中市宮山町 4-21-1　☎ 06-6852-7410 （直）　https://www.mino-jiyu.ed.jp/

アクセス
- ●阪急箕面線「桜井」駅より徒歩7分
- ●バス「春日町四丁目」「南桜井」下車
- ●スクールバス／大阪モノレール「彩都西」駅前より往復、阪急千里線「北千里」駅、北大阪急行電鉄南北線・大阪モノレール本線「千里中央」駅方面へ往復運行

学校情報

創立年	1926 年（大正 15 年）	【沿革】 1926 年…箕面学園尋常小学校設立 1941 年…箕面学園国民学校初等科と改称 1947 年…箕面自由学園小学校と改称 　　　　　箕面自由学園中学校設立 1951 年…箕面自由学園高等学校設立 1965 年…箕面自由学園幼稚園設立 1970 年…倉智記念館完成、倉智寮設立 1987 年…幼稚園就園前の2・3歳児対象のプレイルーム開設 1988 年…幼稚園で預かり保育（特別教育）開始 2005 年…桂門ホール竣工 2011 年…高等学校新校舎竣工 2012 年…中学校新校舎竣工 2022 年…高等学校新校舎竣工
創立者	岸本兼太郎	
児童数	175 名（1 クラス 16 ～ 30 名）	
教員数	26 名（非常勤を含む）	
制服	あり	
土曜授業	月1～2回登校	
給食	あり（アレルギー対応あり）	
スクールバス	あり	【安全対策】 ・常駐警備員の配置 ・防犯カメラを設置 ・防犯ブザーの配布 ・教員による登下校時の通学路の見守り ・携帯電話の所持を許可 ・ミマモルメの導入（任意） ・避難訓練や防犯訓練の実施 ・緊急時の一斉メール配信
転・編入制度	あり（事前に学校見学を行うこと）	
復学制度	あり	
帰国子女受入	あり（事前に学校見学を行うことに加え、日本語を理解できること）	

※掲載内容は発行時の情報となります。最新の情報については学校発表の情報を必ずご確認ください。

■入試情報

●応募状況

募集人数	男女 50 名	
志願者数	**2024** 男子 71 名	女子 57 名
	2023 男子 62 名	女子 41 名
	2022 男子 49 名	女子 44 名
	2021 男子 40 名	女子 42 名
	2020 男子 23 名	女子 15 名

●考査内容

ペーパー、口頭試問、グループ活動、制作、運動、面接（保護者・志願者）

●受験番号

願書受付順

●月齢の考慮

あり

● 2024 年度入試日程　※実施済みの日程

願書配布	2023 年 5 月 24 日〜（Web 配布）
出願期間 （WEB 出願）	2023 年 8 月中旬頃〜下旬（予定）
選考	2023 年 9 月 9 日・10 日（A 日程）
合格発表	2023 年 9 月 11 日（A 日程）（発送）
入学手続き	2023 年 9 月中旬

● 2024 年度入試説明会日程　※実施済みの日程

学校説明会	2023 年 5 月 24 日
MJG わくわく 体験会	2023 年 6 月 17 日
入試説明会・ 体験会	2023 年 7 月 22 日
入試説明会	2023 年 8 月 5 日

■系列校

- ●幼稚園：箕面自由学園幼稚園
- ●中学校：箕面自由学園中学校
- ●高　校：箕面自由学園高等学校

■諸費用

考査料	15,500 円
入学時	
入学金	220,000 円
制服・制定品費	約 80,000 円
月額	
学費（授業料・施設料）	42,500 円
諸費（後援会費・PTA 会費）	2,500 円
給食費	6,480 円
積立金	10,500 円

※その他、（約 80,000 円／税別）が必要。

■主な年間行事

4 月	入学式
5 月	ふるさと体験学校（5 年）、春の遠足
6 月	運動会
7 月	臨海学校（4・5 年）、 オーストラリア体験学校（希望者）
8 月	夏キャンプ（希望者）
9 月	親子交流会、なかよし体験学校（1 年）、 ふれあい林間学校（2・3 年）、 ふるさと体験学校（5 年）
10 月	秋の遠足、土曜参観、観劇会
11 月	なわとびチャンピオン大会、おにぎりの会
12 月	しめ縄づくり、かけ足訓練、マラソン大会
1 月	左義長祭、スキー学校（4・5 年）
2 月	修学旅行（6 年）、学習発表会
3 月	卒業式、春キャンプ（希望者）

■建学の精神

豊かな自然環境を基盤に、体験と実践を通して、伸び伸びと個性を発揮できる、教養高い社会人を育成する。

教育の目標

社会人の基本となる礼儀作法を重視し、小学生の子どもらしく伸び伸びと個性を発揮し、体験学習を通して思考力・判断力・表現力を養うことで、社会に役立ち世界につながるタフで柔軟な人財の素地を育てる。

教育の特色

豊かな自然環境の中、多彩な体験学習（1年生より毎年実施）を通して知・徳・体をバランスよく培うことを基本に、4年生からは難関中学受験を見据えた基礎力・応用力を培う『進学コース』と創設時より導入されてきた英語教育やすべての学習の基本となる国語力に重点におき、国際性と創造力を培う『発展コース』を設置。また、プログラミングや科学実験教室などの放課後プログラムも充実。学校内ですべてが完結できるよう児童と保護者のライフスタイルを支え応援します。

英語教育

●授業
1～6年生まで、毎日1時間（進学コースを除く）、読む・聞く・書く・話すの4領域をバランスよく学び、中学で習う文法もオリジナルテキストにて学習。2022年度より、1～3年生で2展開授業を実施。
●アフタースクール内（預かり保育／要保育料）の英会話教室
会話を楽しみ英語や海外文化に親しむ、ネイティブ講師によるレベル別の英会話レッスン。
●英語道場
思考母語から考える英語表現教育をテーマに活動。また、英語能力検定対策も実施。

■情報教育

児童全員にタブレット端末を貸与。調べ学習・グループ学習・クラス発表を行い、プレゼンテーション技術・伝える力・互いを高め合う力を育成。学習支援アプリを導入し、授業外にも活用。

■アフタースクール

●科学実験室
科学実験を通して、自然科学への興味関心を育み、高学年では入試問題に出題される実験にも取り組む。
●チアリーディングクラブ
日本で唯一のクラブチーム「リトルベアーズ」。
●ヴァイオリン教室
弾きたい曲を演奏できることを目標に、基本的なヴァイオリンの構え方や弓の持ち方を指導する。
●絵画教室
さまざまな画材を使って絵画に親しみ、高学年では油彩画にも挑戦する。
●書道教室
月刊競書雑誌「習字の友」に硬筆毛筆の出品をし、昇級昇段を励みに指導する。
●プログラミング
本格的なプログラムコードを学習し、ロボットを操作したり、ゲーム作りに挑戦したりする。
●進学発展演習
進学コースの担当者が、学校の学びを深め、中学受験対応の進学塾と同じレベルの学びを提供します。

学校からのメッセージ

箕面自由学園の基本方針である「明るく、元気で、和やかに」をもとに、子どもが夢を持ち、自らのなりたい姿に向かって、子どもらしく五感を使い、主体的に学ぶことができる教育を実践してまいります。自分で考える思考力、自分の考えに基づく判断力、自分の思いを伝える表現力を身に付けることに注力します。将来、国際社会で活躍できるよう、1年生より毎日英語に親しむ時間があり、「読む・聞く・書く・話す」の4技能をバランスよく学び、理科も1年生より授業に導入しています。2019年度には、4年生から6年生の3年間に、英語・国語に重点を置く「発展コース」と、難関中学受験を見据えた「進学コース」を設け、子どもの適性や価値観に応じた進路指導につながるよう尽力いたします。

※掲載内容は発行時の情報となります。最新の情報については学校発表の情報を必ずご確認ください。

入 学 願 書

箕面自由学園小学校長　様

<table>
<tr><td colspan="3">写 真 欄
（5cm×4cm）

①上半身、正面
②最近３ヶ月以内の
　撮影のもの</td></tr>
</table>

専併区分	受 験 番 号
専　願	
併　願	

専願・併願のどちらかを○でかこむこと

（西暦）　　　　年　　月　　日

	志　　願　　者	性別	保護者との続柄
（ふりがな） 名　　前		男・女	（　　　　　）
生 年 月 日	西暦 　　　　　　年　　　　月　　　　日 生		
現 住 所	〒　　− 　　　　　　　　　電　話　　　　−　　　　−		
保 護 者	住 所 名 前　　　　　　　　　　　　　　　　㊞ 　　　　年　　月　　日 生 本人との続柄（　　　　　）		
在 学 園	幼稚園（　　　　　）年保育 保育所 所在地　〒　　− 　　　　　　　　電　話　　　　−　　　　−		

追手門学院小学校

大阪府大阪市中央区大手前 1-3-20 ☎ 06-6942-2231（代） https://www.otemon-e.ed.jp/

共学　給食　アフタースクール

アクセス

●京阪本線、Osaka Metro「天満橋」駅より徒歩 7 分
●ＪＲ東西線「大阪城北詰」駅より徒歩 10 分
●大阪シティバス「京阪東口」下車徒歩 3 分

学 校 情 報

創立年	1888 年（明治 21 年）
創立者	高島鞆之助
児童数	860 名（1 クラス約 36 名）
教員数	61 名（常勤・非常勤講師 28 名を含む）
制服	あり
土曜授業	なし（行事登校あり）
給食	あり（アレルギー対応あり）
スクールバス	なし
転・編入制度	あり（不定期）
復学制度	あり（個別に対応）
帰国子女受入	なし

【沿革】
西日本最古の私立小学校である追手門学院小学校の歴史は、1888 年 4 月、時の大阪鎮台司令官であった子爵高島鞆之助将の提唱による大阪偕行社附属小学校の創設に始まります。設立当時は軍官高吏の子弟や教育に熱心な有識の家庭の子弟の男子のみで、独自の歩みを続けました。「国家有為の人材育成」を目指し、次世代のリーダー育成を目的としました。

終戦後、学校法人追手門学院となり教育理念を「社会有為の人材育成」として継承しました。男女共学とし中学校、高等学校、大学、幼稚園と発展して総合学園となりましたが、追手門学院の歴史は小学校から始まっているのです。

創設以来中正道を指針とし、質実剛健でありながら進取の精神を校風として受け継いでまいりました。卒業生は昨年度で 14,200 名を数え、各界で活躍しています。

民主的人格の形成を主眼とし、日本の社会と文化の発展に貢献するとともに、国際的視野に立つ次世代のリーダーたる人材の育成を目指しているのが、追手門学院小学校です。

【安全対策】
防犯カメラ、完全機械警備＋警備員配置（24 時間体制）／入退校管理システムによる入校者管理、児童の入退校完了メール送信体制／全教室電話設置、緊急放送が可能／全教員校内携帯常時所持／緊急災害対策マニュアルによる迅速な対応と訓練実施／PTA 校外補導委員会を中心とした保護者への安全対策協力のお願い／校外下校班を編成、上級生が下級生の面倒を見るなど安全教育活動を行う／1 年生は担任などが駅まで引率、2 〜 6 年生は方面別集団下校／携帯メール一斉配信システムにより、保護者への緊急連絡に対応

※掲載内容は発行時の情報となります。最新の情報については学校発表の情報を必ずご確認ください。

大阪

■入 試 情 報

●応募状況

募集人数	男女約 130 名	
志願者数	**2024** 男子　91 名　女子　69 名	
	2023 男子　95 名　女子　81 名	
	2022 男子　94 名　女子　85 名	
	2021 男子 103 名　女子　85 名	
	2020 男子　96 名　女子 100 名	

●考査内容

ペーパー、口頭試問、行動観察、巧緻性、運動、面接（保護者）

●受験番号

Web 出願で定められた順

●月齢の考慮　あり

● 2025 年度入試日程

願書配布	Web 出願
出願期間	2024 年 8 月 19 日〜 27 日
選考	2024 年 9 月 14 日
合格発表	2024 年 9 月 16 日
入学手続き	2024 年 9 月 17 日〜 19 日

● 2025 年度入試説明会日程

学校説明会 入試説明会 学校見学会	2024 年 4 月 20 日
公開授業 学校説明会 入試説明会	2024 年 6 月 15 日
学校説明会 入試説明会 入試相談会	2024 年 7 月 13 日

■諸 費 用

考査料	20,000 円
入学時	
入学金	250,000 円
入学時施設協力金	50,000 円
制定品購入費等	230,000 円
年額	
授業料	879,000 円

※その他、給食費、教育振興会費、寄付金等が必要。

■系 列 校

●幼稚園：

　　幼保連携型認定こども園 追手門学院幼稚園

●中学校：追手門学院中学校

　　　　　　追手門学院大手前中学校

●高　校：追手門学院高等学校

　　　　　　追手門学院大手前高等学校

●大　学：追手門学院大学・同大学院

■主 な 年 間 行 事

4 月	入学式、宿泊オリエンテーション
5 月	遠足、林間学舎（4 年）、創立記念日
6 月	体育大会、大阪城活動
7 月	臨海学舎（6 年）、大野カントリースクール、国際交流（オーストラリア）、水泳教室、SUN プロジェクト
8 月	水泳教室
9 月	暑中稽古、剣道大会、水泳記録会
10 月	日曜参観、宿泊行事（3 年）、音楽・劇鑑賞会
11 月	文化祭、大阪城活動
12 月	座禅会、国内 STEAM 学習旅行
1 月	耐寒駈足、マラソン大会、桜童展
2 月	後期修学旅行（6 年）、前期修学旅行（5 年）、学用品供養祭、球技大会、大阪城活動
3 月	卒業式、弁論大会、国際交流（ハワイ）

■教 育 理 念

「社会有為の人材育成」

■教 育 目 標

「敬愛　剛毅　上智」

■教 育 方 針

創造を基盤とした高い学力を養い
不屈の体力と意志力を培い
豊かな愛情と気品を具え
愛国の熱情をたたえつつ
国際的に活動する指導的人材を育成する

■児童目標

「高い学力　強い体　ねばり強い心　親切」

■指導の特性

①教科内容の充実

基礎学力を重視するとともに、主体的・対話的で深い学びを実現し、高い学力・豊かな情操の育成を目指します。本年度より実施された新学習指導要領に先取り、ICT教育、英語教育、プログラミング教育、アクティブラーニングなどに対応できる校舎として、メディアラボが2019年3月に誕生しました。

②特色ある授業の実施

英語、剣道、リズム、習字、図書、情報の授業を特設している。

③クラブ活動の充実

運動系9クラブ、文化系9クラブで多彩に活動している。

④専門講師の充実

図工、音楽、英語、習字、家庭などは専門教師が指導することで、学習内容をより広く、より深く習得することができる。

⑤大阪城活動

大阪城を舞台とし、学年を越えた通学方面別の縦割り班での学習活動をしている。

■放課後活動

1年生3学期から4年生までの希望者が参加

することができる英会話、サッカー、体操、ロボットプログラミングの教室を開設。また、1年生5月から最長18時30分まで児童預かりができる「ピロティクラブ」がある。

■進学指導

①教科担任制の実施

50年の実績を誇る本校先駆の制度。4年から国語と算数、5・6年では国語・社会・算数・理科の4教科について、中学進学に対応する専門の教科担任による広く、深く徹底したきめ細かい指導を行う。また6年では、コース別学習も実施している。

②国語・算数の2人制

5・6年では国語・算数の高い学習効果を目的に2人制による指導を行っている。

③OTEMON講座の実施

放課後の時間を利用して4～6年生の希望者に、教員の専門性を活かし、より深く、興味を引く内容の学習を行っている。英検対策講座なども開講している。

④関西各地の私立中学校との密接な連絡

卒業生の進学中学校が多岐にわたる本校では、関西の私立中学校を中心に進学指導室が親密な連携体制をとっている。また、実力テストや模擬テストも数多く実施し、積年のデータ分析に基づく進学指導を行う。

学校からのメッセージ

　追手門学院小学校の歴史は、1888年、大阪偕行社附属小学校を開設したときから始まります。創立者高島鞆之助が大阪鎮台司令官に着任したおり、学校での躾教育が必要と判断し独自の私学教育を考えました。その教育は厳しい規律のもとに品位を磨き、礼儀を重んじる道徳優先の精神を体得させて高潔な人格形成の基礎づくりを目指すものでした。そして現在、追手門学院小学校は136年目を迎える西日本で最も歴史のある小学校となりました。教育理念「社会有為の人材育成」のもと、世界で活躍するグローバルリーダー育成を目指しています。小学校時代は人格形成にとって大変重要な時期です。だからこそ礼儀礼節を第一義とした躾教育を教育活動の全ての場で指導しています。伝統に裏づけされた「敬愛・剛毅・上智」の教育目標のもと、親切な心、強い精神とたくましい身体、知識と知恵を育む教育実践をしています。また、英語教育、ICT教育、追小型アクティブラーニングの実践の場として、メディアラボ（東館）が誕生しました。また、2022年度には新しいグローバル教育を追求するために、国際教育センターを創立し、2024年夏、スタンフォード大学でのSTEAMキャンプに参加します。これからも「伝統と革新」を合言葉に追手門教育を発展させていきます。

※掲載内容は発行時の情報となります。最新の情報については学校発表の情報を必ずご確認ください。

◆追手門学院小学校◆

過去の試験の内容

考査内容	ペーパー（見る記憶、数量、推理、言語など）、口頭試問（お話の記憶、常識、数量、推理など）、巧緻性（ひも結び、箸使い）、運動、行動観察
	保護者（原則両親）面接（考査日前に実施）
備考	面接は2名の面接官で10分程度。

個別テストでは「躾」も重視。
日常生活での準備が大切。

当校の入学試験では、姿勢（気を付け、休め、椅子の座り方）、返事、ひも結び、筆記用具や箸の持ち方など、基本的な生活習慣が観られる問題が出題されています。これらは試験課題として学習するものではなく、日常生活の中で身に付けておくべきことです。

当校が家庭での躾やお子さまとの関係を重要視していることは、そういった入試内容からも明らかで、ペーパーテスト対策以上に長い時間をかけて取り組む必要があります。

口頭試問では、「お話の記憶」が例年出題されています。また、「図形」「数量」などがペーパーテストとは異なる方法で出題されます。

ペーパーテストは、多分野（「見る記憶」「数量」「推理」「言語」など）から出題されています。基礎的な力を測る問題が多いので、落ち着いてケアレスミスのないようにしてください。

「運動」「巧緻性」の分野では、身体能力や器用さといった能力以上に協調性、生活習慣、取り組みの姿勢が評価が評価されます。指示も細かいので、日頃からきちんと話が聞けるようにすることを心がけてください。

面接では、志望動機、お子さまの長所・短所、家庭教育で重視していることについてなどが質問されます。

過去の出題例

ペーパーテスト

数量（たし算・ひき算）

リンゴとバナナの絵があります。それぞれ個数が違いますが、いくつ違っていますか。右の四角に○をつけてください。

推理（四方からの観察）

上の四角の絵を見てください。
この男の子を後ろから見たものに○をつけてください。

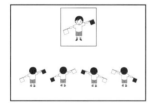

運動テスト

号令に合わせて「気を付け」「休め」「その場で行進」、ボールつき、頭上にボール投げ&キャッチ

試験のポイント

面接の質問例

父親に

・自己紹介をお願いします。志望動機も続けて教えてください。
・家庭学習における躾について教えてください。
・仕事におけるモットーを教えてください。
・お父さまは小学校時代、どのようなお子さまでしたか。
・本校の教育プログラムについてどのように思われますか。

母親に

・志望理由についてお父さまの補足はありますか。
・家庭でどのようなお手伝いをさせていますか。
・説明会や公開授業で、印象に残っている場面などありましたか。
・何かお仕事をされていますか、その時お子さまはどうされていますか、日中何かあれば連絡がつきますか。

※このページは弊社発行の学校別問題集の内容に基づいて作成しています。

大阪

城星学園小学校

QRコードで学校HPに
アクセスできます。

大阪府大阪市中央区玉造 2-23-26　☎ 06-6941-5977　http://www.josei.ed.jp

 カトリック　 共学　 アフタースクール

【アクセス】
● J R「森ノ宮」駅、「玉造」駅より徒歩 10 分
● Osaka Metro「森ノ宮」駅より徒歩 10 分、
　「玉造」駅より徒歩 6 分
● バス「国立病院前」「清水谷」「玉造」下車徒歩 10 分

学校情報

創立年	1950 年（昭和 25 年）	**【沿革】** 1815 年…聖ヨハネ・ボスコ（ドン・ボスコ）生まれる 1837 年…聖マリア・ドメニカ・マザレロ生まれる 1872 年…サレジアン・シスターズ設立
創立者	聖ヨハネ・ボスコ	1950 年…「扶助者聖母会」玉造修道院が開設され、カトリック玉造教会付属「ガラシア幼稚園」を委嘱される
児童数	637 名（1 クラス 30 名）	1953 年…「学校法人城星学園」として小学校の認可を得る
教員数	40 名（非常勤 4 名を含む）	1955 年…小学校校舎鉄筋コンクリート第一期工事完成する
制服	あり	1958 年…小学校校舎第二期工事完成する 1959 年…城星学園中学校の認可を得る
土曜授業	なし（登校日あり）	1961 年…小学校校舎第三期工事完成する 1962 年…城星学園高等学校の認可を得て、幼・小・中・高の総合学園となる
給食	なし（スクールランチあり／火・木／申し込み制）	2005 年…耐震補強改修工事終了、外装一新する 2015 年…ドン・ボスコ生誕 200 周年 2022 年…創立 70 周年
スクールバス	なし	
転・編入制度	要相談	**【安全対策】** ・厳重な外来者チェックと校内巡視 ・防犯カメラ設置　・各教室に防犯ブザー設置 ・緊急時におけるメールによる携帯電話システム導入
復学制度	あり	・登下校時メール配信　・保護者当番による下校立番 ・教師による登下校時立番及び巡視
帰国子女受入	あり（要入学テスト）	・各自に防犯用の笛配布　・防犯ブザーの奨励 ・玉造小学校区との安全のための連携

※掲載内容は発行時の情報となります。最新の情報については学校発表の情報を必ずご確認ください。

■入 試 情 報

●応募状況

募集人数	男女約 100 名（内部進学者を含む）
志願者数	**2024** 男子 144 名　女子 102 名 **2023** 男子 133 名　女子 103 名 **2022** 男子 118 名　女子 112 名 **2021** 男子 146 名　女子 93 名 **2020** 男子 106 名　女子 85 名

●考査内容

ペーパー（知能テスト）、行動観察、面接（保護者・志願者）など

●受験番号

願書受付順

●月齢の考慮

なし

● 2025 年度入試日程（第 1 次）（予定）

願書配布	2024 年 3 月 23 日〜（学園受付にて）
出願期間	第 1 回学校説明会にて公表
選考	第 1 回学校説明会にて公表
合格発表	第 1 回学校説明会にて公表
入学手続き	第 1 回学校説明会にて公表

● 2025 年度入試説明会日程

学校説明会	2024 年 3 月 23 日
オープン スクール	HP にて告知

系 列 校

- ■幼稚園：城星学園幼稚園
- ●高　校：ヴェリタス城星学園高等学校

■諸 費 用 （2023 年度）

考査料	20,000 円
入学時	
入学金	220,000 円
施設・設備費	50,000 円
制服・用品等	約 200,000 円
子ども総合保険料	30,000 円
後援会費入会金	10,000 円
年額	
学費	624,000 円
教育充実費	30,000 円
教材費	40,000 円
諸費（積立金等）	約 45,000 円
後援会費	7,200 円

■主 な 年 間 行 事 （2023 年度）

4月	始業式、入学式、参観日、安全教室（1年）、学級懇談会
5月	校外学習、聖母祭
6月	読書月間、水泳授業、運動会、ネイチャースクール（4年）
7月	集中学習、個人懇談会、運動会
8月	オーストラリア（ケアンズ）ホームステイ（4〜6年／希望者）
9月	夏休み作品展、終業式
10月	読書月間、校外学習、平和と祈りの旅（6年）、TOEFL Primary（希望者）、
11月	城星フェスタ、漢字検定（6年）、学習発表会
12月	クリスマスチャリティ、創立記念ミサ クリスマスページェント、個人懇談会
1月	漢字検定（1〜5年）、ドン・ボスコ祝日会
2月	読書月間、参観日
3月	感謝ミサ、学級懇談会、卒業式

※ 2023 年度実施分を掲載。2024 年度行事の実施時期は未定。

■建学の精神

城星学園は、カトリックの精神に基づき、創立者ヨハネ・ボスコの教育理念にある「道理」と「信仰」と「愛」に根ざした教育法によって、児童の全人教育に励み、神を敬い、人を愛し、自然を大切にする「良心的な人間、よき社会人」を育成することを使命としています。

■校訓

友愛（みんななかよく）
純潔（清い心）
勤勉（つとめ　はげめ）
従順（すなおな心）

■「光の子」

ひ…人を大切にする子
か…神様、人の前で正直な子
り…隣人の必要に気づく子
の…乗り越える勇気を持つ子
こ…根気強く最後まで取り組む子

■教育目標

①宗教教育
神様の善さを映す鏡となり、自分を研ぎ澄まし、互いに信頼関係を深め、相手を尊重し、助け合い、励まし合いながら互いに高め合っていくことができる子どもたちを育てます。
②学習指導
豊かな情意、情感をはぐくむとともに、同質で個性のある授業を提供し、ノート作りを通して学習習慣を育て、確かな学力の定着を図ります。
③生活指導
ドン・ボスコの教育法の原点に立ち返り、愛と柔和を持って心の教育を実施します。

■教育理念

本校の教育は、１人ひとりをかけがえのない存在として大切にされる神の愛に基づいた教育であり、児童・保護者・教育者が１つになって教育共同体を築き、その中で児童が「光の子」として、自ら知性を磨き、心を鍛え、正しい判断力と自由な選択能力を養うよう、尊敬と慈しみ、親しみの態度のうちに児童を導きます。

■校章

天上に輝く星は、私たちを正しく導いて神の国へ至らせる聖母マリアを、そして百合の花は、聖母マリアのけがれなき清さをあらわして、私たちの仰ぐべき模範を示しています。小学校の校章は、特別に十字のしるしが漢字の小になっています。

■外国語教育

英語：１〜６年週２時間。
日本人教師２名、外国人教師２名。
話す、聴く、読む、書くを総合したTT（ティーム・ティーチング）の授業を実施し、TOEFL Primaryを導入しています。

学校からのメッセージ

私たちは、何よりも創立者ドン・ボスコが青少年の教育のために捧げた生涯の中に、彼の深い信仰と愛による教育の具現を見ます。創立者が示した教育法の原理は、現代にあっても普遍的であると信じています。

キリスト教観による宗教観を育成し、これからの次代を背負っていく世代に「心」という目に見えない価値をもたらします。また、それに合わせて基礎学力の養成が求められています。

そこで、私たちは、"よみ、書き、そろばん"を吟味しなおし、徹底的に学力の基礎を鍛えようとしています。この実践により、弱体化しているといわれる現代の子どもたちの精神面をも強くできると信じております。

この"心と学力づくり"がドン・ボスコの願いとする「可能性を伸ばす」ことにつながることを確信しています。

※掲載内容は発行時の情報となります。最新の情報については学校発表の情報を必ずご確認ください。

◆城星学園小学校◆

過去の試験の内容

考査内容	ペーパー（お話の記憶、見る記憶、数量、図形、常識、言語など）、行動観察、巧緻性、運動
	保護者・志願者面接（考査日前に実施）
備考	2015年度までは授業形態での行動観察が行われていた。

試験のポイント

ペーパーテストは幅広い分野の基礎学力、行動観察は積極性・自主性が観点。

入試は例年、ペーパーテスト、行動観察、巧緻性、運動といった考査を午前中に行っています。

ペーパーテストは、記憶、数量、図形、常識、言語の分野から出題されることが多く、基礎的な学力を問う問題が中心です。

日頃から幅広い学習を心がけて、試験間際になって慌てないようにしましょう。

行動観察は、集団で行うゲームに加え、塗り絵など巧緻性を観る課題が出題されています。学力だけでなく、積極性やコミュニケーション力を観ることが主であることに間違いありませんから、学力一辺倒になるのではなく、広い視野でお子さまの「力」を養ってください。

ペーパーテストでやや難易度が高いのが「図形」の問題です。「推理」との複合問題という形で出題されることが多いので、過去問題だけでなく、分野別の問題集などで練習しておくとよいでしょう。

「常識」では、道徳、昔話、職業など幅広い知識が必要な問題が出題されています。本、映像、問題集などを使った机上の学習とあわせて、身の周りのことについても、日常の生活の中で知識を増やすようにしてください。

過去の出題例

ペーパーテスト

数量（数を分ける）

左の四角を見てください。この見本と同じ数のお花を束ねる時、あまりがない花の数に○をつけてください。

推理（シーソー）

さまざまなものをシーソーに載せて、重さ比べをしました。

この中で2番目に重いものを選んで、右の四角の中に○をつけてください。

行動観察

社会性、運動

面接の質問例

保護者

・当校への志願理由を教えてください。

・宗教教育についてのお考えを聞かせてください。

・学校説明会や公開授業の感想を聞かせてください。

志願者

・お名前と幼稚園の名前を教えてください。

・担任の先生の名前を教えてください。どんな先生ですか。

・担任の先生の好きなところ、素敵なところはどこですか。

・朝ごはん（昼ごはん）は何を食べましたか。誰と食べましたか。

・お父さんのお仕事は何か知っていますか。

※このページは弊社発行の学校別問題集の内容に基づいて作成しています。

大阪

大阪信愛学院小学校

大阪府大阪市城東区古市 2-7-30 ☎ 06-6939-4391（代） https://el.osaka-shinai.ed.jp

カトリック　共学　給食　アフタースクール　スクールバス

大阪

アクセス
● Osaka Metro「新森古市」駅より徒歩 5 分、
　「今福鶴見」駅より徒歩 15 分、
　「関目高殿」駅より徒歩 18 分
● 京阪本線「関目」駅より徒歩 15 分
● スクールバスあり

■ 学 校 情 報

創立年	1952 年（昭和 27 年）	【沿革】 1884 年…大阪市西区川口町にて教育事業開始 1908 年…大阪信愛高等女学校設立 1932 年…現在地城東区古市 2 丁目に移転 1944 年…幼稚園開園 1947 年…学制改革により中学校開校 1948 年…高等学校開校 1952 年…小学校開校 1959 年…短期大学開学 2004 年…教育事業創設 120 周年記念学院聖堂落成 2009 年…教育事業創立 125 周年。短期大学看護学科 　　　　　開設 2014 年…教育事業創立 130 周年。保育園開園 2017 年…小学校新校舎完成 2018 年…男女共学化 2022 年…大学開学、中学高等学校男女共学化
創立者	マリー・ジュスティヌ	
児童数	329 名	
教員数	32 名（非常勤 13 名を含む）	
制服	あり	
土曜授業	4〜6 生（希望者のみ）	
給食	あり（アレルギー対応あり）	
スクールバス	あり	【安全対策】 ・警備員常駐（夜間は機械警備） ・入校証（保護者証）のチェック ・校内インターホン設置 ・IC タグによる登下校メール配信 ・スクールバス 5 台運行 ・交通機関ごとの集団下校
転・編入制度	あり（1〜4 年生）	
復学制度	あり（条件によっては再テストあり）	
帰国子女受入	あり	

※掲載内容は発行時の情報となります。最新の情報については学校発表の情報を必ずご確認ください。

■入試情報

●応募状況

募集人数	A日程　男女約60名 B・C日程　男女若干名 （内部進学者を含む）
志願者数	2024 非公表 2023 非公表 2022 非公表 2021 非公表 2020 非公表

●考査内容

ペーパー、行動観察、面接（保護者・志願者）

●受験番号

願書受付順

●月齢の考慮

なし

● 2025年度入試日程

願書配布	2024年4月1日〜（Web）
出願期間	2024年9月2日〜11日（A日程） 2024年9月30日 〜10月16日（B日程） 2025年1月19日〜22日（C日程）
選考	2024年9月15日（A日程） 2024年10月19日（B日程） 2025年1月25日（C日程）
合格発表	2024年9月16日（A日程） 2024年10月20日（B日程） 2025年1月26日（C日程）
入学手続き	合格発表後随時

● 2025年度入試説明会日程

学校説明会	2024年3月20日、5月25日、 7月27日
オープン スクール	2024年3月20日、6月22日、 7月27日
プレテスト	2024年1月27日

■系列校

●幼稚園：認定こども園 大阪信愛学院幼稚園

●中学校：大阪信愛学院中学校

●高　校：大阪信愛学院高等学校

●大　学：大阪信愛学院大学

■諸費用 （2024年度）

考査料	20,000 円
入学時	
入学金	200,000 円
教育会入会金	15,000 円
年額	
授業料	588,000 円
教育充実費	12,000 円
教育会費	16,800 円
給食費	59,200 円
学級費	46,000 円
月額	
iPad積立（1〜3年）	3,000 円
ICT設備管理費	5,000 円

※その他、制服、ランドセル、学用品費等（約150,000円）が必要。

■主な年間行事

4月	入学式、歓迎遠足、始業式、学院創立記念日、 前期児童会役員選挙
5月	修学旅行（6年）、体験学習（5年）、 マリア様をたたえる集い、委員会発足、 クラブ（わくわくタイム）発足、学習参観
6月	日曜参観、プール開き
7月	体験学習（3・4年）、個別懇談、夏期講習、 イングリッシュ・キャンプ（6年）、終業式
8月	始業式
10月	運動会、英語暗唱大会、秋の遠足、 後期児童会役員選挙、学習参観
11月	追悼式、学習発表会
12月	個別懇談、クリスマスを祝う会、終業式
1月	始業式
2月	マラソン大会、練成会（6年）、 親子登校（新1年生）、学習参観
3月	卒業感謝ミサ、6年生を送る会、卒業式、 終業式

大阪

■教育目標

社会の中で輝く子ども 未来に向かって挑戦する子どもを育てる。
- ●個人に応じた指導
- ●探究型アクティブラーニング
- ●英語学習
- ●情報教育とICT機器の充実活用
- ●たてわり仲良し活動
- ●放課後学習

■教育のめあて　～三つのけん～

- ●賢なる子：基礎学力の定着と学力の向上をはかる
  - ・子どもに確かな学力を
  - ・子どもに判断する力を
- ●謙なる子：生活態度をみがき実践力をつける
  - ・子どもに謙譲の美しさを
  - ・子どもに奉仕の尊さを
- ●健なる子：強い体と豊かな心を育てる
  - ・子どもの体に健やかさを
  - ・子どもの心に祈りと潤いを

■特色

- ●カトリック精神を基盤とする幼きイエズス修道会の教育理念に基づき、1人ひとりを大切に、各自の可能性を最大限に開発する。
- ●保育園から大学まで一貫した方針をもって「聖母マリアの心を生きる」心豊かな教育の充実をめざす。
- ●全教職員が限界を定めず、「一つの心一つの魂」で指導にあたる。
- ●自国の文化と伝統を尊重しながら、他国の文化についての理解を深め、国際世界の中で共感、共存できる人間観と価値観を養う。

■外国語教育

英語：低学年は週2時間、高学年は週3時間。ネイティブを含め6名の教員で指導。歌やゲームを通して、全身で英語を感じながら学習する。日本と外国の文化の違いに触れながら、国際社会で必要な素養を身に付ける。また6年生全員がGTEC Juniorを受検する。授業ではオックスフォード出版のテキストを使用。

■情報教育

PC40台、タブレット端末62台、プロジェクター19台、デジタルビデオカメラ「ぼうけんくん」6台。校内全館でWi-Fi接続。「みらいスクールステーション」を導入し、放送室・職員室・教室がつながっている。ICTやIoTの技術について生活とのつながりを意識しつつ、学んでいく。1・2年生でノートパソコンを使い、基本的なパソコンの操作を学ぶ。3年生でプログラミングの基礎、4～6年生でICT・IoTと生活の接点を学ぶ。全学年で「モラル」「リテラシー」を中心に学ぶ。

■図書館の特徴

保育園児から大学生まで利用する図書館で、絵本から専門書、CD・DVDや雑誌など約20万冊を収蔵。在校生や教員だけではなく、保護者・地域の方も利用できる。全学年授業として隔週で図書館利用の時間があり、読書指導や調べ学習など、学年に応じた指導を行う。学校司書と連携し、クラスに応じた指導を行っている。小学生1人あたりの年間貸し出し数は平均約80冊である。

大阪

学校からのメッセージ

　人格の形成や生きる力を養う教育の出発点として大切な小学校時代。本校では人としての基礎基本を大切にしながら社会の中で輝く子ども、未来に向かって挑戦する子どもを育てます。ICT教育など新しいものも積極的に取り入れ、学力はもちろん、人としてのマナー、基礎基本をしっかりと身につけ、グローバル社会の中で輝き、活躍できるように鍛えていきます。

※掲載内容は発行時の情報となります。最新の情報については学校発表の情報を必ずご確認ください。

■特 別 活 動

●なかよし活動

　全校児童がたてわりグループにわかれて、スポーツや創作活動、奉仕活動などに取り組む。活動を通して縦のつながりができ、お互いがいたわりあい信頼しあう活動のひとつ。

●児童会活動

　よりよい校風づくりをめざして、全校児童が参加する。3年生以上の学級代表・各委員会の代表者によって代表委員会が組織され、運営の中心的な役割を担っている。

●わくわくタイム（クラブ）

　4年生以上の全児童が、各自の興味ある活動を通して、自分の能力や可能性を伸ばす時間。自己を表現し、達成感を味わい、互いを高めあい、生きる力をはぐくむ。

体育系

バドミントン、バスケットボール、卓球、冒険、屋外球技

文化系

イングリッシュタイム、ロボット、茶道、手芸、アート、音楽チャレンジ、将棋、けん玉

●委員会活動

　4年生以上の全児童が、働く喜びや助け合いの精神、奉仕の心を養いながら主体的に活動し、明るく楽しい学校づくりをめざす。

●児童合唱団

　4年生以上の有志で構成され、月・水曜日の朝と金曜日の放課後に練習を行う。私立小学校連合音楽会など、行事のなかで美しい歌声を披露する。

帝塚山学院小学校
てづかやまがくいんしょうがっこう

QRコードで学校HPにアクセスできます。

大阪府大阪市住吉区帝塚山中 3-10-51 ☎ 06-6672-1154（代） https://www.tezukayama.ac.jp/grade_school/

共学　給食　アフタースクール

アクセス
●南海高野線「帝塚山」駅よりすぐ
●阪堺電軌上町線「帝塚山三丁目」駅より徒歩3分

学校情報

創立年	1917 年（大正 6 年）
創立者	山本藤助 ほか 4 名
児童数	663 名
教員数	56 名
制服	あり
土曜授業	基本的に家庭学習日
給食	あり（アレルギー対応あり）
スクールバス	なし
転・編入制度	編入（欠員時）／8月実施、2学期より編入 ※本校通学圏内に転居または帰国の児童 転入（欠員時）／2月実施、4月より入学
復学制度	病気等により長期間出席できないと認められた場合（原則 1 年以内）
帰国子女受入	あり

【沿革】
1917 年…庄野貞一先生を校長（主事と呼んだ。初代学院長）に迎え、大阪府東成郡住吉村字大帝塚 1025 番地（現在地）に開校
1935 年…小学部校舎・講堂改築の落成式を行う
1998 年…21 世紀の教育を視野に入れた新校舎が完成。幼稚園から高等学校までを貫く光ケーブル、水底昇降式 25m 室内温水プール、太陽光発電装置、TV スタジオを設置するなど設備の充実を図る
2011 年…TSS（帝塚山学院土曜学校）開講
2012 年…TASC（帝塚山放課後クラブ）開講
2016 年…創立 100 周年を迎える

【安全対策】
・警備員が校門に常駐
・非常押しボタン設置
・各教室に直接電話設置
　（受話器を上げると職員室に直通）
・登下校時刻を保護者に知らせる IC タグの設置
・AED の設置（3台）

※掲載内容は発行時の情報となります。最新の情報については学校発表の情報を必ずご確認ください。

■入 試 情 報

●応募状況

募集人数	男女 100 名程度（内部進学者を含む）
志願者数	**2024** 男女 130 名 **2023** 男女 168 名 **2022** 男女 153 名 **2021** 男女 146 名 **2020** 男女 169 名

●考査内容

ペーパー、口頭試問（面接）、行動観察、食事テスト、面接（保護者）

●受験番号

願書受付順

●月齢の考慮

なし

● 2024 年度入試日程　※実施済みの日程

願書配布	2023 年 6 月 14 日～（Web）
出願期間	2023 年 8 月 21 日～ 9 月 13 日
選考	2023 年 9 月 23 日
合格発表	2023 年 9 月 25 日
入学手続き	2023 年 9 月 27 日

※ 2025 年度入試は、2024 年 4 月 7 日より Web 出願マイページ登録開始予定。

● 2025 年度入試説明会日程

入試説明会 体験授業	2024 年 6 月 9 日
入試直前説明会	2024 年 7 月 21 日

■系 列 校

- ●幼稚園：帝塚山学院幼稚園
- ●中学校：帝塚山学院中学校
　　　　　帝塚山学院泉ケ丘中学校
- ●高　校：帝塚山学院高等学校
　　　　　帝塚山学院泉ケ丘高等学校
- ●大　学：帝塚山学院大学・同大学院

■諸 費 用

考査料	20,000 円
入学時	
入学金	250,000 円
同窓会費（終身会費）	30,000 円
年額	
授業料	708,000 円
教育充実費	90,000 円
教育後援会費	12,000 円以上
PTA 会費	12,000 円
給食費	85,500 円

※その他、制服・制帽・制靴・学用品費等が必要。また、学校債、特別協力金あり。

■主 な 年 間 行 事

4月	入学式
5月	修学旅行（6 年）
6月	体力テスト
7月	七夕、臨海学舎（5～6 年）、キャンプ（5 年）
9月	レシテーションコンテスト（英語暗唱大会）
10月	秋の遠足
11月	体育大会、音楽会
12月	餅つき
1月	書き初め展、百人一首大会、耐寒遠足
2月	美術展、スキー（6 年）
3月	6 年生を送る会、卒業式、

■建 学 の 精 神

●『力の教育』

「意志の力、情の力、知の力、躯幹の力」を身に付けた、力のある全人教育。

■目 指 す 子 ど も 像

「たくましい心と体」「尽きない探究心と向上心」「豊かな知識」「思いやるやさしさと個人の魅力」の育成を目指しています。

■教育目標

時代を理解し、時代を乗り越え、時代を創る。そういう未来を生き抜く人間を育てる。

■外国語教育

各学年週2時間、ネイティブ教員と日本人教員によるTT（ティーム・ティーチング）で授業を展開。学年の成長段階に合わせて、環境別や習熟度別による少人数制授業を展開。さらに5・6年生は毎日の放課後モジュールで英語を身近に感じながら学ぶ。

子どもたちの「できた」という気持ちを大切にしながら、テーマに沿った学習により、自然に「英語で学ぶ」ことを目指す。

■国際交流・理解

1917年の小学校開校以来続いている、帝塚山学院小学校の英語教育。次の100年を見据えた新たな取り組みに挑戦。これからの時代に活躍できる人に。「生きた英語力」を育むための取り組みを行う。

●英語落語

異文化理解の第一歩は、自分の国を知ることから。本校では各教科に日本の伝統文化を取り入れていて、英語科では落語家さんをお招きし、古典落語と英語落語を鑑賞します。子どもたちは真剣な眼差しで聞きいり、大笑いで楽しみます。

●国際交流

本校では1996年より海外の学校との交流を続けてきました。現地では、学校交流やさまざまな体験を通して異文化理解と相互交流を深めます。海外の学校が来校した際には、日本の遊びを教えたり、楽しく交流しています。

●英語校外学習

関西国際空港を利用する海外のお客様に英語でインタビュー。勇気を出して話しかけ、授業で練習してきた表現で出身国について質問します。1人ひとりが積極的に取り組み、英語が伝わる喜びを実感できる貴重な体験です。

学校からのメッセージ

真の「人間力」を培う6年間

帝塚山学院小学校での時間は、ゆったりとそしてしっかりと流れています。

日々の学習では、1人ひとりに寄り添い、担任は教科学習の中で、芸術専科教員は創作や表現活動において、子どもたちが自らの新たな可能性を見出せるよう指導を重ねています。学力においてはもちろんのこと、行事も含めさまざまな場面において子どもたちは、豊かな感性や思いやりの心といった人として必要不可欠な「人間力」を6年間培い、新たな進路を見出して巣立っていきます。学年間交流やクラブ活動を通して、下級生は上級生を見て、自分のこれからの成長を夢見、また、上級生は自分の成長の足跡を確かめています。

本学は、子どもたちにとって心身ともに成長著しい小学校の6カ年の学習過程を多角的に計画し、展開してまいります。本校は創立100年を経て帝塚山学院小学校新世紀に向けての取り組みを始めております。これまでの伝統的な「人間力」構築のための取り組みに加え、学力のさらなる向上を保護者の皆様、児童そして教員が経過・結果を共有しながら高めていく学習システムを確立しています。また「協働学習」の実践を通して本校がめざす「自学主義」（学びの大切さ、楽しさを伝え自らを高めていく精神）を子どもたちに伝えてまいります。学力向上と多角的に「協働学習」を展開するために、各教科の授業はもちろん、多くの伝統的な行事に加え、英語のイマージョンシステムである土曜学校(TSS)、放課後倶楽部(TASC)などの取り組みを充実させています。

子どもたちが自分の力を知り、向上するために意欲的に活動を続けていける環境と時間を提供しています。

※掲載内容は発行時の情報となります。最新の情報については学校発表の情報を必ずご確認ください。

◆帝塚山学院小学校◆

試験の内容

考査内容	ペーパー（お話の記憶、言語、数量、図形、常識など）、口頭試問（面接）、行動観察
	保護者面接（考査日前に実施）
備考	例年、口頭試問と「給食（食事テスト）」が連続して行われ、食事のマナーと躾を観られる。

過去の出題例

ペーパーテスト

数量（選んで数える）

①ウサギとカメは合わせていくつですか。右上の四角にその数だけ○をつけてください。

②ウサギとカメはどちらの方が多いですか。数が多い分だけ右下の四角に○をつけてください。

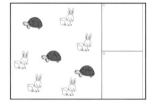

図形（同図形探し）

左の四角に描かれている図形と同じものを選んで○をつけてください。

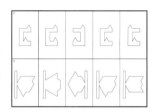

行動観察

「空き缶を高く積む」「布にボールを載せて指定されたところまで運ぶ」（どちらもグループで行う）

試験のポイント

年齢相応の「常識」を観る入試。
ペーパーは幅広い分野の基礎問題が出題。

ペーパーテストは、「お話の記憶」「言語」「数量」「図形」「常識」などの広い分野から出題されています。「図形」「数量」の分野では、さまざまな内容が年度ごとに入れ替わって出題されているので、直近の問題だけではなく2年分以上の問題を解いておくとよいでしょう。日常生活で得ることのできる知識を問う出題が多いので、くらしの中で考え方を学び知識を付けていくようにしましょう。

「行動観察」は、例年「集団遊び」「ゲーム」が行われるほか、当校の特色である「給食（集団での食事）」も行われています（2021年度は実施せず）。はじめて会う子どもたちと遊ばせる機会や、食事のマナー、好き嫌いなどに気を配るなど、ふだんの生活の中での行いをおろそかにしないことが大切です。本年度は実際に食事はしなかったものの、口頭試問形式で食事のマナーや躾に関することが出題されました。観点は実際に食事をする場合と変わりませんが、口頭で答えなければいない分、難しく感じるお子さまもいたかもしれません。

「お話の記憶」は毎年出題されています。本の読み聞かせは、親子間のコミュニケーションを深めることはもちろん、「記憶力」「想像力」「思考力」などを養うことができ、すべての学習の下地作りになります。

アンケート・面接の質問例

保護者

【アンケート】

・本学院を希望された理由をご記入ください。
・お子さまの好きな遊びは何ですか。
・お子さまの良いところをご記入ください。
・子育てで親としてこだわっていることは何ですか。
・当校への出願は専願ですか、それとも併願ですか。

【面接】

・志望理由をお聞かせください。
・ご家庭の躾についてお聞かせください。
・お子さまが最近誰かに褒められたことはなんですか。
・子は親の背中を見て育つと言われますが、実践していることは何ですか。

※このページは弊社発行の学校別問題集の内容に基づいて作成しています。

大阪金剛インターナショナル小学校
（おおさかこんごう しょうがっこう）

共学　給食　アフタースクール　スクールバス

大阪府大阪市住之江区南港北2-6-10　☎06-4703-1780　http://www.kongogakuen.ed.jp/elementary/

QRコードで学校HPにアクセスできます。

アクセス
●南港ポートタウン線「トレードセンター前」駅3番出口より徒歩7分
●スクールバスあり

■学校情報

創立年	1946年（昭和21年）
創立者	崔仁俊
児童数	150名（1クラス25名程度）
教員数	23名（非常勤7名を含む）
制服	あり
土曜授業	第1・3土曜日登校
給食	あり（水曜日は弁当持参日）
スクールバス	あり
転・編入制度	あり
復学制度	なし
帰国子女受入	なし

【沿革】
1946年…西成朝鮮人教育会結成、西成ウリ学校開校
1950年…日本文部省より財団法人金剛学園設立認可、金剛小学校設立認可
1951年…学校法人金剛学園に組織変更認可
1954年…金剛中学校開校
1960年…金剛高等学校開校
1961年…金剛小・中・高等学校韓国文教部認可
1968年…大阪韓国中・高等学校に校名変更
1985年…金剛学園中学校（校名改称）一条校認可
　　　　金剛学園高等学校（校名改称）一条校認可
1986年…校名懸板式挙行
1996年…金剛学園設立50周年記念式典挙行
2007年…住之江区咲洲コスモスクエア地区に新校舎落成
2009年…テコンドー道場「金剛修錬館」開館
2016年…金剛学園設立70周年記念式典挙行
　　　　金剛学園附設「土曜ハングル学校」開校
2021年…大阪金剛インターナショナル小・中・高等学校に校名変更

【安全対策】
・教師の引率による最寄り駅ホームまでの集団下校
・児童登校後、校門施錠
　（電磁ロック錠、インターホン設置）
・警備員が校門に常駐
・来校者の確認（来校者証の携帯）
・スクールバス5台運行
・AEDの設置
・BLEND（緊急時一斉メール配信）
・防犯カメラ設置

※掲載内容は発行時の情報となります。最新の情報については学校発表の情報を必ずご確認ください。

大阪

■入 試 情 報

●応募状況

募集人数	男女 40 名	
志願者数	**2024** 非公表 **2023** 非公表 **2022** 非公表 **2021** 非公表 **2020** 非公表	

●考査内容

ペーパー、口頭試問、行動観察、制作、運動、面接（保護者・志願者同時）

●受験番号

願書受付順

●月齢の考慮

なし

● 2025 年度入試日程

願書配布	Web
出願期間	Web
選考	2024 年 10 月 26 日、11 月 30 日 2025 年 1 月 25 日
合格発表	試験当日（Web・発送）

● 2025 年度学校説明会日程

オープン スクール	2024 年 6 月 22 日、7 月 27 日、 9 月 7 日

■系 列 校

●中学校：

　大阪金剛インターナショナル中学校

●高　校：

　大阪金剛インターナショナル高等学校

■諸 費 用

考査料	15,400 円
入学時	
入学金	100,000 円
教具代	8,000 円
制服	約 40,000 円
月額	
授業料	39,000 円
本校支援額	9,000 円
授業料（実質負担額）	35,000 円
児童会費	100 円
学級費	200 円
教材費	1,000 円
PTA 会費	1,000 円
給食費	1 食 500 円
年額	
学校維持管理費	20,000 円

■主 な 年 間 行 事

4月	入学式、春季校外学習、新入生歓迎会
5月	体育大会
6月	交通安全教室、避難訓練
7月	水泳訓練、 English Summer Camp（3・6年）
9月	稲刈り（5年）、一泊体験（3年）、 修学旅行（6年）
10月	林間学校（4・5年生）、 韓国語能力試験（5・6年）
11月	生活発表会、芸術鑑賞会、写生会
12月	マラソン大会、防犯教室、金剛まつり
1月	避難訓練、英語検定（4〜6年）、 漢字検定（3〜6年）
2月	校内韓国語弁論大会、旧正月行事、 耐寒登山（1〜3年）、 アイススケート実習（4〜6年）
3月	English Recitation Contest、6年生送別会、 個人懇談会、卒業式、修了式

大阪

■校 訓

知己・共同・愛国

■教 育 目 標

●自他尊重

自他共に理解し尊重する心を持ち、自ら積極的に行動し社会に貢献できる意欲と資質を育成します。

●語学力

学力・語学力を駆使してコミュニケーション能力を発揮する力を身につけます。

●礼儀

礼儀正しく、他者を配慮し、ともに協力し合う人間力を培います。

■特 色

『7つの習慣』をベースとした学校改革プログラム「リーダー・イン・ミー」を導入。「すべての子どもはリーダーになれる」という方針のもと、単に人を導く「リーダーシップ」だけでなく、自分の頭で考え主体的に行動する「リーダーシップ」の能力を学校全体で育成し、「一人ひとりがリーダー」となる文化を形成している。

■情 報 教 育

4年生以上は週1時間、情報教員による専門的な指導で、情報活用能力を育成している。また、1人1台のパソコンを操作できる環境で、プログラミング的思考の育成につなげる指導を行っている。その他、全教室に電子黒板・実物投影機を配置、1人1台のタブレットを使った授業を行っている（普通教室すべてにWi-Fi環境完備）。

■外 国 語 教 育

●韓国語教育

・週4時間、習熟度に合わせた4班分け授業実施。すべてネイティブ教員が指導。
・6年間で840時間に及ぶ授業時間数を確保。
・2021年度より「無学年制授業」導入。

●英語教育

・週3時間、習熟度に合わせた3班分け授業実施。すべてネイティブ教員が指導。
・6年間で630時間に及ぶ授業時間数を確保。
・2021年度より「無学年制授業」導入。

■韓 国 文 化 の 教 育

韓国舞踊、テコンドーを全学年週1時間行っている。その他、韓国文化に触れ、体験できる行事もたくさん行っている。

学校からのメッセージ

大阪金剛インターナショナル小学校として生まれ変わりました！

本校は、日韓両国から認可された学校であるがゆえに、異なる環境で生まれ育った子どもたちが多く通っています。母語以外の言語を自由に使い、世界の人々と積極的に楽しくコミュニケーションがとれる能力と正しい知識を培い、将来『国際人』として活躍できる人材の育成に力を注いでいます。一方で、〈心豊かなリーダー〉の育成をめざして、心の教育とリーダーシップ教育を活発に展開しています。〈7つの習慣〉をベースとする〈リーダー・イン・ミー〉のプログラムにより、自己リーダーシップを高めています。また、日々努力を続ける子どもたちに、建学の理念に基づいた、質の高い教育を提供しております。

真のインターナショナルスクールを実現させるために『大阪金剛インターナショナル小学校』として新しく生まれ変わった金剛学園で、愛するお子さんの未来を実感しませんか。皆様とお会いできることを楽しみにしております。

※掲載内容は発行時の情報となります。最新の情報については学校発表の情報を必ずご確認ください。

近畿大学附属小学校　児童作品

建国小学校
けんこくしょうがっこう

QRコードで学校HPにアクセスできます。

大阪府大阪市住吉区遠里小野 2-3-13　☎ 06-6691-1231（代）　http://www.keonguk.ac.jp

 共学　 給食　 スクールバス

大阪

アクセス
- JR「杉本町」駅より徒歩7分
- 南海高野線「我孫子前」駅より徒歩7分
- バス「山之内一丁目」下車南 50 m
- スクールバスあり

■学校情報

創立年	1949 年（昭和 24 年）	**【沿革】** 1946 年…建国工業学校・建国高等女学校設立 1947 年…建国中学校設立（新教育制度による） 1948 年…建国高等学校設立 1949 年…建国小学校設立 　　　　　　文部省より財団法人白頭学院認可 1951 年…文部省より学校法人白頭学院認可 1966 年…京都府亀岡市に林間学舎開設 1979 年…本館校舎竣工 1986 年…創立 40 周年記念式典挙行 1996 年…創立 50 周年記念式典挙行 1997 年…建国幼稚園設立 2006 年…創立 60 周年記念式典挙行 2013 年…新校舎起工式 2015 年…耐震工事・リニューアル全館完成 2016 年…創立 70 周年記念式典挙行 2019 年…認定こども園 建国幼稚園に移行
創立者	曺圭訓	
児童数	150 名（1 クラス 25 ～ 30 名）	
教員数	18 名（非常勤 6 名を含む）	
制服	あり	
土曜授業	隔週登校（午前授業）	
給食	あり（アレルギー対応あり）	
スクールバス	あり	**【安全対策】** 児童登校後、校門施錠（インターホン、電磁ロック錠）／防犯ブザー配布（児童用）／教師 ID カード、警笛携帯／教師向け、児童向け防犯講習／ AED の設置と操作法講習の徹底化（全教師が受講済み）／ 4 年生まで希望者は、スクールバス（運行範囲内）での登下校が可能／校区内などの不審者情報を通知／校区内で事件発生時、集団下校の実施／保護者来校時には保護者証配布／「さすまた」（防犯器具）を職員室前など 5 カ所に常備
転・編入制度	あり（定員に余裕のある場合／算数、日本語または韓国語テスト／面接あり）	
復学制度	なし	
帰国子女受入	なし	

※掲載内容は発行時の情報となります。最新の情報については学校発表の情報を必ずご確認ください。

■入 試 情 報

●応募状況

募集人数	男女 35 名	
志願者数	**2024** 男子 14 名　女子 13 名	
	2023 男女 35 名	
	2022 男女 21 名	
	2021 男子 16 名　女子 17 名	
	2020 男子 13 名　女子 12 名	

●考査内容

口頭試問、集団行動観察、運動、面接（保護者・志願者）

●受験番号

願書受付順

●月齢の考慮

なし

● 2025 年度入試日程

願書配布	随時（HP よりダウンロード可）
出願期間	2024 年 9 月 1 日〜 30 日（Web 出願）
選考	2024 年 10 月 19 日
合格発表	2024 年 10 月 21 日
入学手続き	〜 2024 年 11 月 2 日

● 2025 年度学校説明会日程

学校説明会	2024 年 6 月 29 日、8 月 24 日、9 月 21 日

■系 列 校

●幼稚園：認定こども園 建国幼稚園

●中学校：建国中学校

●高　校：建国高等学校

■諸 費 用

考査料	15,000 円
入学時	
入学金	30,000 円
教育活動費	38,000 円
新入生教具代	17,000 円
学用品代（制服等）	70,000 円
iPad 一式	75,000 円
年額	
授業料	240,000 円
給食費	84,000 円
PTA 会費	9,000 円
施設協力費	30,000 円
建国祭賛助金	3,000 円
次年度教育活動費	38,000 円
教育充実費	20,000 円

■主 な 年 間 行 事

4月	入学式・始業式、1 年生を迎える会、臨海（5 年）、韓国語能力試験、学級懇談、遠足、スポーツ体力テスト
5月	授業参観、田植え（5 年）
6月	運動会、韓国語弁論大会
7月	個人懇談会、水泳教室、オープンスクール
8月	8・15 光復節式典、オープンスクール
9月	人権学習、修学旅行（6 年）、稲刈り（5 年）、公開授業
10月	韓国語スピーチ大会、オリニチュッチェ（子ども祭り）
11月	学芸発表会、遠足
12月	個人懇談会、スケート教室、英語レシテーション大会
1月	旧正月の行事、実用英語技能検定
2月	図工作品展、学力テスト、スキー実習（4 年）、キムチ作り（2 年）
3月	教育相談、6 年生を送る会、卒業証書授与式、修了式

■教 育 目 標

　私立学校の独自性と在日韓国人学校としての特殊性を十分に生かし、知・徳・体の円満な発達を図る。
　国際社会に適応できる幅広い能力を備え、社会に貢献する有能な人材を育成する。

■校 訓

　自主・相愛・勤倹・精詳・剛健
　進んで努力する子ども
　はきはき、元気な子ども
　互いに助け励まし合う子ども

■特 色

- ●1人ひとりの個性を伸ばすと共に、豊かな心、人格の育成を目指す。
- ●楽しい学習、考える学習、わかる学習を徹底し、豊かな学力を目指している。
- ●全学年1クラス25～30名の少人数編成。
- ●体験授業、校外授業、自然とのふれあい学習を多く取り入れている。
- ●元気な体力作りと、もう一歩がんばろうとする精神の育成につとめている。
- ●学校教育法に基づく教科カリキュラムの他に、韓国語・韓国の歴史・地理などの民族教科の時間を設けている。
- ●韓国の伝統文化を積極的に学び、テッコンド（4～6年）、韓国舞踊（全学年）を授業に組み入れている。
- ●全学年「情報」の時間を週1回実施している。
- ●韓国語、音楽、図工、英語、情報、テッコンド、舞踊は専科の教師が指導している。
- ●目上をうやまい、ていねいな言葉遣い、あいさつができることを大切にしている。
- ●クラブ活動（サッカー、バスケット、プンムル、クリケット）も活発に取り組んでいる。

■外 国 語 教 育

英語

- ●1・2年生：週2時間
　楽しく学ぶ英語。会話やアルファベットをゲームや歌で取り入れた活動中心の授業を展開している。
- ●3・4年生：週2時間
　会話と英語学習の基本。Text、Workbookを使い、スキット学習による会話で自己表現を目指した授業を展開している。
- ●5・6年生：週3時間
　実力を伸ばす英語。英検学習だけでなく、聞き取りや理解力、会話力を伸ばす授業を展開している。

韓国語

- ●1～6年生：週4時間　2クラス編成
　「国語教育」として韓国語を学ぶ1班は、テキストや教材は韓国本国のものを使用している。
　「外国語」として韓国語を学ぶ2班は、テキストや教材は学校開発本を使用している。

学校からのメッセージ

　世界へ、そして、未来へ
　国際親善に寄与する将来のグローバルリーダーを育てます

1）幼小中高、それぞれの発達段階に応じ、元気に遊び、じっくり学び、知識を生かし、応用力、国際力を磨く教育活動に努めています。

2）耐震機能を備えた安心安全な学び舎に加え、ICT教育機器の整備により、児童の多角的な学びを支えています。

3）国際親善に寄与するグローバルリーダーの育成という教育信念に基づき、グローバル社会への対応、国際社会の理解に欠かせない多言語教育を一貫して実践し、ネイティブの教員を配置し、学齢に応じて英語・韓国語・日本語の「聞く」「話す」「読む」「書く」力の習得を目指し、児童の語学力の向上に力を注いでいます。

4）情操教育を重んじる校風、「自主・相愛・勤倹・清祥・剛健」の精神を継承し、新しい時代を生きる子ども達が多文化共生の精神を基礎に、世界に羽ばたき、夢を実現することを支えます。

5）少人数の授業体制により、教員と児童、保護者どうしも親密に情報を共有し、「建国愛」に包まれた学校の雰囲気を作り出しています。

※掲載内容は発行時の情報となります。最新の情報については学校発表の情報を必ずご確認ください。

大阪

建国小学校　入　学　志　願　書

記入日　20　　　年　　　月　　　日

本人	名前	ハングル		証明写真
		漢字		縦4cm×横3cm
	生年月日	20　　年　　月　　日生　（　男　女　）		
	国籍	韓国籍　／　日本籍　／　ダブル　／　他（　　　　）		
	在留資格	□永住者(特別永住)　□家族滞在　□その他		
	現住所	〒　－		
	在学園／学校名	韓国／日本（　　　　　　　）幼稚園／小学校　（　　　年）修了／在学中		
	志願学年	（　　）月　から　第（　　　）学年に（　入学　／　転入学　）を希望します。		
	面接	（　　韓国語　or　日本語　　）を希望します。		

保護者	名前	漢字		印
		ハングル		
	生年月日	年　　月　　日生　（　男　女　）　続柄		
	現住所			
	連絡先	①（　　　　）　　－　　　　②（　　　　）　　－		
	面接	（　　韓国語　or　日本語　　）を希望します。		

- -

入　学　志　願　書　　受　付　票

受付	No.	児童名	（　男　　女　）
試験日	20　　年　　月　　日	面接時間は後日送付します。	
準備物	□受付票(本状)　□うわぐつ(子ども)　□筆記用具　□面接資料(後日送付)		
試験科目	第1学年　　①面接（子ども／保護者）　　②集団行動観察		
	転入生　　①2教科(韓国語／日本語、算数　)　　②面接		
検定料	□受領しました　　□未納(当日持参して下さい)		

20　　年　　月　　日　建国小学校長　印

城南学園小学校

QRコードで学校HPに
アクセスできます。

大阪府大阪市東住吉区湯里 6-4-26　☎ 06-6702-5007　https://www.jonan.ac.jp/es/

 共学　 給食　 アフタースクール

アクセス
● 近鉄南大阪線「矢田」駅より徒歩 10 分
● 大阪シティバス「湯里 6 丁目」下車すぐ
● いまざとライナー（BRT）運行

■ 学 校 情 報

創立年	1950 年（昭和 25 年）	**【沿革】** 1950 年…城南附属小学校設立 1951 年…学校法人城南学園に組織変更 1981 年…坂上敏子校長就任 1984 年…城南短大附属小学校に改称 　　　　　坂上武一学園長逝去、「正五位」を賜る 1987 年…坂上敏子校長「大阪市教育委員長」に就任 1992 年…小学校新校舎・総合体育館竣工 1995 年…学園のシンボルマークを制定 1996 年…たてわり活動開始 2000 年…坂上敏子校長「私立学校審議会委員功労者文部 　　　　　大臣表彰」を受賞 　　　　　小学校創立 50 周年記念式典 2002 年…パソコン室開設 2004 年…坂上敏子学園長逝去、「正五位」を賜る 2012 年…「城南学園小学校」に校名変更 2015 年…学園創立 80 周年を迎える 2020 年…小学校創立 70 周年を迎える
創立者	坂上武一	
児童数	243 名	
教員数	31 名（非常勤 6 名を含む）	
制服	あり	
土曜授業	第 1・3 土曜日学習登校日	
給食	あり（月～金） ※アレルギー対応あり	
スクールバス	なし	**【安全対策】** ・日常の警備については、定期的に本校職員が巡回し、 　登下校時は門に警備員や職員が立つ ・門には防犯カメラ、各教室には非常ベルを設置 ・入校の際、行事の際は入校許可証を携帯 ・不審者対策の避難訓練を実施 ・緊急時の連絡アプリ配信の実施 ・希望者には IC タグによる登下校メール配信サービスの実施 ・携帯電話の持参（許可制）
転・編入制度	あり（1 ～ 6 年生、随時）	
復学制度	なし	
帰国子女受入	特別な配慮なし（転・編入と同様）	

※掲載内容は発行時の情報となります。最新の情報については学校発表の情報を必ずご確認ください。

大阪

■入 試 情 報

●応募状況

募集人数	1次 男女約70名 2次 男女若干名
志願者数	**2024** 男子18名 女子18名 **2023** 男女45名 **2022** 男子19名 女子20名 **2021** 男子24名 女子28名 **2020** 男子21名 女子24名

●考査内容

筆答検査、行動観察、個人面接、面接（保護者・志願者同時）

●受験番号　願書受付順

●月齢の考慮　なし

● 2025年度入試日程

願書配布	Web
出願期間 （Web）	2024年8月26日〜9月9日（1次）
選考	2024年9月14日（1次） 2025年1月下旬（2次）
合格発表	1次　2023年9月15日（郵送）

● 2025年度入試説明会日程

Open Day	2024年4月15日〜20日、 5月13日〜18日
入試説明会	2024年6月15日、7月20日

■諸 費 用

考査料	20,000円
入学時	
入学金	220,000円
年額	
授業料	430,000円
教育充実費	185,000円
教材等諸経費	80,000円
保護者会費	15,000円
給食費（週5回）	105,000円

※その他、入学用品代（制服、ランドセル等）が必要。

■系 列 校

- ●幼稚園：城南学園幼稚園
- ●保育園：城南学園保育園
- ●中学校：城南学園中学校
- ●高　校：城南学園高等学校
- ●短　大：大阪城南女子短期大学
- ●大　学：大阪総合保育大学・大学院

■主 な 年 間 行 事

4月	入学式
5月	創立記念日、スポーツテスト、修学旅行（6年）
6月	水泳教室、漢字検定
7月	湖畔・林間学舎（2〜6年）、夏期講習
8月	夏休み、漢字検定、夏休み作品展
9月	英語校外学習、林間学舎（1年）
10月	稲刈り、いも掘り、校外学習（2〜6年）、運動会
11月	総合学習発表会
12月	冬期講習、冬休み
1月	書き初め展
2月	英語体験学習、漢字検定、観劇会、マラソン大会、親善球技大会
3月	6年生を送る会、卒業式、謝恩会、春期講習

■建 学 の 精 神 と 教 育 目 標

「自主自律」「清和気品」「強く、正しい」
「清く、やさしい」

"人格の基礎を作る大切な幼児期・少年期を世の悪風に染めることなく、日本のよき伝統を素直に受け継ぎ、自分に対しては「強く、正しく」、他人に対しては「清く、やさしく」伸びて、知・徳・体の調和のとれた円満な人間に成長するよう育成しなければならない"と、うたった創立者・坂上武一先生の願いの実現を目指す。

■教育方針

日本の社会に貢献できる人材を育てる使命を果たす決意を強くしている。そのためには、日常の生活を充実したものにし、基礎・基本を身につけるまでの努力を惜しまない教育をしていく。教えるべきことはしっかりと教え、しつけるべきところは全員ができるまできちんと指導する。

■3つの柱

「実践力のある魅力ある子」づくりをめざして

●人間としての基礎・基本の徹底

○あいさつ、応答、立腰

あいさつを励行し、全員がしっかり応答できるよう指導。また、集中力ややる気を養う"立腰教育"を実施する。

○たてわり活動

18班に分け、毎日15分間の活動を行う。高学年がリーダーシップを発揮し、計画を立てて、低学年の指導を行うことにより、協力する心や思いやりの心を養い、人間関係をより深める。教師が児童の活動を助けるアドバイザーとなり、児童が自主的に学ぶ力を培う。

○ノーチャイムデー

時計を見て、何をすべきかを考えて行動する日。達成の積み重ねで自信につなげる。

○実践度チェック

学校経営点検表で毎週の実践を教職員が自己チェックし、児童の実践力の度合いを確認して進めている。

○実践意欲の向上

学校と保護者が一体となり、口添えをすることで、より実践意欲を高める。

●学力の基礎・基本の徹底

○基礎学力の充実

「JONAN time」を特設。1年生でも週4日は6時限まである。スモールステップ学習により個人に合った方法でも学習する。

漢字・計算の徹底指導を行う。また、漢字検定へのチャレンジ、朝の時間での計算練習も実施している。

1人1台のタブレットを用意し、1年生から活用している。「ロイロノート」、プログラミングアプリ「スプリンギン」で思考力の向上につなげる。

1年生からネイティブによる英語授業を、4年生からは週3時間の授業を実施している。

○進路指導の重視

春・夏・冬期の講習、特別講習、実力テスト、個人データに基づく進路指導の実施。4〜6年生算数の3段階別指導も自分の力に合ったコースで学習できる。また、3年生以上の理科、社会は専科制をとっている。

個人指導の徹底やクラス運営における教師の指導力向上を狙い、年20回の学級経営研修会、月1回の職員研修会を行う。

●学ぶよろこび・活動するよろこびの徹底

○一生懸命体験

絵画、工作、書き初めなどの「作品展」や「ギネスに挑戦」「マラソン大会」など、子どもたちの一生懸命さを引き出す工夫をしている。

○体験学習

実体験を通した学習はよく理解でき、身につきやすいもの。稲刈り、いも掘り、餅つき、湖畔・林間宿泊訓練などを通して、自然の観察や実地見学を行う。

学校からのメッセージ

「魅力ある人間」こそ、将来大きく羽ばたくと考えています。たとえ勉強ができても、自分勝手であったり、周りの人を思いやれなかったりと、人間としての魅力がなければ、良い人生を歩むことはできません。本校を卒業する児童が、素晴らしい生涯を送ることができるよう、教えるべきことはしっかり教え、しつけるべきことは全員ができるまできちんと指導していきます。

また、魅力を備えた人は、その人の個性をたくさん引き出してもらうことができます。この子のためには、何でもしてやりたいという魅力ある資質を備えさせることは、子育ての知恵です。知恵のない教育は、小賢しい自分勝手な人間にしてしまいます。子育てについて、ぜひ、賢い保護者をめざしていただきたいと思います。

※掲載内容は発行時の情報となります。最新の情報については学校発表の情報を必ずご確認ください。

大阪

《 参 考 資 料 》

❶入学試験概要	募集人数		第1学年　男女合わせて　約70名
	出願手続	出願期間	〈第1次〉　令和4年8月25日(木)〜9月12日(月) 正午
			〈第2次〉　令和5年1月下旬の実施予定
		出願方法	「WEB出願」のみとなっております。 (ご不明な点がございましたらお電話ください。)
		入学検定料	20,000円
	入学選考	実施日時	〈第1次〉　令和4年9月13日(火)・14日(水)・15日(木)　親子面接 　　　　　令和4年9月17日(土)　筆答検査・行動観察・個人面接
			〈第2次〉　令和5年1月下旬の実施予定
❷入学選考について	内　容		各テストの結果により総合的に判断します。 (※新型コロナウイルス感染症の感染拡大状況により、内容を変更することがあります。)
	筆答検査	(1)数　量	1−1対応の考え方ができ、他のものに置き換えて判断できるか。
		(2)図　形	上下・左右の位置を認識して、正しく模写することができるか。
		(3)観　察	細かなところまで注意して、比べることができるか。
		(4)思考・推理	その場で学習したことをもとに、正しく考えることができるか。
		(5)理解・記憶	話を聞いて、話の筋をとらえることができるか。
	行動観察		・まわりの友達と協力して1つのことをすることができるか。 ・集団の中で指示を聞いて行動することができるか。
	面接試問	(1)個人面接	・いろいろな質問に答えられるか。 ・指示を理解して作業をすることができるか。 ・基本的生活習慣が身についているか。
		(2)親子面接	保護者同伴で面接を受ける。

❸ 願書・受験票サンプル

❹合格発表	〈第1次〉　令和4年9月18日(日) 速達郵送	※お問い合わせには、 一切応じません。
	〈第2次〉　令和5年1月下旬の実施予定	

❺入学手続	合格者は入学金220,000円(令和4年度参考)を銀行振込してください。	

❻学費等	合格者は入学後下記費用を年間3期に分けて納めていただきます。 (※下記金額はいずれも令和4年度参考です。)	
	❶授業料	410,000円
	❷教育充実費	175,000円
	❸教材等諸経費	60,000円
	❹保護者会費	15,000円
	❺給食費	50,000円 (週2回 米飯給食／週1回 パン給食)
	その他の費用	制服・ランドセル等　入学用品代(入学前に必要です。)

関西大学初等部

QRコードで学校HPに
アクセスできます。

大阪府高槻市白梅町 7-1　☎ 072-684-4312　http://www.kansai-u.ac.jp/elementary/

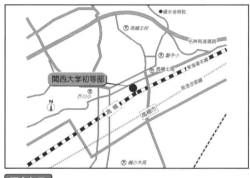

アクセス
● JR「高槻」駅より徒歩7分
● 阪急「高槻市」駅より徒歩10分

■学 校 情 報

創立年	2010 年（平成 22 年）	**【沿革】** フランス人法学者ボアソナードの教えを受けた井上操、小倉久、堀田正忠らの司法官と自由民権運動家・吉田一士の連携によって、1886 年に設立された関西大学（当時「関西法律学校」）を母体とする。 初等部は、中等部・高等部とともに、2010 年、同大学の高槻ミューズキャンパスに設置・開校される。同一キャンパス内に小・中・高を併設するメリットを活用して一貫教育を実践し、2024 年に創設 14 年を迎えた。
創立者	井上操、小倉久、堀田正忠ら 12 名	
児童数	360 名（1 クラス 30 名）	
教員数	35 名（非常勤 10 名を含む）	
制服	あり	
土曜授業	1・2 年生なし（行事登校あり） 3 年生以上は第 2・4 土曜日登校	
給食	あり（月〜金） ※アレルギー対応あり	**【安全対策】** ・校地外周にフェンスを設置 ・敷地・校舎入口に守衛室設備 ・各教室に警報装置を設置 ・最寄駅から校門までの間に警備員を配置 ・IC タグによる登下校メール配信システムの導入
スクールバス	なし	
転・編入制度	あり（欠員時）	
復学制度	あり	
帰国子女受入	なし	

※掲載内容は発行時の情報となります。最新の情報については学校発表の情報を必ずご確認ください。

■入 試 情 報

●応募状況

募集人数	A日程　男女60名（内部進学者含む） B日程　若干名
志願者数	**2024** 男女166名 **2023** 男女168名 **2022** 男女139名 **2021** 男女119名 **2020** 男女123名

●考査内容

ペーパー、行動観察、面接（保護者・志願者）

●受験番号

非公表

●月齢の考慮

あり

●2025年度入試日程（A日程）

願書配布	Web出願
出願期間	2024年7月10日〜8月20日
選考	2024年8月25日〜9月7日(親子面接)、 9月13日（考査・行動観察）
合格発表	2024年9月17日（発送）
入学手続き	2024年9月18日〜25日

●2025年度入試説明会日程

学校説明会	2024年5月19日
オープン スクール	2024年6月8日
入試説明会	2024年7月7日

■諸 費 用

考査料	20,000円
入学時	
入学金	300,000円
教育後援会入会金	2,000円
年額	
授業料	800,000円
施設費	200,000円
学年諸費	80,000円
給食費	104,500円
教育後援会会費	10,000円

■系 列 校

- ●幼稚園：関西大学幼稚園
- ●中学校：関西大学中等部
　　　　　関西大学第一中学校
　　　　　関西大学北陽中学校
- ●高　校：関西大学高等部
　　　　　関西大学第一高等学校
　　　　　関西大学北陽高等学校
- ●大　学：関西大学・同大学院

■主 な 年 間 行 事

4月	入学式、校外学習
5月	校外学習、宿泊学習（3年）
6月	校外学習
7月	宿泊学習（5年）
9月	宿泊学習（2年）、広島平和学習（6年）
10月	運動会
11月	大学創立記念日、ファンラン
12月	文化祭、文化鑑賞会
1月	初中対抗百人一首大会（3・4年）
2月	研究発表会、スキー体験学習（4年）、 修学旅行（6年）
3月	卒業式、修了式

■校 訓

「考動」

学びを深め　志高く

■教 育 理 念

関西大学の教育理念である「学の実化（じつげ）」に基づき、学理と実際との調和を基本とする独自の教育を展開し、一貫教育を通じて「4つの力（確かな学力・国際理解力・健やかな体・情感豊かな心）」の育成を通じて「高い人間力」を持った子どもを育てる。

■めざす子ども像

－感じ・考え・挑戦する子ども－

ミューズ学習を基盤とし、各教科や総合的な学習の時間において思考力を育成する授業を展開する。

■ミューズ学習

ミューズ学習は、どの教科にも必要な論理的に伝える力をつけるための6つの思考スキルを選び、思考の技法を習得・活用する思考に特化した時間。

■授業をSTEAM化する

「STEAM」の視点を取り入れることで、問いを見つける視点を広げ、教科横断的な学びへとつなげていく。

■英語教育

1・2年生は毎朝15分間、3・4年生は週3時間、5・6年生は週4時間、すべてネイティブ教師が指導に加わり継続して指導する中、「聞く・読む」、「話す・書く」の4技能を伸ばす。指導者はネイティブ教師と日本人教師複数名で授業を進める。

■めざす力

●確かな学力

○知的好奇心をもとに、問いや疑問を持ち、主体的に思考する力。

○各教科等の基礎的・基本的な知識、技能の習得。

・ミューズ学習
・思考力育成を住した学習
・モジュール学習

●国際理解力

○相手の立場を理解した広い視野から異なった文化・考え方を受けとめ、国際協調と世界平和のために貢献する力。

○授業で学んだ英語を活用し、海外の子どもたちと交流する力。

・交流学習（国内外）
・異文化間コミュニケーション体験

●情感豊かな心

○自分の周りのさまざまな人や自然事象に触れる体験を通して、人や自然とつながることのすばらしさを実感し、よりよく生きていこうとする態度。

・異学年や異校種間での活動
・芸術鑑賞や宿泊体験学習
・ミューズっ子クラブ

●健やかな体

○個々の心身の発達段階に応じたプログラムや、食育を含めた健全な生活習慣の確立を通して、運動の楽しさや喜びを体感し、めあてを持って自分を高めるために運動し続けようとする力。

・安全・安心な給食
・2～6年までの宿泊体験学習
・体力づくり（持久走、なわとび など）

学校からのメッセージ

関西大学に待望の初等部が2010年4月に誕生してから、開校14年目を迎えます。初等部は、中等部・高等部と一緒になって高い倫理観と品格を持った、たくましくしなやかな「高い人間力」のある人材の育成を目指します。初等部の教育は、人間としての基盤をつくる教育です。学びの面では、思考力の育成を柱とし、子どもたちが主体的に課題解決する力を育みます。

また、2年生から経験する宿泊学習、たてわり活動、文化祭、運動会など、心も体も鍛えます。

初等部は、世界を切り開く関大人としての第一歩です。学びを通して生活を深め、高い志を持った子どもを育てます。

※掲載内容は発行時の情報となります。最新の情報については学校発表の情報を必ずご確認ください。

◆関西大学初等部◆

試験の内容

考査内容	ペーパー（お話の記憶、図形、言語、常識、数量、推理など）、行動観察
	保護者・志願者面接（考査日前に実施）
備考	複合問題や常識問題を中心に独特な出題あり。

ペーパーテストでは独特な問題もあり。広い分野での基礎と応用力が必要。

2016年度の入試より、例年行われていた運動、制作の課題がなくなりました。その分、約30分の行動観察が行われるようになっています。グループのお友だちと協力するゲームが出題されていることから、お子さまの社会性・協調性を重視していると考えられます。ペーパーテスト（試験時間約45分）の内容は、お話の記憶、図形、言語、常識、数量、推理など広範囲に渡るので、「ヤマをはる」学習は役に立ちません。幅広い学習を心がけましょう。

また、問題数が多いので、スピードも要求されます。家庭学習の際も時間を制限するなどの工夫をして取り組んでください。

常識では、カラープリントの写真が使用されていることも特徴の1つです。絵で描かれた問題とは違った印象を受けることも多いので、図鑑や日常生活を通じて慣れておくとよいでしょう。

面接では、進学のこと、学園全体に対することなど、12年間の一貫教育に関しての質問も多いので、事前の情報収集は必須です。

また、志願者への質問が3分の2程度を占め、1つの質問から掘り下げていく形式が大半でした。

過去の出題例

ペーパーテスト

推理（比較）

絵の中で1番長いひもに青のクーピーペンで○をつけてください。

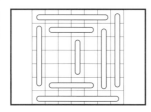

言語

① 「じめじめ」を表している絵に、赤のクーピーペンで○をつけてください。

② 「あげる」以外の言葉に当てはまらない絵に、緑のクーピーペンで○をつけてください。

行動観察

自由遊び、集団遊び、絵画など

試験のポイント

面接の質問例

保護者

・オープンスクールに参加して印象に残ったことを教えてください。

・家庭での教育方針についてお聞かせください。

・お子さまの長所と短所を教えてください。

・お子さまが関西大学初等部に向いているという点を教えてください。

志願者

・幼稚園の先生の名前を教えてください。どんな先生ですか。

・その先生に怒られたことはありますか。

・お友達の名前を教えて下さい。いつも何をして遊びますか。

・おうちの人のお手伝いをしますか。どんなお手伝いをしますか。

・先生としりとりをしましょう。

※このページは弊社発行の学校別問題集の内容に基づいて作成しています。

関西創価小学校
かんさいそうかしょうがっこう

大阪府枚方市東中振 2-10-2　☎ 072-834-0611　https://kansai-elementary.soka.ed.jp

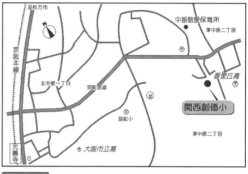

アクセス

●京阪本線「光善寺」駅より徒歩 15 分

■ 学 校 情 報

創立年	1982 年（昭和 57 年）	**【沿革】** 1974 年…創立者池田大作先生より設立構想の提案 1981 年…設立準備室発足 1982 年…開校、初代校長に井畑良一就任 　　　　　第 1 回入学式 1984 年…第 1 回卒業式　創立者、卒業生の同窓会を「創光会」と命名 1985 年…池田記念館・ノーベル図書館・コスモルーム完成 2003 年 11 月…屋上にレインボーガーデン、太陽光発電システム完成 2013 年 3 月…体育館・プール・芸術総合棟完成 2014 年 9 月…ノーベル図書館リニューアルオープン 2018 年 11 月…池田記念館リニューアルオープン
創立者	池田大作	
児童数	571 名（1 クラス 32 名）	
教員数	48 名（非常勤 14 名を含む）	
制服	あり	
土曜授業	低学年は月 1 回程度、 高学年は月 2 回程度登校	
給食	あり	
スクールバス	なし	**【安全対策】** ・案内所の設置　・保護者証の発行 ・教員と交通指導員による登下校指導（毎日） ・校門のオートロック　・校舎周辺に 3 m のフェンス ・監視カメラの設置　・教室に非常ベル設置 ・1 年生教室に強化ガラスを使用 ・校舎出入口にセンサー設置　・児童による集団下校 ・教職員が携帯電話を常時携行
転・編入制度	なし	
復学制度	なし	
帰国子女受入	なし	

※掲載内容は発行時の情報となります。最新の情報については学校発表の情報を必ずご確認ください。

大阪

■入 試 情 報

●応募状況

募集人数	男女約 100 名		
志願者数	**2024** 非公表		
	2023 非公表		
	2022 非公表		
	2021 非公表		
	2020 非公表		

●考査内容

行動観察、検査、親子面談

●受験番号

非公表

●月齢の考慮

非公表

● 2025 年度入試日程

願書配布	Web 出願
出願期間	2024 年 7 月 1 日〜 8 月 24 日
親子面談	2024 年 8 月 31 日〜 9 月 1 日 のうち 1 日
選考	2024 年 9 月 14 日〜 15 日 のうち 1 日
合格発表	2024 年 9 月 18 日
合格手続き	2024 年 9 月 18 日〜 22 日

● 2025 年度入試説明会日程

オープンスクール	2024 年 5 月 3 日
入学選考説明会	2024 年 6 月 16 日
入学選考体験会	2024 年 7 月 28 日

■系 列 校

●中学校：関西創価中学校

●高　　校：関西創価高等学校

●短　　大：創価女子短期大学

●大　　学：創価大学・同大学院

■諸 費 用

考査料	15,000 円
入学時	
入学金	120,000 円
維持費	200,000 円
学用品代（制服、教具等）	約 110,000 円
年額	
授業料	480,000 円
給食費	55,000 円

※その他、寄付金（約 100,000 円／任意）あり。

■主 な 年 間 行 事

4月	入学式、新入生歓迎の集い、たけのこほり（1・4年）、避難訓練
5月	スケッチ大会、こいのぼりの集い（1・2年）、東京小歓迎の集い、いもの苗植え（1・3・5年）、春のフィールドワーク、授業参観
6月	学園ステイ（6年 中学ブリッジプログラム）、プール開き、芸術鑑賞教室、移動教室（5年）
7月 8月	天の川の集い（1〜3年）、避難訓練（台風）、「栄光の日」記念の集い、夏期教室（4年）、サマーセミナー（6年）
9月	避難訓練（地震）、水泳大会、グローバルキャンプ（5年）、修学旅行（6年）、いもほり（1・3・5年）
10月	「情熱の日」記念競技大会、秋のフィールドワーク（1〜5年）、音楽発表会
11月	創立記念式典（英知の日）、実りの集い
12月	ありがとう感謝の集い、もちつきの集い（2年）、関西学園音楽祭
1月	書き初め大会、たこあげ大会（1〜3年）、世界平和記念集会、なわとび大会、漢字検定（3〜6年）、オンライン留学（6年）
2月	英検 Jr.（4〜6年）、持久走・マラソン大会、授業参観、児童作品展、スケート教室（4・5年）
3月	卒業式、卒業生を送る集い

■建学の精神

人と人、人と自然、人と文化の関わりを大切にしながら、いかなる状況にあっても、価値を創造する創価教育の理念に基づき、世界の平和と人々の幸福に寄与する「創造性豊かな世界市民」を育成します。

■教育方針

健康な英才主義　人間性豊かな実力主義

■モットー

【低学年】
明るい子・思いやりのある子・ねばり強い子
【高学年】
闊達・友情・根性

■学園生育成ポリシー

一人も残らず、平和主義、文化主義、人間主義のグローバルリーダーに

■スクールポリシー

明日も行きたくなる学校、未来につながる学校づくり

■創価学園の合言葉

一、先輩は後輩を、弟・妹のようにかわいがって、大切にしていかねばならない
一、後輩は先輩を、兄・姉のように尊敬していかねばならない
一、絶対に暴力やいじめを許してはならない

■ユネスコスクールキャンディデート校

地球環境問題や人権問題、異文化に対する理解を深め、自分たちの果たす役割について考える学習を行っています。国際協力の必要性についての意識を高め、未来と今のあるべき姿を探究しています。

■豊かな自然

校内の「平和竹林」でたけのこ掘り。「なかよし農園」でのいもほり。校内の田んぼで春に植えた稲を収穫するなど、豊かな自然に恵まれた環境で、たくさんの体験学習を行っています。

■恵まれた学校施設

校舎に併設して、ノーベル図書館、ランチルーム、池田記念館のほか、可動床式の室内プール・図工室・書道教室・放送室などを備えた体育館・プール・芸術総合棟があります。

■読書の取り組み

「ノーベル図書館」の蔵書数は、30,000冊以上。本校は、朝読書（ノーベルタイム）に取り組んでいます。学年ごとに「チャレンジ図書」（課題図書）を設定し、全児童がそのリストの本の読了に挑戦。「ノーベルトレイン」（車内読書）や「スキマ読書」・「ワンブック運動」に取り組んでいます。おはなし会のメンバーによる「ピノキオおはなし会」も開催しています。「読書活動優秀実践校」として文部科学大臣より表彰されました。

■情報教育

一人一台の端末を配布。同時に、アンプラグドプログラミングや情報モラルについての学習も進めています。プログラミングロボット「True　True」、「LEGO WeDo2.0」、「レゴ Rエデュケーション　SPIKE」、「スクラッチ3.0」を使用し、楽しくプログラミングの学習に取り組んでいます。

■外国語教育

1年生から4年生は週2時間、5・6年生は週3時間の学習をしています。1年生から英語専科の教員と外国人講師とともに学んでいます。5・6年生は、英語を母国語としない子どもたちに英語を教えるTESOLの資格を持った教師が指導し、英語力の向上のための学習を行っています。創価大学の留学生と交流する「グローバルキャンプ」やアメリカ創価大学の学生との交流に加え、オンライン留学のシステムを取り入れ、外国語への関心を

深める機会を設けています。毎年12月には、5・6年生全員が「創立者賞英語暗唱大会」に挑みます。4・5・6年生は、英検Jr.を受検し、英語力の向上に努めています。

■国語教育

漢字の前倒し学習や「辞書引き」による語句の習得、「楽しい暗唱」として名文の音読・暗唱に取り組む事で語彙力を高めています。また、読書と作文・日記への積極的な取り組みで、「読む」「書く」などの力を伸ばしています。これらの積み重ねの結果、毎年、詩・作文などの各種コンクールで多くの児童が入賞しています。また、毎年、3年生から6年生の全員が、漢字検定を受検します。

■算数教育

「全ての児童が分かる授業」を目指して教員研修を重ね、授業改善に取り組んでいます。全学年、毎時間、補助の教員が入り、理解が深まらない児童に寄り添いアドバイスを重ねています。高学年は、放課後に、「スペシャルスタディー」と銘打っての補習を行っています。

■創価タイム（総合的な学習の時間）

「平和教育」「環境教育」「国際理解教育」「ボランティア活動」「栽培活動」などの学習を行っています。ふれあいや体験活動を通して、思いやりと平和を大切にする心を育て、生きる力を育むことを目指しています。協同して探究する学習を通して、児童はコミュニケーション能力を高め、主体的に取り組む姿勢を身につけています。

■きょうだい活動

異学年との「きょうだい活動」を通して、「先輩は後輩を弟・妹のように、後輩は先輩を兄・姉のように」との学園合言葉にある兄弟姉妹の絆を深めています。

■学校行事

「栄光の日（7・17）」「情熱の日（10・10）」「英知の日（11・18）」を記念した三大行事があります。学校行事は、児童による実行委員会が主体的に運営しています。

■課外クラブ活動

4年生以上の高学年が課外クラブの活動を行っています。
● 文化系クラブ
アンジェリック・ブラスバンド、ビクトワール合唱団、創価ヴィーナス（絵画）、銀河放送部、写真クラブ
● 運動系クラブ
ジュニア・タイガース（軟式野球）、SOKA JET（サッカー）、創価レインボー（バレーボール）、創価ホープス（卓球）

■アフタースクール（放課後Lab.）

放課後や長期休みに利用できるアフタースクールを開設しています。好奇心をひきつける多様なプログラムがあり、生き生きと過ごすことができる環境が整っています。

校長先生からのメッセージ

本校は、創立者池田大作先生の「学園生は我が生命なり」との深い心に包まれた学校です。そして、創価教育の理念を高く掲げ、「児童第一」との思い溢れる先生方が、人間性豊かな、英知輝く人間に育ってほしいと真剣に子どもたちと関わりを持っています。関西創価小学校を目指しているみなさん。本校に入学して、お友だちと楽しく学んでいきましょう。

香里ヌヴェール学院小学校
（こうり）（がくいんしょうがっこう）

QRコードで学校HPにアクセスできます。

大阪府寝屋川市美井町 18-10　☎ 072-831-8451　http://www.seibo.ed.jp/nevers-es/

 カトリック　 共学　 給食　 アフタースクール

大阪

アクセス
- 京阪本線「香里園」駅より徒歩 10 分
- バス「桜ヶ丘」下車

■ 学 校 情 報

創立年	1932 年（昭和 7 年）
創立者	レヴェランド・メール・マリー・クロチルド・リュチニエ
児童数	459 名（1 クラス約 30 名）
教員数	53 名（非常勤を含む）
制服	あり
土曜授業	なし
給食	あり（希望制／月・火・木・金）、弁当（水）※パン・牛乳の販売（月〜金）あり
スクールバス	なし
転・編入制度	あり（欠員時）
復学制度	なし
帰国子女受入	あり（欠員時／4 年生まで／海外在住 1 年以上／帰国後 2 年以内）※海外在住を証明する在学・成績証明書を提出

【沿革】
1921 年…創立者レヴェランド・メール・マリー・クロチルド・リュチニエをはじめ 7 人の修道女来日
1923 年…大阪市東区（当時）玉造に聖母女学院創立　聖母女学院開校
1925 年…聖母女学院高等女学校となる
1932 年…高等女学校、香里園に移転　聖母女学院小学校開校
1947 年…聖母女学院中学校発足
1948 年…聖母女学院高等学校発足
1949 年…京都市伏見区深草に姉妹校「聖母学院」小・中学校開校
1952 年…聖母学院高等学校開校
1960 年…聖母女学院幼稚園を開園
1968 年…聖母女学院短期大学児童教育学科を開学
1981 年…短期大学家政学科、京都藤森へ総合移転
1988 年…小学校、男女共学となる
1991 年…校名を「大阪聖母学院小学校」とする
2009 年…創立 90 周年記念事業開始
2013 年…創立 90 周年記念事業実施
2017 年…校名を「香里ヌヴェール学院小学校」とする
2023 年…創立 100 周年を迎える

【安全対策】
・IC タグで児童の登下校確認情報メール配信
・守衛の配置　・通学路の巡回
・緊急連絡など、家庭にメールで一斉配信
・全教室および校内各所に緊急通報システムを配備
・教職員、保護者は胸証着用
・来校者の確認および胸証の着用

※掲載内容は発行時の情報となります。最新の情報については学校発表の情報を必ずご確認ください。

■入 試 情 報

●応募状況

募集人数	A日程　男女約50名 B日程　男女約10名 C日程　男女若干名
志願者数	2024 非公表 2023 非公表 2022 非公表 2021 非公表 2020 非公表

●考査内容

適性検査、行動観察、面接（保護者・志願者）

●受験番号

願書受付順

●月齢の考慮

なし

● 2025年度入試日程（A日程）

願書配布	Web出願
出願期間	2024年8月19日〜30日
選考	2024年9月20日
合格発表	2024年9月21日
入学手続き	2024年9月27日

● 2025年度学校説明会日程

学校説明会	2024年5月25日
ミニ説明会	2024年10月8日
学校見学会	2024年6月17日・18日

■系 列 校

京都藤森キャンパス

●聖母インターナショナルプリスクール

●保育園：京都聖母学院保育園

●幼稚園：京都聖母学院幼稚園

●小学校：京都聖母学院小学校

●中学校：京都聖母学院中学校

●高　校：京都聖母学院高等学校

■諸 費 用

考査料	15,694 円
入学時	
入学金	170,000 円
制定品代（制服等）	約180,000 円
施設設備費	60,000 円
保護者会入会金	5,000 円
年額	
授業料（スーパー スタディズコース）	426,000 円
教育充実費	144,000 円
保護者会費	18,000 円
同窓会費	5,000 円

※税込の金額

※その他、校外学習費、補助教材費等が必要。

■主 な 年 間 行 事

4月	入学式、1年生歓迎会、遠足
5月	球技大会、3年生合宿（三重県）
6月	創立記念祈りの集い、4年生合宿（和歌山県）、 6年生修学旅行（九州方面）
7月	1年生校内合宿、 5年生選択合宿（京都府美山）
8月	5年生選択合宿 （オーストラリアホームステイ）
9月	2年生合宿（京都府宇治）
10月	遠足、運動会
11月	新1年生体験入学、音楽発表会
12月	クリスマスセアンス
1月	書初め、5年生スキー合宿（長野県）
2月	図工作品展示会
3月	送別会、卒業感謝ミサ、卒業式、 卒業旅行（沖縄県）

※ 2023年度実施分

大阪香里キャンパス

●中学校：香里ヌヴェール学院中学校

●高　校：香里ヌヴェール学院高等学校

建学の精神

カトリックの人間観・世界観にもとづく教育を通して、真理を探究し、愛と奉仕と正義に生き、真に平和な世界を築くことに積極的に貢献する人間を育成する。

教育方針

カトリックの精神を基盤とした教育活動を通して、すべてのいのちを尊敬し、仲間とともに最善を追求し創り出す努力のできる人を育てます。

特色

興味を学びに変え、総合的学力向上を目指すスーパースタディズコース（SSC）に2025年度より1コース体制へ。興味関心を原動力とした学力・知識の確実な積み上げ、宗教・芸術を軸にした情操教育、行事・合宿・探究型授業を柱とした教育活動を展開、仲間とともに生きる喜びと自己肯定感の中で子どもたちが成長を果たしています。日常的な多国籍の教員との触れ合いが、子どもたちの中に、多様な価値観へのリスペクトもって人々と生きる精神的土壌を形成しています。

平和を軸に仲間とともに真理を探究する力

生活・総合的な学習の時間を中心に取り入れているPBL授業は、友だちとの対話の中でクリティカルに課題を見つめなおし、自分なりの最適解を探っていく探求型の学習方法です。出来上がった答えを知って満足するのではなく、真の問題意識をもって学びます。

■世界の人々とつながるための英語力

外国人教員と日本人英語科教員の2人体制により、1年生から週3時間の英語の授業を実施しています。「聞く・話す・読む・書く」の4技能をバランスよく伸ばします。2025年度入学児童より英語習熟度学習を取り入れ、英語力に応じたクラス編成を行います。
※入学試験時に英語力を確認することはありません。
※クラス編成方法等は現在調整中です。

■情操教育が育む豊かな心

自然環境に恵まれた学舎で仲間と共に過ごす共遊の時間、毎日の祈りをはじめ、カトリックの暦に沿った行事や福祉体験学習など日々の生活の中で、思いやりの心、感謝の心を育てます。

■特色ある合宿

学年に沿った内容で体験活動を重視した合宿を1年から毎年実施しています。宇治、近江八幡、和歌山、5年では美山、オーストラリアホームステイの選択合宿、スキー、6年では、九州、沖縄などに行きます。仲間との関わりの中で、「適応力」「協働力」、人間の基礎となる「自己肯定感」を育みます。

学校からのメッセージ

カトリックの人間観・世界観に基づく教育をとおして、子どもたちがまわりの人を大切にする人になってほしい、それが私たち全教職員の願いです。心から受け入れられて育った子は、愛することを学びます。そして自分の力をまわりの人のために惜しみなく使うことこそ、本当の幸せであることを知るようになります。この生き方こそがイエス様のおっしゃった、「自分のしてほしいと思うことを人にしてあげなさい」という「愛と奉仕の生き方」です。愛と奉仕と正義の精神に支えられた小学校であるように全力で邁進いたします。

※掲載内容は発行時の情報となります。最新の情報については学校発表の情報を必ずご確認ください。

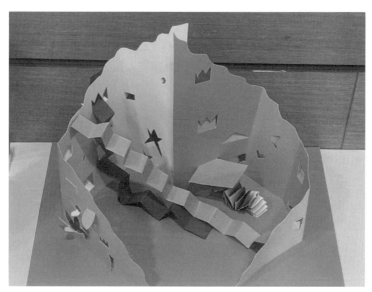

近畿大学附属小学校　児童作品

四條畷学園小学校

大阪府大東市学園町 6-45　☎ 072-876-8585（直）　https://www.shijonawate-gakuen.ac.jp

共学　給食　アフタースクール

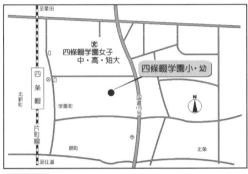

アクセス
- JR「四条畷」駅より徒歩1分
- バス「四條畷学園前」下車

大阪

■ 学 校 情 報

創立年	1948 年（昭和 23 年）
創立者	牧田宗太郎
児童数	約 600 名（1 クラス 30 名）
教員数	37 名
制服	あり
土曜授業	あり（第 2 土曜日休み）
昼食	弁当、給食、パン屋、食堂（3 年生以上）から選択
スクールバス	なし
転・編入制度	あり（欠員時／4 年生まで）
復学制度	なし
帰国子女受入	なし

【沿革】
1926 年…大阪府北河内郡門真村（現 門真市）古川橋の仮校舎で第 1 回四條畷高等女学校入学式を挙行
1927 年…校歌（学園歌）を制定
1929 年…本館第 1 期工事竣工
1930 年…テニスコート設置
1936 年…創立 10 周年記念祝賀会
1941 年…幼稚園開園
1947 年…新制四條畷学園中学校開校
1948 年…新制四條畷学園高等学校開校、四條畷学園小学校設立・開校
1950 年…高等学校を男女共学とする
1952 年…高等学校を女子のみとして募集
1960 年…高松宮妃殿下来校
1964 年…短期大学開校
1967 年…創立 40 周年記念 新体育館兼講堂竣工
1976 年…創立 50 周年記念式典挙行
1980 年…室内温水プール竣工
1983 年…総合ホール竣工
1991 年…小学校体育館竣工
1996 年…創立 70 周年記念行事
2005 年…四條畷学園大学開学

【安全対策】
- 校門に警備員を常駐
- テレビドアフォン、オートロックを設置
- 入校の際には「入校許可証」を必ず携帯
- 警備員が校内を巡回
- 校内に防犯カメラ、非常ベルを設置
- IC タグによる登下校情報配信サービス

※掲載内容は発行時の情報となります。最新の情報については学校発表の情報を必ずご確認ください。

■入 試 情 報

●応募状況

募集人数	男女約90名（内部進学者を含む）
志願者数	**2024** 男子46名　女子49名 **2023** 男子46名　女子41名 **2022** 男子51名　女子48名 **2021** 男子52名　女子43名 **2020** 男子57名　女子51名

●考査内容

個別（ペーパー）テスト、集団テスト、こども面接、親子面接

●受験番号

願書受付順

●月齢の考慮

なし

● 2025年度入試日程

願書配布	2024年8月24日〜9月11日 （Web配布）
出願期間	2024年8月25日〜9月11日（Web）
選考	2024年9月19日
合格発表	2024年9月20日（Web）
入学手続き	2024年9月20日〜26日

● 2025年度入試説明会日程

学校説明会	2024年6月1日、8月24日

■諸 費 用

考査料	15,000円
入学時	
入学金	220,000円
年額	
授業料	529,000円
諸会費（PTA会費等）	66,000円

■系 列 校

- ●保育園：四條畷学園保育園
- ●幼稚園：四條畷学園大学附属幼稚園
- ●中学校：四條畷学園中学校
- ●高　校：四條畷学園高等学校
- ●短　大：四條畷学園短期大学
- ●大　学：四條畷学園大学

■主 な 年 間 行 事

4月	入学式、新入生歓迎遠足
5月	春の遠足（1〜3年）、 カントリーステイ（5年）、修学旅行（6年）
6月	自然学校（3・4年）
7月	臨海学校（6年）
8月	オーストラリア生活体験旅行（5・6年希望者）
9月	ハーヴェストステイ（5年）
10月	秋の遠足、芸術鑑賞会、体育会、 ハートグローバル（4・5年）
11月	模型飛行機会、秋まつり、音楽会参観
12月	かけあし月間、にこにこ遠足
1月	美術展
2月	球技大会、表現活動発表会、スキー教室（6年）
3月	卒業お祝い会、卒業式、修了式

■教 育 理 念

「人をつくる」

教育の目的は人をつくることであり、人をつくることは、「徳・知・体」三育の偏らざる実施とその上に立つ品性人格の陶冶に依ってのみ可能です。

●実践躬行

品性人格は、単に知識を身につけるだけではなく、身をもって実際に行うことにより修得されます。

● Manners makes man

礼儀正しい行いを身につけることが、人として成長し、品性人格の備わった人になることにつながります。

■教育のめあて

—真理探究・価値観の練磨・自主性の確立—
考え深く正しい判断のもとに、しっかりした
行動のできる子どもを育てる。

—基礎学力の徹底・研究態度の養成—
たしかな力を身に付け、熱意をもって、しご
とをする子どもを育てる。

—個人の尊重・集団の育成—
つねに伸び伸びと明るく、みんなといっしょ
に伸びようとする子どもを育てる。

—礼儀と品性—
行動を自ら省み、律することのできる子ども
を育てる。

■教育方針

●個性の尊重

個々の人が持つ異なる性格と特色ある才能と
を尊重し、これを画一化することなく、それ
ぞれの天賦の才能を探求し、発揮させます。

●明朗と自主

自分達の未来を信じて、明るく朗らかで、何
事にも自主的、積極的に取り組む人を育てま
す。

●実行から学べ

知識は実践を伴ってこそ価値があることを知
り、「知って行い、行って知った」という過程
を通じて学ぶ人を育てます。

●礼儀と品性

礼儀と礼節を重んじ、自らの教養を磨く、品
性豊かな人を育てます。

■特 色

●好奇心の翼を広げる専門的な教育

英語、コンピュータ、漢字検定と書道、美術、
科学、水泳。

●自由に選べる学び・活動科

「つくる」分野

箸削り、竹とんぼ、竹笛、飯ごう炊さん、お
菓子作りなど

「身体表現」分野

ハートグローバルを授業に導入、人形劇、ビ
デオドラマ作り、舞台劇、リズムダンスなど

「スポーツ」分野

サッカー、バスケット、野球、卓球など

「学び」分野

コンピュータ授業、書道、習熟度に応じた個
別学習など

学校からのメッセージ

本校は、大阪ＪＲ環状線京橋駅から快速で12分、四条畷駅下車１分の距離にあります。谷川が流れ、田畑があり、生駒山系飯盛山の麓という他校にはない恵まれた環境のもと、100年の伝統に育まれた学校です。この環境や伝統を生かし、特色のある教科や行事、豊かな課外活動・教室を行っています。

例えば、本校は『理科』を『科学』として、子ども達は常に実験を通して自然現象の真理を学びます。また『美術』は１人ひとりにやりたい分野やテーマ、道具、材料まで考えさせ制作させる「自主選択の美術」という形態をとっています。

行事もたくさんあります。自然学校、臨海学校、模型飛行機大会、オーストラリア体験学習など。放課後には、学園施設を使った様々な教室、算数国語教室、漢字教室、そろばん教室、水泳教室、音楽教室、英語教室、英語発音訓練教室、お茶お花教室、ダンス教室、囲碁教室、体操教室などがあります。ともに学校内で習えるから便利で安心です。

自主性を伸ばすために、個性を生かし自信を持たせる教育、子ども自身の活動を重んじる教育、みんなで一緒に考えさせる教育を実践し、「豊かな心」を醸成しています。いつでもご来校下さい。

※掲載内容は発行時の情報となります。最新の情報については学校発表の情報を必ずご確認ください。

■望む児童像

子どもたちには、主体性を持った子ども人間に育っていくことを願って教育しています。誰かに何か課題されなければ動けない、何をすればいいのか自分で決められないような人間ではなく、創造的態度を身に付けている人間になってほしいと考えています。その願いあって本校ではいろんな特色ある教育を行っております。

たとえば、美術教育です。本校の美術は子ども中心の授業形態をとり、子どもたち一人ひとりが、することを自ら立案計画し制作していきます。はじめから終わりまですべて自分ですすめていくのですから、教師に教わる美術ではなく、子どもたちが自ら学んでいく美術といえます。そして、自分のやりたい事を選んで意欲的に行動することによって、子どもたちの可能性をどんどんふくらまさせます。いろんな特色ある授業を理解し、楽しんでくれることを私たちは願っています。

受験を控える子どもの心構えとして、子供について、具体的に4つ言います。

●豊かな生活体験のある子ども

たとえば、おとぎ話の読み聞かせや童謡を歌うことを楽しんでいる。

山や川にでかけて、虫や花、草や木など、自然物にできるだけふれさせたり、風やどろんこや水にさわっていっぱい遊んだりしている。美術館や音楽会などにでかける。

●集中力のある子ども

たとえば、ひとの話をしっかりと聞け、物事をしっかり見ることができる。そして、最後まで、できなくてもやってみようとする意欲があり、あきらめないでやりぬく。

●社会性・強調性のある子ども

だれとでも仲良くあそび、良いことと悪いことのけじめがつけられる。そして、優しく思いやりがある。

●自立心のある子ども

つまり、基本的生活習慣が身に付いている。

常日頃からやっておかないとできない。寝る・起きる・服を着替える・トイレをする・食事をする・あいさつをする・くつのひもをむすぶなど、一人できちんとできるかどうか。

このバランスのとれている子どもが小学校に入学した後、力を発揮できると考えます。

親については、四條畷学園小学校のことをしっかりと理解してくれていることが一番大切です。

大阪

けんめいがくいんしょうがっこう
賢明学院小学校

QRコードで学校HPに
アクセスできます。

大阪府堺市堺区霞ケ丘町 4-3-27　☎ 072-241-2657　https://kenmei.jp/elementary/

 カトリック　 共学　 給食　アフタースクール

アクセス
● JR「上野芝」駅より徒歩 13 分
● 南海高野線「堺東」駅よりバス
● 南海バス「霞ケ丘」「南陵通一丁」下車徒歩 3 分

大阪

■ 学 校 情 報

創立年	1960 年（昭和 35 年）
創立者	マリー・リヴィエ
児童数	256 名（1 クラス 15 ～ 30 名）
教員数	36 名（非常勤 6 名を含む）
制服	あり
土曜授業	なし（希望制のオプション授業あり）
給食	あり（希望制）、月 1 回粗食弁当の日 ※基本的なアレルギー対応あり
スクールバス	なし
転・編入制度	あり（テストあり／原則 2 ～ 4 生）
復学制度	あり（転・編入に準ずる）
帰国子女受入	あり（転・編入に準ずる）

【沿革】
1796 年…聖母奉献修道会創立
1948 年…聖母奉献修道会カナダ管区本部から修道女が 4 名来日、日本地区本部を設立
1951 年…賢明学院の前身であるアベノ・カトリック幼稚園設立
1954 年…霞ケ丘カトリック幼稚園設立（現 賢明学院幼稚園）
1955 年…宗教法人より学校法人賢明学院に組織変更
1960 年…賢明学院小学校設立
　　　　　初代校長シスター アドレアン・マリー就任
1966 年…賢明学院中学校設立
1969 年…賢明学院高等学校設立
2007 年…リヴィエホール竣工
2010 年…中学高等学校共学化
2012 年…マリー・リヴィエ列福 30 周年記念ミサ
2014 年…運動場人工芝化・大型コンビネーション遊具完成
2020 年…併設高等学校が関西学院大学の系属校になる

【安全対策】
不審者情報が入った際、また、気象変化などに伴う緊急の集団下校を行う場合なども、通学路に教職員を配置する／警察関係者を招いて、教職員対象の防犯の講習会を実施／警備員による学校内外の警備を日常的に実施／非常災害時の保護者向マニュアル「安全な学校生活のために」という冊子を各家庭に配布、学校と家庭で共通の対応ができるように協力を求めている／緊急の連絡ならびに情報の伝達は「ミマモルメ」を通じ、学校のパソコンから直接保護者の携帯電話に配信するシステムを取り入れている／KENMEI Info（欠席等連絡、文書配布システム）

※掲載内容は発行時の情報となります。最新の情報については学校発表の情報を必ずご確認ください。

■入 試 情 報

●応募状況

募集人数	男女 60 名（内部進学者を含む）	
志願者数	2024	男子 21 名　女子 26 名
	2023	男子 28 名　女子 27 名
	2022	男子 17 名　女子 25 名
	2021	男子 28 名　女子 28 名
	2020	男子 35 名　女子 30 名

●考査内容

行動観察、親子面接、ペーパー（B・Cのみ）

●受験番号

願書受付順

●月齢の考慮　あり

● 2025 年度入試日程

願書配布	Web 出願
出願期間	2024 年 8 月 26 日〜9 月 1 日(A 日程) 2024 年 9 月 21 日〜10 月 1 日(B 日程) 2025 年 1 月 11 日〜21 日（C 日程）
選考	2024 年 9 月 10 日・11 日（A 日程） 2024 年 10 月 12 日（B 日程） 2025 年 1 月 25 日（C 日程）
合格発表 （郵送）	2024 年 9 月 12 日（A 日程） 2024 年 10 月 15 日（B 日程） 2025 年 1 月 28 日（C 日程）
入学手続き	合格通知後約 1 週間

● 2025 年度入試説明会日程

各説明会	ホームページ、SNS で広報
オープンスクール	2024 年 5 月 11 日

※その他、個別学校見学会、個別相談会実施。

■諸 費 用

考査料	20,000 円
入学時	
入学金	200,000 円
年額	
授業料	588,000 円
施設・拡充費	60,000 円
教育充実費	42,000 円

※その他、教材費、保護者会費等が必要。

■系 列 校

●幼稚園：賢明学院幼稚園

●中学校・高校：賢明学院中学高等学校

賢明学院高等学校通信教育課程

※中学高等学校は、関西学院大学系属校です。

■主 な 年 間 行 事

4 月	始業式、入学式、奉献会（保護者会）総会
5 月	避難訓練（火災）、聖母月の集い、遠足
6 月	田植え体験（4 年）、英検準会場、 同窓会総会、体育大会
7 月	終業式
9 月	水泳指導開始、始業式、避難訓練（震災）、 読書感想文コンクール、夏休み作品展、 芸術鑑賞会、修学旅行（6 年）
10 月	宿泊研修（1〜5 年）、稲刈り体験（4 年）、 英検準会場
11 月	創立記念ミサ、全校音楽会
12 月	Natalis（クリスマスの集い）、終業式
1 月	始業式、新成人の集い、図工作品展、 英検準会場
2 月	創立者マリー・リヴィエ帰天記念ミサ、 防犯訓練、TOEFL Primary/Junior
3 月	6 年生を送る会、卒業感謝ミサ、卒業式、 TOEFL スピーキングテスト、修了式、 新入生入学前教育プログラム

■建 学 の 精 神

キリスト教的人間観・世界観と 1 人ひとりの人格を何よりも尊重するマリー・リヴィエの教育精神を継承し、世界の平和と発展に自ら貢献できる人間を育成する。

■校 訓

「祈り、学び、奉仕する」

「祈り」を大切にして、「自ら学ぶ」力を培い、自分の持てる力を人のために使おうとする奉仕の心の醸成をめざし、「よく祈り、よく学び、よく奉仕する子」の育成を使命とする。

■教育目標

　賢明学院は、聖書の中でイエス・キリストが人々に示した理想的な人間像を1人ひとりの中に実現することを教育目標としています。

　理想的な人間像とは、以下のような人間のことです。

①自分の弱さを認める謙虚さを持つ

②絶えず自分の人格の陶冶を心がけること

③不利な事柄もあえて引き受ける寛容を持つ

　本学院では、理想的な社会の実現のために、社会のあらゆる分野でその核となって積極的に他者のために奉仕し、世界の平和のためと発展に貢献できる人間を育成します。

　したがって賢明学院の児童は、「心を尽くし、精神を尽くし、思いを尽くして、あなたの神である主を愛せよ。また隣人をあなた自身のように愛せよ。」（ルカ福音書10：27）というキリストの言葉に基づき、神に対する愛、他人に対する愛、自己に対する愛を学び、実践できる人となることを目指します。

■外国語教育

　1・2年生／40分授業×週2回。少人数クラス指導。ネイティブ教員によるオールイングリッシュ学習。

　3・4年生／40分授業×週2〜3回。少人数クラス指導と1クラス指導を併用。ネイティブ教員を中心として発展させた学習。

　5・6年生／40分授業×週3回。1クラス指導。中高指導経験のある日本人バイリンガル教員による中学英語の先取り学習。

　3〜6年生はTOEFLプライマリーorジュニアのいずれか全員受験。

　希望者は英検3〜5級、TOEFLスピーキングテストを学校で受験可能。スコア実績はホームページに記載。

　英語検定3〜5級準会場受験可能。

■情報教育

　全教室にWi-Fi環境とプロジェクターまたはモニターを設置。学校備品としてタブレットを140台設置。授業内でのプログラミング教育に加えて、課外有料のロボット・プログラミング講座もあり。3〜6年生はタブレットPC（Microsoft Surface）を1人1台所有。

■特色

●隣人愛を重んじるカトリック教育を実践。命の大切さ、友だちの大切さを、宗教と道徳の授業を通じて考える。物事の善し悪しを正しく判断できる教養を、きちんと身に付けることを目指す。

●単なる暗記や入試対策ではなく、「自ら考える力」を身に付けるために、課題に対して考え、話し合い、発表する機会を多用する授業の実践。タブレット機器を使うだけでなく、図書館も利用して、デジタルとアナログの良さを併用した学習を行う。

学校からのメッセージ

「よく祈り、よく学び、自ら奉仕する子」の育成をめざして

　キリスト教の精神に基づいた教育によって、子どもたちの誠実さ、謙虚さ、友愛の心を醸成し、自分の持てる力を使って人のために働こうとする奉仕の精神を養うことが本校の教育の第1使命です。

　そのために、「祈り」を大切にした教育を行っています。「祈り」は、人間を超える大きな力、すなわち神様に支えられていることを実感し誠実に生きようとする心の教育の基本です。ですから、授業、学級指導、行事などすべての学校生活がお祈りに始まりお祈りで終わるものとなっています。子どもたちが、常に神様に見守られている安心感の中で誠実でのびやかな学校生活を送っています。

　このような雰囲気の中で生活することで、自然と感謝の心が育まれ、日々の奉仕活動を通じて進んで自分のできることをしようとする奉仕の心が芽生えてきます。

※掲載内容は発行時の情報となります。最新の情報については学校発表の情報を必ずご確認ください。

大阪

◆賢明学院小学校◆

試験の内容

考査内容	ペーパー（お話の記憶、言語、数量、図形、常識など）、行動観察 ※A日程はノンペーパーテスト
	志願者・保護者面接（考査日当日に実施）
備考	Web出願だが、志望動機（850〜1,000字）を記入した志願書を受験日の2日前までに郵送する必要がある。

試験のポイント

**集団行動での順応性がポイント。
ペーパーでは思考力がカギ！**

日程によって出題の違いはありますが、広範囲に渡り出題されていること、基本的な内容を問うことは共通しています。問題の絵はカラーになっているためわかりやすいでしょう。

考査内容は、ペーパーテスト、行動観察、志願者・保護者面接です。当校のペーパーテストは、幅広い分野の基礎力を付けた上で、過去問題を把握して対策を立てるとよいでしょう。近年は、指示の聞き取り、理科的な知識や社会常識に関する知識に加え、思考力が問われています。

季節や理科の問題が、「お話の記憶」の中で出題されたこともあります。

行動観察は、先生の話をきちんと聞けているか、自分の気持ちを伝えることができるか、片付けなど日々の生活の様子を見る内容です。

A日程ではペーパーがなく、B・C日程においても行動観察、親子面接のウェイトが高いです。

過去の出題例

ペーパーテスト

推理（系列）

それぞれの段の絵を見てください。サイコロの目があるお約束で並んでいます。

空いている四角にはどのサイコロの目が入るでしょうか。サイコロの目の数だけ右の四角の中に○を書いてください。

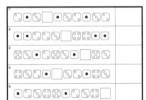

行動観察

ジェスチャーゲーム、しりとり、折り紙、スモックたたみ など

面接の質問例

保護者

・志願理由をお聞かせください。

・カトリック教育についてどのようにお考えですか。

・今の子どもたちに欠けていることは何だと思いますか。

・子育てでうまくいかないことはありますか。

・当校に通学する時、どういった経路を予定していますか。

志願者

・今日はここへどうやって来ましたか。

・1番仲のよいお友だちを教えてください。

・お友だちと何をして遊びますか。

・家族の好きなところを教えてください。

・お休みの日は何をしていますか。

・お手伝いはしていますか。

※このページは弊社発行の学校別問題集の内容に基づいて作成しています。

大阪

はつしば学園小学校
（がくえんしょうがっこう）

大阪府堺市東区西野 194-1 北野田キャンパス　☎ 072-235-6300　https://www.hatsushiba.ed.jp/primary/

 共学
 給食
 アフタースクール
 スクールバス

アクセス
- ●南海高野線「北野田」駅
- ●スクールバスあり

学 校 情 報

創立年	2003 年（平成 15 年）
創立者	柳延胤
児童数	508 名（1 クラス 30 名）
教員数	43 名
制服	あり
土曜授業	第 2・第 4 授業あり（2025 年度より週 5 日制）
給食	あり（アレルギー対応あり）
スクールバス	あり
転・編入制度	あり（4 月転入／新 2〜新 5 年生、9 月転入／2〜4 年生）
復学制度	要相談
帰国子女受入	要相談

【沿革】
2003 年…はつしば学園小学校を開設
　　　　　東留博孝が校長に就任
2005 年…プール竣工
2008 年…緒方雅諭が校長に就任
2010 年…志磨和雄が校長に就任
　　　　　小学校専用グラウンド完成
2012 年…小山久子が校長に就任
2017 年…加藤武志が校長に就任
2023 年…江川順一が校長に就任

大阪初芝学園は、「夢と高い志、挑戦、そして未来創造」を学園の教育理念として、世界で活躍できる「創造的な人材」の育成と教育を通して社会に貢献することをめざし、はつしば学園小学校をはじめ「初芝立命館中学校高等学校」「初芝富田林中学校高等学校」「初芝橋本中学校高等学校」「はつしば学園幼稚園」などを運営する学校法人。平成 20 年には学校法人立命館と提携し、21 世紀を担う人材の育成に力を注ぐ。

【安全対策】
・門の施錠
・校内 16 カ所に監視カメラとマルチサイレンを設置
・校門に警備員が常駐、校内巡視
・全校児童に IC タグを所持、登下校を管理
・希望者には携帯電話所持を許可（事前申請）
・自家用車による送迎可（駐車場あり）

※掲載内容は発行時の情報となります。最新の情報については学校発表の情報を必ずご確認ください。

■入 試 情 報

●応募状況

募集人数	1次　男女 90 名 2・3次　若干名
志願者数	**2024** 男子 48 名　女子 60 名 **2023** 男子 64 名　女子 43 名 **2022** 男子 64 名　女子 45 名 **2021** 男子 64 名　女子 47 名 **2020** 男子 58 名　女子 52 名

●考査内容　知的能力テスト、集団テスト、親子面接

●受験番号　願書受付順

●月齢の考慮　あり

● 2024 年度入試日程（1 次）　※実施済みの日程

願書配布	Web 出願
出願期間	2023 年 7 月 1 日〜8 月 31 日（Web）
選考	2023 年 9 月 20 日
合格発表	2023 年 9 月 21 日
入学手続き	〜 2023 年 9 月 27 日

● 2024 年度入試説明会日程　※実施済みの日程

学校説明会	2023 年 5 月 27 日
オープン スクール	2023 年 6 月 24 日
過去問体験 直前説明会	2023 年 8 月 27 日

■諸 費 用

考査料	20,000 円
入学時	
入学金	200,000 円
総合補償制度保険料	50,000 円
年額	
授業料	590,000 円
教育充実費	50,000 円
英語教育充実費	120,000 円
保護者会費（入会金含む）	16,000 円
学年諸費	30,200 円
児童会費	1,000 円
給食費	112,000 円

※その他、制服・ランドセル代、宿泊行事費等が必要。

■系 列 校

●幼稚園：はつしば学園幼稚園

●中学校・高校：初芝立命館中学校高等学校
　　　　　　　　初芝富田林中学校高等学校
　　　　　　　　初芝橋本高等学校

■主 な 年 間 行 事 （2023 年度）

4 月	入学式、修学旅行（6 年）、学習参観
5 月	運動会
6 月	水泳学習、防災訓練
7 月	図工作品展、個人懇談、宿泊学習（1 〜 5 年）
9 月	英語技能検定（3 〜 5 年）
10 月	ペットボトルロケット体験（3 年）、英語参観
11 月	到達度テスト（1 〜 6 年）、
12 月	音楽発表会、個人懇談
1 月	中学校入試
2 月	到達度テスト（1 〜 5 年）、避難訓練、 卒業旅行（6 年）
3 月	卒業式、修了式

■学 園 理 念

夢と高い志、挑戦、そして未来創造

■建 学 精 神

　本校教育理念のもと、社会に貢献し世界で活躍する創造的な人材の育成をめざす。

■育 て た い 児 童 像

・多様な人々との共生
・協働の道を探求し、社会で活躍できる子ども
・社会の変化に柔軟に対応できる素地を持つ子ども
・人間形成の基盤となる豊かな心を持つ子ども
・夢を抱き、その実現に向けて取り組もうとする知的エネルギーを持つ子ども

■目指す学校像

・受験に対応できる学力を育み、内部進学から難関国私立中学校まで幅広い進路選択が可能な学校
・個性を大切にし、将来社会に出て必要とされるさまざまな力の基礎を育む学校

■教育目標

創造を基盤とする高い学力を養い、強い体と粘り強い心を培い、人間形成の基礎となる豊かな情操を身に付け、未来へ羽ばたく子どもを育成する。

■教育方針

「未来を見据えた、はつ小の学び」

●基礎学力の充実
・グループ・ペア学習…他者を認め、自らをより高いものにしていくため、子どもと教師、子どもと子どもの信頼関係を基盤として、共に学び合い高め合う授業。
・専科制…図工、音楽、英語など、専門の先生が専門性を生かした指導をする。
・習熟度別授業（4年以上）…学年を学力の習熟度別に編成し、効果的な学力向上をめざす。
・中学校進学対策ゼミ授業・放課後ロング学習（3年以上）…中学受験に向けた発展的な授業を実施する。

「時代が必要とする学び」

●真の国際人をめざした国際教育
●科学する心を育てる1年生からの理科教育（はつしばサイエンス）

●ICT機器活用教育
●iPadを活用し「AIを育てる」など新しいテクノロジー教育に取り組む（タブレットをさまざまな場面で効果的に活用）
●学校図書館活用教育

■外国語教育

英語：4技能に対応した教材GrapeSEEDを採用し、1年から週4時間（年間120時間の授業）、1クラスを2分割した少人数クラス、外国人講師によるオールイングリッシュで授業。聞く・話す・読む・書くを発達段階に応じバランスよく習得。到達目標を明確にし評価することによって、着実に英語力をつける。国際教育と連動しグローバル人材を育成する。

■体験学習

・宿泊学習…全学年で、集団での宿泊体験を実施。保護者から離れ、大自然の中で先生や友だちと寝食を共にすることで、自主・自立の精神を養う。
・日本文化に学ぶ体験として、琴の演奏活動（3年以上）に取り組む。他に和太鼓、茶道体験もあり。（講師はいずれも外部専門指導者）

■しつけ教育

他者の存在を意識して、人間形成の基礎となるしつけ教育を進める。
・校内・校外におけるあいさつやマナーの習得。
・自問清掃「がまん清掃」「しんせつ清掃」「みつけ清掃」。

学校からのメッセージ

本校は「きくからはじまるはつ小の学び」を合言葉に、「グループ・ペア学習」を授業の中に取り入れ、子どもと教師、子どもと子どもの信頼関係を基盤とした、共に学び合う授業、聴き合い・高め合える環境づくりをめざしています。子どもたちは、1人では解けない課題や質の高い教材に対し、多様な考えを聴き合い、学び合い、さまざまなアプローチで課題と向き合っています。このような活動を繰り返し行い、将来に夢を抱き、その実現に向けて知的エネルギーを持ち続ける子どもを育てます。

さらに、世界で活躍できるグローバル人材の育成のため、英語科教育の改革・充実をめざします。異なる文化を持つ人との出会いの中で、その違いを認め、"共生"をめざした、英語によるコミュニケーション力を育みます。

※掲載内容は発行時の情報となります。最新の情報については学校発表の情報を必ずご確認ください。

大阪

◆はつしば学園小学校◆

試験の内容

考査内容	ペーパー（お話の記憶、言語、図形、常識など）、制作、行動観察
	保護者・志願者面接（考査日前に実施）

過去の出題例

大阪

ペーパーテスト

推理（ブラックボックス）

上の段を見てください。3種類の箱があります。それぞれの箱に左から○を入れると、右のように出てきます。では、下を見てください。「？」の位置では○はいくつになるでしょうか。その数だけ右側の四角に○を書いてください。

制作テスト

絵画

行動観察

猛獣狩りゲーム、ドミノ

試験のポイント

**幅広い分野での対策学習が必要。
生活巧緻性対策もしっかりと。**

入学試験は、例年、ペーパー、制作、行動観察、親子面接が行われています。

当校のペーパーテストは、出題範囲が広く基礎的な問題から複合的な内容を含んだ問題までさまざまな内容が出題されています。幅広い分野での基礎学習をしっかり行う必要があります。「記憶」「図形」を中心にバランスのよい学習を心がけてください。また「絵画（制作を含んだ発展画）」「見知らぬお友だちとの交流」など、できるだけ早いうちから取り組んでおくことをおすすめします。

「お話の記憶」の問題は、複合問題として出題されることもあります。常識などを含め、季節ごとに学ぶ機会を逃さないように気を配り、言葉がけをしていくとよいでしょう。

面接の質問例

保護者

・学校教育に必要なものとは何だとお考えですか。
・説明会に来られた時の感想をお聞かせください。
・幼稚園（保育園）でのお子さまの様子はいかがですか。

志願者

・家ではどんなお手伝いをしていますか。
・お家の住所・電話番号を言ってください。
・幼稚園でがんばっていることは何ですか。
・名前、幼稚園の名前、組の名前、誕生日を教えてください。
・バスや電車の中でしてはいけないことは何ですか。注意することは何ですか。

※このページは弊社発行の学校別問題集の内容に基づいて作成しています。

四天王寺小学校

<ruby>四<rt>し</rt></ruby><ruby>天<rt>てん</rt></ruby><ruby>王<rt>のう</rt></ruby><ruby>寺<rt>じ</rt></ruby><ruby>小<rt>しょう</rt></ruby><ruby>学<rt>がっ</rt></ruby><ruby>校<rt>こう</rt></ruby>

QRコードで学校HPにアクセスできます。

大阪府藤井寺市春日丘 3-1-78　☎ 072-937-4811　https://www.shitennojigakuen.ed.jp/primary/

 仏教　 共学　 給食　 アフタースクール

大阪

アクセス

●近鉄南大阪線「藤井寺」駅より徒歩3分
　近鉄南大阪線「大阪阿部野橋」駅より準急で約13分

■学校情報

創立年	2009年（平成21年）
創立者	学校法人四天王寺学園
児童数	276名（1クラス30名以下）
教員数	38名（非常勤6名を含む）
制服	あり
土曜授業	あり（午前授業） ※第4土曜日は家庭学習日
給食	あり（土曜日のみ軽食） ※アレルギー対応あり
スクールバス	なし
転・編入制度	あり（1～3年生） ※1年以内に本校の入試を受けていない。 ※転居等のやむをえない事情が認められる。
復学制度	転入試験に合格すること
帰国子女受入	あり（授業を理解できる日本語力があること）

【沿革】
推古天皇元年…聖徳太子が四天王寺敬田院を創設
1922年…天王寺高等女学校（現四天王寺高等学校・中学校）発足
1947年…四天王寺中学校設立
1948年…天王寺高等女学校を四天王寺高等学校と改称
1957年…四天王寺学園女子短期大学設立
1967年…四天王寺女子大学設立。四天王寺学園女子短期大学を四天王寺女子短期大学と改称
1981年…四天王寺女子大学を四天王寺国際仏教大学と改称、四天王寺女子短期大学を四天王寺国際仏教大学短期大学部と改称
1984年…四天王寺国際仏教高等学校・四天王寺国際仏教中学校設立
1990年…四天王寺国際仏教高等学校を四天王寺羽曳丘高等学校と改称。四天王寺国際仏教中学校を四天王寺羽曳丘中学校と改称
2003年…四天王寺国際仏教大学大学院設置
2008年…四天王寺国際仏教大学を四天王寺大学と改称。四天王寺国際仏教大学短期大学部を四天王寺大学短期大学部と改称。四天王寺国際仏教大学大学院を四天王寺大学大学院と改称
2009年…四天王寺学園小学校設立
2014年…四天王寺学園中学校設立
2017年…四天王寺小学校に校名変更。四天王寺学園高等学校設立
2019年…四天王寺羽曳丘高等学校閉校
2020年…四天王寺学園高等学校・中学校を四天王寺東高等学校・中学校と改称

【安全対策】
・登校後は入口を施錠。警備員を24時間配置
・登校時、通学路に教職員が立ち、安全確保や交通指導を実施
・下校時、藤井寺駅まで学級ごとに教員と集団下校（1～3年生）
・教室や校内に非常ベルを設置
・防犯センサーとカメラを設置
・児童は登下校の校門通過時刻をメール配信するICタグを携帯

※掲載内容は発行時の情報となります。最新の情報については学校発表の情報を必ずご確認ください。

■入 試 情 報

●応募状況

募集人数	男女 90 名
志願者数	**2024** 男女 85 名 **2023** 男女 62 名 **2022** 男女 64 名 **2021** 男女 55 名 **2020** 男女 71 名

●考査内容

面接（保護者・志願者）、ペーパー、行動観察、口頭試問

●受験番号

願書受付順

●月齢の考慮

あり

● 2025 年度入試日程

願書配布	Web
出願期間	2024 年 8 月 19 日〜 27 日（A 日程） 2024 年 10 月 21 日〜 11 月 7 日（B 日程） 2025 年 1 月 13 日〜 23 日（C 日程）
選考	2024 年 8 月 29 日〜 9 月 4 日 （A 日程 親子面接） 2024 年 9 月 7 日（A 日程） 2024 年 11 月 9 日（B 日程） 2025 年 1 月 25 日（C 日程）
合格発表 （郵送）	2024 年 9 月 9 日（A 日程） 2024 年 11 月 11 日（B 日程） 2025 年 1 月 25 日（C 日程）
入学手続き	2024 年 9 月 12 日・13 日（A 日程） 2024 年 11 月 14 日・15 日（B 日程） 2025 年 1 月 30 日・31 日（C 日程）

● 2025 年度入試説明会日程

オープン スクール	2024 年 4 月 20 日、6 月 8 日
入試説明会	2024 年 7 月 27 日
学校説明会	2024 年 12 月 14 日、 2025 年 2 月 15 日

■系 列 校

- ●中学校：四天王寺中学校、四天王寺東中学校
- ●高　校：四天王寺高等学校
　　　　　四天王寺東高等学校
- ●短　大：四天王寺大学短期大学部
- ●大　学：四天王寺大学・大学院

■諸 費 用

考査料	20,000 円
入学時	
入学金	250,000 円
教育振興協力費（任意）	100,000 円
制定品、教材・文具等	約 200,000 円
年額	
授業料	636,000 円
教育充実費	120,000 円
後援会費	39,600 円
給食費（概算）	92,000 円

※その他、校外学習費、宿泊学習費等が必要。

■主 な 年 間 行 事

4 月	入学式、始業式、仏誕会、新入生授戒会
5 月	校外学習、授業公開
6 月	運動会、スポーツテスト、プール開き、 ガレリアコンサート、防災訓練（火災）
7 月	七夕集会、終業式、サマースクール
8 月	夏休み
9 月	始業式、授業公開、夏休み作品展、 防災訓練（台風）
10 月	校外学習、授業公開、 なわとび・かけ足タイム（〜 11 月）
11 月	音楽発表会、たいし子どもまつり
12 月	成道会、終業式
1 月	始業式、かるた（百人一首）大会、 防災訓練（地震）
2 月	涅槃会、授業公開週間、視聴覚行事、 親子スポーツ交流会、学園創立記念式典
3 月	卒業生を送る会、卒業式、修了式

大阪

■学 園 訓

一、和を以て貴しとなす

一、四恩に報いよ
　四恩とは、「国の恩」「父母の恩」「世間の恩」「仏の恩」なり

一、誠実を旨とせよ

一、礼儀を正しくせよ

一、健康を重んぜよ

■教 育 の 理 念

　四天王寺小学校では、聖徳太子の仏教精神を礎とし、四天王寺学園の学園訓を継承し、発達段階に合わせた特色ある教育を行い、探究する心を持った子どもたちを育成したいと考えている。そして、「確かな学力」「豊かな心」「たくましい体」と、私たち日本人が古来より大切にしてきた人間にとってかけがえのないものを習得し、“志高く教養豊かな日本の心”を培う教育に取り組む。

■教 育 方 針

一、子どもたちの力を引き出す
　単に知識だけを詰め込む授業ではなく、「なぜ？」「もっと知ってみたい！」という子どもたちの力を引き出す探究型授業を行う。そして、たくましい体をつくるため、体育の授業

の他に中休みを利用した「パワーアップタイム」を実施している。また、小学校専用体育館も校内に設置し、天然芝のグラウンドとあわせ学習環境の整備を行っている。

一、確かな学力の育成
　低学年から「読み・書き・計算」などの基礎・基本の定着を図るために、国語や算数などの教科の授業時数を十分確保（週6日制）して指導するとともに、発展的な内容を取り扱っている。さらにモジュールタイムを設け、朝と昼にそれぞれ英語と読書に取り組んでいる。

一、豊かな心の涵養
　子どもたちに仏教を通した心の教育を実践している。本校は、聖徳太子の仏教精神に則り、学校教育を行うことを目的とする小学校である。生命を大切にし、他人を思いやる心、感謝の気持ちなど、豊かな人間性を培うため、低学年の児童にも親しみやすい仏教教材の活用、朝の礼拝や講話「ともいきタイム」、あいさつや授業のはじめの瞑想など身近なことから実践している。

一、日本人が大切にしてきたものを継承する
　古来より私たち日本人が大切にしてきたものを、これからの時代を担う子どもたちが受け継いでいけるよう指導している。特に日本の礼儀や儀式作法、伝統文化等を大切にし、子どもたちの成長に合わせて指導している。

校長先生からのメッセージ

　四天王寺小学校は、聖徳太子の「利他と和」の精神をバックボーンとする小学校では、豊かな宗教的情操を根本にする人間教育を基本に、高い志を目指す確かな学力と健やかな体を育てます。発達段階に応じたきめ細やかな指導を通して、お子さまの大切な児童期を支えます。

　人と人とのふれあいを大切にし、お互いを信じ自分を見つめることにより、学びや体験が重なり合い成長します。どんなことにも関心を持って幼児期を過ごしてきた子どもたちは、身近な人々や暮らしを見つめながら、いつしか関心の高まりは自然や社会へと限りなく広がっていきます。

　少子高齢化や地球環境の変化等、かつて私たちが経験したことのない社会がやがて訪れます。世界的な規模で、高度な情報化やAI(人工知能)の進化、グローバル化の形成など、未来社会を築かんとする挑戦が続けられています。四天王寺小学校での六年間は、自ら進んで広く働きかけ考えようとする能動的な学びを重視し、また、社会の変化を敏感に捉えながら、独自の学習を展開していきます。人々と世の中のために手を携えて進んでいこうとする心の育ちと課題に対して、自ら探求していく学びによって、未来を生き抜く力が培われると考えています。「『入学してよかった』『安心して通える』『毎日が楽しい』と感じていただける学校づくりを進めよう！」これが私たちの合言葉です。

※掲載内容は発行時の情報となります。最新の情報については学校発表の情報を必ずご確認ください。

◆四天王寺小学校◆

試験の内容

考査内容	ペーパー（お話の記憶、言語、数量、図形、常識、推理など）、口頭試問、行動観察（個別）
	志願者・保護者面接（考査日前に実施）
備考	2021年度入試では、集団面接は実施されず、先生と志願者でのゲーム（行動観察）が行われた。

過去の出題例

ペーパーテスト

巧緻性

①見本と同じようにクーピーペンで色を塗りましょう。点線の部分は線をなぞってくださ

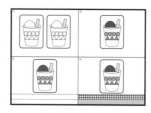

い。間違えてしまった時は、右の絵でやり直してください。

②周りの太くて黒い線をハサミで切ってください。

③切り取った絵を紙にのりで貼ってください。

④線に沿って紙を折ってください。

行動観察

ブロックタワー作り

試験のポイント

学力の「のびしろ」を観る入試。
「対話型入試」は思考が観点。

2016年度より「対話型入試」という新しい試験形式が導入されました。一般入試とは別に、口頭試問と集団面接（行動観察）という形式で行われています。単に正解・不正解という結果を見るのではなく、思考のプロセスまで観られているものなので、より深い基礎理解が必要とされます。

一般入試では、考査日前の親子面接に始まり、ペーパー、口頭試問、集団面接が行われました。ペーパーテストは、「お話の記憶」「数量」「推理」「言語」などが出題され、入試傾向に大きな変化はありませんでした。集団面接でも例年同様、20名程度のグループでゲームを行いました（2021年度入試では実施せず）。

形式は異なりますが、「対話型入試」「一般入試」ともに、入学後の「のびしろ」が観点となっていることは共通しています。言語への理解、思考力、想像力、そして協調性と自発性。受験のための学習ではなく、総合的な人間力の育成が重要だと言えます。

「対話型入試」では、お誕生日や好きな食べものについてなど、簡単な口頭試問とは別に個別テストが実施されます。ペーパーでは解ける数量の問題や推理思考の問題も、口頭となるとふだんの力を出しづらいものです。「対話型」であっても、ペーパー学習は怠らず、より深い基礎理解を定着させましょう。

面接の質問例

保護者

・通学方法を説明してください。

・志願理由をお話しください。

・ご家庭の教育方針についてお話しください。

・お子さまの長所と短所をお話しください。

・幼稚園（保育園）でのお子さまの様子はいかがですか。

志願者

・名前、幼稚園名を教えてください。

・電車の中でどんなことに気を付けますか。

・ピクニックに行ってお弁当を食べる時、してはいけないことは何ですか。

・お父さま、お母さまに何をプレゼントしたいですか。

※このページは弊社発行の学校別問題集の内容に基づいて作成しています。

近畿大学附属小学校　児童作品

兵庫県

あいとくがくえんしょうがっこう

愛徳学園小学校

QRコードで学校HPに
アクセスできます。

兵庫県神戸市垂水区歌敷山 3-6-49　☎ 078-708-5353　http://www.aitokugakuen.ed.jp/el/

アクセス

● 山陽電鉄「霞ヶ丘」駅から北へ 800m
● ＪＲ「舞子」駅から約 1 km
● ＪＲ「垂水」駅よりバス「愛徳学園前」下車
● スクールバスあり

■ 学 校 情 報

創立年	1954 年（昭和 29 年）
創立者	愛徳カルメル修道会
児童数	90 名
教員数	21 名（非常勤 8 名を含む）
制服	あり
土曜授業	なし（年数回登校日あり）
給食	あり
スクールバス	あり
転・編入制度	随時相談（1 ～ 6 年生）
復学制度	応相談
帰国子女受入	随時相談

【沿革】
1949 年…スペインより 6 人の宣教女が来日
1951 年…幼稚園創立（当初ホアキナ愛児園のち愛徳幼
　　　　　稚園と改称）
1954 年…カルメル学園小学校創立
1955 年…愛徳学園小学校に改称
1959 年…愛徳学園中学校創立
1962 年…愛徳学園高等学校創立
1984 年…学園創立 30 周年
2004 年…学園創立 50 周年
2011 年…小学校校舎耐震工事完了
2014 年…学園創立 60 周年
2019 年…学園創立 65 周年
2024 年…学園創立 70 周年

【安全対策】
・教職員による登下校指導
・保護者・来校者には入校証を着用
・保護者への緊急連絡用として BLEND を利用
・オートロック式の電気錠
・防犯カメラ設置
・希望者には携帯電話所持を許可

※掲載内容は発行時の情報となります。最新の情報については学校発表の情報を必ずご確認ください。

■入 試 情 報

●応募状況

募集人数	女子 40 名
志願者数	2024 非公表 2023 非公表 2022 非公表 2021 非公表 2020 非公表

●考査内容

ペーパー、行動観察、面接（保護者）

●受験番号

Web 願書受付順

●月齢の考慮

なし

● 2025 年度入試日程

願書配布 （Web）	2024 年 5 月 18 日〜
出願期間 （Web）	2024 年 7 月 27 日〜 8 月 7 日 （A・B日程） 2024 年 12 月 9 日〜 20 日（C 日程）
選考	2024 年 9 月 7 日（A 日程） 2024 年 9 月 11 日（B 日程） 2024 年 12 月 21 日（C 日程）
合格発表 （Web）	2024 年 9 月 7 日（A 日程） 2024 年 9 月 11 日（B 日程） 2024 年 12 月 21 日（C 日程）
入学手続き	募集要項と HP にて確認

● 2025 年度入試説明会日程

学校説明会	2024 年 5 月 18 日、11 月 9 日
学校見学会	2024 年 6 月 15 日
ワークショップ	2024 年 7 月 20 日

※すべて要予約

■系 列 校

● 幼稚園：愛徳幼稚園

● 中学校：愛徳学園中学校

● 高　校：愛徳学園高等学校

■諸 費 用

考査料	20,000 円
入学時	
入学金	230,000 円
施設費	80,000 円
協力費	50,000 円
保護者会入会費	5,000 円
年額	
授業料	276,000 円
設備維持費	60,000 円
教育充実費	60,000 円
給食費	78,000 円

■主 な 年 間 行 事

4 月	始業式、入学式、遠足
5 月	聖母の集い、 愛徳 SMILE project
6 月	水泳教室
7 月	個別懇談、大掃除、終業式、夏休み、 宿泊研修（3・4・5 年）
8 月	夏休み、登校日、始業式、身体測定
9 月	授業参観、講演会、体育大会、作品展
10 月	進学説明会、愛徳 SMILE project、修学旅行、 遠足（1 〜 5 年）
11 月	学校説明会、七五三（1 年）、学習発表会
12 月	個別懇談、クリスマス会、大掃除、終業式、 冬休み
1 月	始業式、書き初め展、震災セレモニー
2 月	授業参観、一日入学（新 1 年生）、 愛徳 SMILE project
3 月	感謝のミサ、一日静修（6 年）、卒業式、 大掃除、修業式

■校 訓

- ●気高く…神に向かう子ども
  　　　　　自然や崇高なものに対する謙虚な心
  - ・祈れる子　　　・感謝できる子
  - ・よろこべる子　・感動できる子
- ●強く…たくましい子ども
  　　　　すべてに努力しやり遂げる心
  - ・勤勉な子　　　・すすんで働ける子
  - ・奉仕のできる子　・がまん強い子
  - ・善悪を判断し実行できる子
- ●愛深く…思いやりのある子ども
  　　　　　自他を大切にする心
  - ・明るく素直な子　・ゆるし、助け合う子
  - ・お互いを受けとめられる子
  - ・礼儀をわきまえる子

■建 学 の 精 神

キリスト教的な愛の精神を土台とし、創立者聖女ホアキナの教育理念に従い、神と隣人への愛に生き、明るく、素直で勤労を尊ぶ心身ともに健康な児童の育成に当たる。

■教 育 の 3 本 柱

- ●宗教的全人教育…愛し祈り学ぶ喜び
  「福音の心」「創立者の精神」に立脚する
  カトリックミッションスクール
- ○児童・生徒の心に人智を超えた "大いなる方" への畏敬の念と祈る心を育む。
- ○日々の生活の中で、優しさと思いやりの心を形にして実践し生きることを励まし勧める。
- ○ありのままの私を受けとめ、見守り愛してくださる方のもとでの "感謝と祈り" の学園生活。"愛されている私" に気づき、開かれた心と喜びをもって他者を愛し、しっかり学ぶ児童・生徒をていねいに指導する。
- ●小中高一貫女子教育…今だからこそ、女子教育
  一貫した全人教育であること…
- ○心の教育と学習指導の両立を図り、バランスのとれた人間形成を目指す。
- ○広い視野を持って学び、他者への奉仕に生きる人間を育てる。

一貫した女子教育であること…
- ○祈りのうちに "いのち" を育む、逞しい女性を育てる。
- ○自立し、世界に目を開くことのできる女性を育てる。
- ○母としてあたたかく、こまやかな愛情を注いだ創立者・聖女ホアキナ。将来、女性として逞しく生きる人となるためにも、真の自立が求められている今、おおらかで優しい心、自治の力、開かれた広い視野を育む。
- ●少人数制教育…1人ひとりを大切に
  厳しさと優しさを兼ね備えた家庭的な雰囲気を大切にする。
- ○1人ひとりを名前で呼び、ていねいに関わる。
- ○児童・生徒1人ひとりに活躍の場を保証する。
- ○少人数だからこそできること。
- ○1人ひとりが学園を創りあげる主人公である。

■学年担任制と教科担任制

国語・算数・理科・社会などは、学年担任が授業を行い、音楽・図工・体育・英語・宗教・習字などは、創立時より専科の教師が指導にあたる「教科担任制」を取り入れている。また、1人ひとりの子どもを担任と教科担任など多くの教師が見守り育む教育を実践。

■世界とつながる外国語教育

「Think in English Speak in English」
「自分の思いを英語で考え、英語で伝える力」を育む英語教育。
創立以来60余年にわたり蓄積してきた英語教育のノウハウを礎とし、6年前より1年生から「GrapeSEED」を使った先進的な英語学習を週4時間実践している。
「GrapeSEED」は、英語を第2言語として学ぶ子供たちのために開発されたバイリンガル教育のカリキュラムとなっている。母語を覚えるような自然なアプローチで4技能（聞く・話す・読む・書く）を伸ばし、「自分の思いを伝えられるコミュニケーション英語学習」に取り組んでいる。

※掲載内容は発行時の情報となります。最新の情報については学校発表の情報を必ずご確認ください。

○1・2年生

　子どもの特有の音を正確に聞き分ける力を活かし、聞く学習、きれいに発音する学習に注力。

○3・4年生

　楽しくクオリティの高い教材を用いて、自分の思いや考えを英語で伝える素地を育成。

○5・6年生

　自分の思いを伝える力を身につけるとともに、異文化理解や国際的視野を育む。

■学びのプロジェクト

　未来につながる3つの力 - 「考える力」「伝える力」「やりぬく力」を伸ばすカリキュラムを展開。日々の授業は、算数における同室複数授業や、音楽・図工・体育・英語・宗教・習字・高学年の理科などを教科担任が行っており、基礎から発展まで専門性の高い教育を受けることができる。また、日記や書くことやその指導を通して、表現することや、相手に自分の思いを伝えることができるようサポートするとともに、一人ひとりの行動や、その奥にある考えを理解していく。ICT教育にも力を入れ、1年生からプログラミング学習を実施。早期に各教室に電子黒板機能搭載プロジェクターを完備し、すべての教科でタブレット端末を活用している。また、全学年を6班に分けて縦割り班活動をするなど多彩な体験活動で、一つの目標に向かって協力し合い、やり遂げる姿勢を育てる。

■心の教育

　日々の生活の中で、やさしさと思いやりの心を形にして実践できるよう、励まし進める。

　ありのままの私を受け止め、見守り愛してくださる方のもとでの【感謝と祈り】の学園生活。【愛されている私】に気づき、開かれた心と喜びをもって、他者を愛し、しっかり学ぶ児童を育てる。

　「思い」「言葉」「行い」をキーワードに人格の核を偏りなく育む。少人数による一人ひとりを大切にした教育と他者を思いやる姿勢を育

て、その姿勢を、自然に行動やことばで表現でき、「形」として表すことができるように導く。

■12年一貫教育

　未来を見通し、他者とともに豊かな人生を歩むために必要な能力・人間力を育む、12年一貫の全人教育を実践。

　中・高のオリジナルのライフキャリア教育プログラム「Rainbow Program」で「7つの力」を育む。安心感をもって過ごせる少人数ならではのアッとホームな雰囲気のもと、人間力を培う全人教育を軸に、異文化理解に欠かせない自国への理解を深めることにつながる国語教育、グローバル社会に対応した英語教育などを着実に積み重ねる教育で、未来を切り拓く女性を育てる。

須磨浦小学校

QRコードで学校HPに
アクセスできます。

兵庫県神戸市須磨区千守町 2-1-13　☎ 078-731-0349　http://www.sumaura.ed.jp

 共学　 給食　 アフタースクール

アクセス

● JR「須磨」駅より徒歩7分
● 山陽電鉄「山陽須磨」駅より徒歩7分

兵庫

■学 校 情 報

		【沿革】
創立年	1902 年（明治 35 年）	日本が欧米先進国に追いつこうと懸命な努力を重ねていた 1902 年、子どもの教育の重要性を痛感した神戸の教育・財界のリーダー7 人は、理想の幼小教育をめざして須磨浦尋常小学校を創設しました。
創立者	廣瀬幸平、河上謹一、川﨑芳太郎、田中太七郎、鳴瀧幸恭、芝川又右衛門、廣瀬満正	
児童数	168 名（1 クラス 36 名／定員）	知識の習得を第一にした「知・徳・体」が国家の方針であった当時、体づくりを最も重視した「体・徳・知」の教育方針は画期的なものでした。緑の山と青い海に囲まれた環境の良さから「別荘学校」とも呼ばれ、明治の昔から独自の教育方針を持つ「別格の小学校」として有名でした。
教員数	22 名（非常勤 6 名を含む）	
制服	なし（男子のみ制帽あり）	
土曜授業	なし（年 6 日程度登校日あり）	1918 年に設置された附属幼稚園と共に、幼小 9 年間の一貫教育を行う兵庫県で最も歴史のある私立小学校として独自の地位を築いてきました。1951 年に学校法人須磨浦学園となり、今年で創立 122 年を迎えます。
給食	あり（校内調理）※アレルギー対応あり	
スクールバス	なし	【安全対策】・集団下校・警察官による安全指導・保護者と通学路点検・警備員による・安全見守り・緊急時メール一斉配信・ミマモルメ登下校配信
転・編入制度	あり（1 〜 5 年生）	
復学制度	あり（やむを得ない事情がある場合）	
帰国子女受入	あり（日本語でコミュニケーションができること）	

※掲載内容は発行時の情報となります。最新の情報については学校発表の情報を必ずご確認ください。

■入 試 情 報

●応募状況

募集人数	男女 36 名（内部進学者を含む）
志願者数	**2024** 男子 8 名　女子 11 名 **2023** 男子 26 名　女子 12 名 **2022** 男子 18 名　女子 9 名 **2021** 男子 20 名　女子 18 名 **2020** 男子 28 名　女子 15 名

●考査内容

口頭試問、行動観察、運動、面接（保護者・志願者）、面接（志願者）

●受験番号

願書受付順

●月齢の考慮

なし

● 2025 年度入試日程

願書配布	2024 年 4 月 20 日〜（窓口・郵送）
出願期間 （窓口持参）	2024 年 4 月 20 日〜 8 月 22 日（A日程） 2023 年 9 月 17 日〜 26 日（B日程）
選考	2024 年 9 月 7 日（A日程） 2024 年 10 月 1 日（B日程）
合格発表	試験日即日（発送）
入学手続き	2024 年 9 月 17 日〜 24 日（A日程） 2024 年 10 月 2 日〜 10 日（B日程）

● 2025 年度入試説明会日程

学校説明会	2024 年 4 月 20 日
オープンスクール	2024 年 5 月 11 日
学校公開ウィーク	2024 年 6 月 3 日〜 14 日
入試説明会	2024 年 7 月 25 日・27 日

系 列 校

■幼稚園：幼稚園型認定こども園 須磨浦幼稚園

■諸 費 用 （2024 年度）

考査料	20,000 円
入学時	
入学金	400,000 円
教育振興費	200,000 円
施設充実費（一口）	200,000 円
入学に伴う費用 （学用品等）	50,000 円
年額	
授業料	348,000 円
施設設備費	324,000 円
給食費	105,600 円
その他（学級費等）	204,000 円

■主 な 年 間 行 事

4月	始業式、入学式、全校授業参観、歓迎遠足、学校説明会
5月	宿泊訓練 1 泊 2 日（1・2 年）、オープンスクール、学園運動会
6月	避難訓練、学園運動会、学校公開ウィーク（学校説明会と授業公開）、国際交流プログラム（受け入れ）、園遊会
7月	個人懇談会、終業式、余島サマースクール 2 泊 3 日（4・5 年）、夏期補習（前期）、入試説明会
8月	夏期補習（後期）、始業式、夏休み作品展、新 1 年親子面接
9月	水泳学習、新 1 年入学テスト、作陶（6 年）
10月	創立記念日（5 日）、秋の遠足、学校公開ウィーク（学校説明会と授業公開）
11月	避難訓練、全校茶道教室、父母の会講演会、学校公開ウィーク（学校説明会と授業公開）、学園音楽会
12月	個人懇談会、終業式、冬期補習
1月	始業式、校内書初展、防災学習（17 日）、耐寒駆け足、美方高原ウィンタースクール 1 泊 2 日（3 年）、新 1 年一日入学、学校説明会
2月	日曜参観、学園作品展、スケート教室、国際交流プログラム（アメリカ訪問）、修学旅行 2 泊 3 日（6 年）、さよなら遠足
3月	児童送別会、卒業式、終業式

※生活科校外学習（2 年）/ 年 2 回、環境体験学習（3 年）/ 年 3 回、社会科見学（5 年）/ 年 1 回等あり。

兵庫

■建学の精神

①たくましい身体と心を持った子どもを育てる。

②他者への思いやり、社会の一員としての自覚を持った子どもを育てる。

③豊かな感性を持ち、自ら学ぶ意欲を持った子どもを育てる。

④１人ひとりの能力を引き出し、個性豊かな子どもを育てる。

⑤忍耐力と誇り高き精神を持った子どもを育てる。

■校訓

・からだを丈夫にせよ

・よく学び　よく努めよ

・辛抱強くあれ

・正直にして　親切であれ

・言語・動作を上品にせよ

・自分のことは自分でせよ

■須磨浦精神

「体育、徳育、知育のバランスのとれた教育」どんなに優秀でも、健康でなければ社会に貢献することはできない。体づくりはすべての基本である。本校は、小学校では数少ない体育専科教員を置き、「体育」に力を注いでいる。兵庫県の私学では唯一、自校調理の完全給食を実施しているのもそのためである。

現代社会をたくましく生き抜く「精神力」の軸となる「徳育」にも努めている。「知育」では、英語やコンピュータに早くから取り組み、少人数教育ならではの個別指導を徹底している。

■教育内容

基礎学力となる読書、作文、計算は徹底的に鍛えている。創立以来の１学年１学級制による少人数教育の利点を生かし、１年生から全校児童が授業内容をもれなく理解できるように、公立校より大幅に授業時数を増やしている。そして、何よりも大切な自ら学ぶ意欲を引き出している。また、私立中学校入試に向けて、６年生の国語、算数、理科は、馬渕教室の講師と本校教諭のコラボ授業を行っている。

■個性・才能

１人ひとりの個性や才能を引き出し、伸ばしている。１年生から６年生まで、音楽、図工、体育は、専任の教員が指導する。英語と習字は、専門の講師が指導に当たる。それぞれにオリジナリティーあふれる楽しいプログラムを工夫しながら用意している。子どもたちは無限の可能性を秘め、指導次第で思いもかけない伸び方をする。

校長先生からのメッセージ

須磨浦小学校は1902年創立の兵庫県最古の私立小学校です。「体・徳・知」の３本柱を教育方針として、健康・体力、豊かな人間性、基礎学力のバランスのとれた人間教育をめざしています。

・先生のお話が聞ける子ども

・友だちの発表が聞ける子ども

・自分の考えをしっかりと言える子ども

これらの３つの観点をもとに、日々教育に取り組んでいます。

小学校時代は人間形成にとって大変重要な時期です。小学校で学んだことや経験したこと、先生の一言、友との交わりがその後の人生を大きく左右することも少なくありません。本校は創立以来、１学年１学級を守り続け、少人数教育を推し進めてきました。明るく自由な雰囲気の中で、きめ細やかな指導と助言を繰り返し行い、児童一人ひとりの個性を見出し、未来を切り開く資質を育んでいます。

児童は、教室での学習にとどまらず、６年間を通して四季折々の様々な行事で、実感を伴った豊かな経験を味わっています。その学内外の諸行事や活動への参加を通じて、それぞれが違う能力と個性を持つ者として認め合い、助け合い、さらに互いを高め合っています。

本校の校訓にある「自分のことは自分でせよ」これを日々実践した卒業生は、国内だけにとどまらず、世界各国で政治・経済・芸術・教育などの多方面で活躍しています。

創立から120年を迎え、蓄積された伝統だけにとどまらず、さらに教育力を発展させ、子どもたちが未来へはばたくための基盤をしっかり身に付けていけるように、育てていきたいと考えています。

校長　岩渕正文

※掲載内容は発行時の情報となります。最新の情報については学校発表の情報を必ずご確認ください。

《参考資料》

領収書

須磨浦小学校
（令和　年度入学）
入学テスト受験票

受験番号　※
志願者氏名　※

領　収　書

￥20,000-

ただし、令和　年度
入学テスト受験料として

上記の金額を領収しました。

令和　年　月　日

学校法人　須磨浦学園

親子面接
日時　　月　日（　）　～　：

入学願書

小学校

学校法人　須磨浦小学校入学願書（令和　年度入学）
須磨浦学園

貴校に入学させたいので、次のとおり出願します。

令和　年　月　日受付
受験番号　※

志願者	フリガナ		
	氏名		
	生年月日	平成　年　月　日	性別　男・女
	住所	〒　－	

保護者	フリガナ	
	氏名	（父）（母）
	電話番号	自宅（　）　－　　携帯（　）　－

写真
パスポートサイズ
（縦45㎜×横35㎜）
上半身3ヶ月以内に
撮影のもの

在籍幼稚園等
施設名（所有者：父・母）
幼稚園・保育園・保育所・インターナショナル
→令和　年　月修了見込
（1・2・3）年保育　※
所在地　〒　－
電話番号（　）　－

本学園在籍	年・組	氏名	性別　男・女
の兄弟姉妹	年・組	氏名	性別　男・女

＜参考＞本校をお知りになったきっかけについて、下記の項目に○印と必要事項のご記入をお願いします。
1　ホームページ・情報誌等の名称（リビング新聞・クルール・ぷらっと・その他：
2　知人の紹介（紹介者：
3　卒業生、在校生の紹介（紹介者：
4　幼稚園、保育園、幼児教室等の紹介（紹介者：
5　説明会等（関西私立小学校展・兵庫県私立小学校相談会・その他：
6　その他（

親子面接
日時　　月　日（　）　～　：　※

①入学願書の太枠内のみご記入ください。※欄の記入は不要です。
②入学願書に記載された氏名・住所等の個人情報は、本学園における
入学関係の手続き、連絡等のみに利用します。

神戸海星女子学院小学校

こうべかいせいじょしがくいんしょうがっこう

兵庫県神戸市灘区青谷町 2-7-1　☎ 078-801-5111　https://www.kobekaisei.ed.jp/elem/

アクセス

●阪急「王子公園」駅、ＪＲ「灘」駅より徒歩 10 〜 13 分
●バス「青谷」下車

兵庫

■学 校 情 報

創立年	1951 年（昭和 26 年）
創立者	マリアの宣教者フランシスコ修道会 マリー・ムスチェ・ド・カンシー
児童数	294 名（1 クラス 25 名）
教員数	28 名（講師 9 名を含む）
制服	あり
土曜授業	なし（年 3 〜 4 回登校日あり）
給食	なし
スクールバス	なし
転・編入制度	あり（現 1 〜 3 年生／欠員時）
復学制度	あり（6 年生 2 学期までに復学）
帰国子女受入	なし

【沿革】
1951 年…神戸海星女子学院を設立
　　　　　現在地に小学校・中学校・高等学校移転
1973 年…小学校新校舎落成
　　　　　室内温水プール完成
1975 年…設立 25 周年記念式典
2000 年…創立 50 周年記念式典
2001 年…メディアルーム完成
2009 年…耐震工事
　　　　　1 学年 2 クラスへの改修
2017 年…全教室に電子黒板導入
2020 年…校務システム導入

【安全対策】
・正門にガードマン常駐、警備
・門近くにビデオカメラ設置、人の出入りを監視
・登下校メールサービス
・ガードマンが定期的に校内を巡視
・門の施錠

※掲載内容は発行時の情報となります。最新の情報については学校発表の情報を必ずご確認ください。

■入試情報

●応募状況

募集人数	女子 50 名
志願者数	2024 女子 63 名 2023 女子 55 名 2022 女子 67 名 2021 女子 67 名 2020 女子 58 名

●考査内容

ペーパー、行動観察、制作、運動、面接（保護者・志願者）

●受験番号

願書受付順

●月齢の考慮

非公表

● 2024 年度入試日程　※実施済みの日程

願書配布	2023 年 5 月 25 日〜8 月 4 日
出願期間	2023 年 8 月 15 日〜18 日(消印有効)
選考	2023 年 9 月 9 日
合格発表	2023 年 9 月 10 日（発送）
入学手続き	2023 年 9 月 16 日

● 2024 年度入試説明会日程　※実施済みの日程

学校説明会	2023 年 5 月 27 日、6 月 24 日

■諸費用

考査料	20,000 円
入学時	
入学金	400,000 円
制服・指定用品	約 119,000 円
月額	
授業料	55,000 円
児童教材費	2,000 円
合宿・修学旅行など 積立金	1,000 円
父母の会費	300 円

■系列校

●幼稚園：神戸海星女子学院マリア幼稚園

●中学校：神戸海星女子学院中学校

●高　校：神戸海星女子学院高等学校

●大　学：神戸海星女子学院大学

■主な年間行事

4 月	入学式、健康診断、春の遠足（1 年歓迎会）
5 月	マリア様をたたえる会、水泳開始、校外合宿（4 年）
6 月	日曜授業参観、校外合宿（3 年）、陸上記録会（5・6 年）
7 月	補習授業（4〜6 年）、水泳教室（1 年）、学校合宿（2 年）、水泳強化練習（4〜6 年）
8 月	ニュージーランド語学研修、水泳強化練習（4〜6 年）、西日本私小連水泳記録会
9 月	夏休み作品展、施設訪問（5 年）、授業参観
10 月	運動会
11 月	学芸会
12 月	創立記念ミサ、クリスマス会
1 月	参観週間、図工作品展示会、スキー合宿（5 年）
2 月	修学旅行（6 年）、マラソン大会
3 月	感謝のミサ、卒業式、カナダ交流プログラム

■教育理念

キリストの愛の精神を基盤として個性を大切にし、一貫した全人的教育で人格の完成をめざす。

■☆（ほし）の子教育

キリスト教精神に基づいてマリア様の生き方に学び、自らの個性・能力を生かして社会の中で光りかがやく女子の育成を行う。

●奉仕・思いやりの心

●豊かな人間関係

●深い思考力

●確かな知識

●正しい生活習慣

■目指す子ども像

・人のために行動できる子ども
・よく考え工夫する子ども
・ルール・マナーを守る子ども
・人を大切にする子ども
・知りたいことを追究する子ども

■教育方針

　キリスト教精神に基づいて、知的・情的・意志的に調和した円満な人格を形成し、人と社会に奉仕し得る有能な人間形成をめざす。
●真理である神に向かい、愛である神に触れることにより、各自の存在意義を自覚させ、主体的・個性的な人格形成に努め、人間の真の幸福の実現を図る。
●人格的な交わりと真摯な学習により思考力を深め、判断力を高め、情操を豊かにし、向上心を強め、世界的視野を持った有能な社会人の育成に努める。
●誠実に生き、人生を明るく肯定しつつ力強く生きぬく女性を涵養し、喜びと奉仕の精神のもとに他人の幸福に寄与し、よき家庭人として平和な社会の建設に尽くす女性を育成する。

■英語教育

　ネイティブの英語教員と日本人英語専科と学級担任の3人体制で、週に3時間英語の授業を行う。コミュニケーションの学習では、様々な場面を想定した英単語、フレーズを学習していき、「使える英語」を身に付けさせる。

■ICT教育

　児童全員にiPadを貸与し、授業では学習アプリを使用しての協働学習や情報の活用に生かし、非常時にはオンライン授業を行う。

■特色

「宗教教育」「福祉教育」「国際教育」

　真理と向き合う貴重な時間をはじめ、外国語の習得とグローバルな視野を育みながら、国際感覚を身に付けること。また、人と人とが助け合うことでその存在の意義を実感できる奉仕の精神など、豊かな心の育成に欠かせないテーマを教育に取り入れている。子どもたちそれぞれの可能性を導き出すことで、新たな時代を自分らしく生き抜く力を育んでいく。

■目指す学校像

・伝統を重んじ誇りを持てる学校
・規律ある学校
・安全で安心な学校
・学びのある学校

■目指す教師像

・子どもの心を理解し子どもとよくふれあう教師
・自らを鍛える教師
・ともに学び合う教師
・ともに感動する教師

兵庫

学校からのメッセージ

　本校は幼稚園から大学までのカトリック一貫教育を行っています。旧約聖書のコヘレトの言葉に「若いときにあなたの創造主を覚えなさい」とありますが、この言葉を原点として全人教育を行います。人間は神様によって愛されて存在していること、お互いにかけがえのない、大切なものであることを、具体的な行動や生活習慣の中で教えています。生活面では言葉遣いや挨拶などを徹底すること、心の面では、他に対する思いやりを持てるように祈る心を育てることを基本としています。中学への一貫性のもとでゆとりを大切にし、明るくのびのびと育つことを願っています。学習に対しても、学校生活に対しても「考える力」を養うことによって「生きる力」を身につけることが出来ます。少人数クラス（25人まで）で1人ひとりをしっかり指導すると共に、1年生から6年生までの縦での活動を通して、リーダーシップを培います。家庭的な雰囲気を大切にし、保護者との緊密な連携と協力のもとで教育しています。

※掲載内容は発行時の情報となります。最新の情報については学校発表の情報を必ずご確認ください。

◆神戸海星女子学院小学校◆

試験の内容

考査内容	ペーパー（お話の記憶、数量、推理、図形、言語、常識など）、行動観察、制作（絵画）、運動
	保護者・志願者面接（考査日前に実施）
備考	ペーパーテストの量は平均よりも多めで、問題ごとの制限時間もやや短めで出題される。

兵庫

試験のポイント

**集団での制作・運動での行動に注意。
ペーパーテストは多分野からの基礎問題。**

ペーパーテスト（試験時間約40分）はお話の記憶、数量、推理、図形、言語、常識などの分野から出題され、ほとんどが標準的な内容です。幅広い学習を日頃から心がけて、試験当日に慌てないようにしましょう。当校では2次募集などは実施されておらず、機会を逃さないように充分な試験対策が必要です。

ペーパーテストは多分野から出題されるので、苦手分野があれば、早めに取り組んでおきましょう。また、難しい出題がない分、ケアレスミスには注意しましょう。

集団での制作、運動では初対面のお友だちと共同作業を行うことになります。ふだんの学習では、作品や運動の出来不出来よりも、「協力して物事を進めることができる」「思いやりが持てる」といったことが大切になります。

行動観察の観点は、「集団の中で秩序を乱さない」ということに尽きます。特別な観点やルールがあるわけではありません。日常生活での体験を大切にして、きちんとしたコミュニケーションを取れるようにすれば問題ないでしょう。

過去の出題例

ペーパーテスト

数量（積み木）

左の四角の中の積み木の数を比べてください。いくつ違いますか。その数と同じ積み木を右の4つの中から見つけて○をつけてください。

行動観察

4～5人のグループごとに、読まれた絵本の感想を1枚の絵に描く

運動テスト

ボウリング、缶積み、ケンケン

制作テスト

課題画

面接の質問例

保護者

・ご家庭での子育ての方針をお聞かせください。

・通学方法を説明してください。

・お父さまは子育てにどのように関わってこられましたか。

・どのように成長してほしいとお考えですか。

・女子の少人数ですが、それについてはどのようにお考えですか。

志願者

・幼稚園の先生（園長先生）の名前を教えてください。

・お父さま（お母さま）はどのような時に褒めてくれますか。

・お母さまが作るお料理で好きなものは何ですか。

・お父さま（お母さま）とは何をして遊びますか。

・幼稚園にお弁当を持っていきますか。お弁当の中に何が入っているとうれしいですか。

※このページは弊社発行の学校別問題集の内容に基づいて作成しています。

甲南小学校

兵庫県神戸市東灘区住吉本町 1-12-1　☎ 078-841-1201　http://www.konan-es.ed.jp/elementary/

共学　アフタースクール

アクセス

●ＪＲ「住吉」駅より徒歩10分

兵庫

■学 校 情 報

創立年	1912 年（明治 45 年）	**【創立者 平生釟三郎】** 創立者、平生は 1866 年現在の岐阜市加納に生まれ、武士気質の厳格な父の訓練を受けた。東京外国語学校、東京高等商業学校（現在の一橋大学）を卒業、翌年韓国の仁川税関に赴任した。
創立者	平生釟三郎	
児童数	360 名（1 クラス 30 名）	1893 年神戸商業学校（現在の兵庫県立神戸商業高等学校）の校長に就任した。翌年招かれて東京海上火災保険会社に入社し、1900 年以後大阪、神戸両支店長を兼任し、経営を軌道に乗せた。灘購買組合の設立を後援するなど、社会奉仕にも力を注いだ。
教員数	29 名（非常勤 1 名を含む）	
制服	あり	当時の日本が欧米先進国に比し、文明、ことに社会理論に劣っていることを痛感し、自由な教育を通じて、すぐれた人間の育成を急務と考え、教育活動にも視野を拡げていった。阪神在住の財界人、住吉の有志と協力し、1911 年甲南幼稚園、翌 1912 年には甲南小学校の創立にあたった。さらに甲南中学校、甲南高等学校、甲南病院の設立に尽力した。また、1936 年には文部大臣に任ぜられた。
土曜授業	隔週登校（11 時 30 分まで）	
給食	なし（お弁当注文システムあり）	
スクールバス	なし	
転・編入制度	あり（新 2〜新 5 年生）	**【安全対策】** ・警備員 2 名が 7 時〜 18 時の間、定期的に校内を巡回している ・防犯カメラを設置　・登下校指導（定期的に引率） ・警察とのホットライン　・登下校メール（希望者） ・学校指定の携帯電話（希望者）　・防犯ブザー携帯
復学制度	あり（海外のみ／5 年生 4 月まで）	
帰国子女受入	なし	

※掲載内容は発行時の情報となります。最新の情報については学校発表の情報を必ずご確認ください。

■入 試 情 報

●応募状況

募集人数	A日程　男女約25名 B日程　男女若干名	
志願者数	**2024** 男子19名　女子14名 **2023** 男子21名　女子10名 **2022** 男子11名　女子17名 **2021** 男子12名　女子17名 **2020** 男子19名　女子14名	

●考査内容

ペーパー、口頭試問、行動観察、運動、面接（志願者）、
面接（保護者・志願者）

●受験番号

願書受付順

●月齢の考慮

なし

● 2025 年度入試日程（A日程）

願書配布	2024 年 7 月 1 日～29 日（HP より）
出願期間	2024 年 7 月 22 日～8 月 2 日
選考	2024 年 9 月 7 日（A 日程）
合格発表	2024 年 9 月 7 日（郵送）

● 2025 年度入試説明会日程

入試説明会	2024 年 5 月 25 日、6 月 29 日

■諸 費 用

考査料	20,000 円
入学時	
入学金	400,000 円
年額	
授業料	600,000 円
施設設備費	150,000 円

※別途、教材費等あり。

■系 列 校

- ●幼稚園：甲南幼稚園
- ●中学校：甲南中学校、甲南女子中学校
- ●高　校：甲南高等学校、甲南女子高等学校
- ●大　学：甲南大学・同大学院、甲南女子大学

■主 な 年 間 行 事

4月	始業式、入学式、1 年生歓迎遠足、 登校班別集会
5月	修学旅行（6 年生）、地区別集会、 春の遠足（1～5 年）
6月	児童集会、水泳指導、 甲南三学園合同農業体験学習「田植え」（5 年）
7月	終業式、遠泳（3～6 年）、校外学習（3・4 年）、 校外学習（5・6 年）
9月	始業式、創立記念日（9 月 10 日）、 甲南三学園合同住吉川環境学習（4 年）、 秋の大遠足
10月	運動会、秋の鍛錬遠足、 甲南三学園合同農業体験学習「稲刈り」（5 年）
11月	芸術鑑賞会、早起き遠足
12月	終業式
1月	始業式、作文発表会、冬の鍛錬遠足
2月	学習発表会、持久走「マラソン」、 甲南三学園合同収穫祭「餅つき等」（5 年）
3月	送別会、卒業式、修了式、 オーストラリア交流旅行（5 年一部）

■建 学 の 精 神

「人格の修養と健康の増進を第一義とし個性に
応じて天賦の才能を発揮させる」

創立者・平生釟三郎は、当時の日本が欧米先
進国に比べて、文明、ことに社会倫理に劣っ
ていることを痛感し、自由な教育を通じて優
れた人間育成を急務と考え、甲南幼稚園の設
立をはじめ、小・中学校、高等学校、甲南病
院の設立に尽力した。

■目 指 す 子 ど も の 姿

- ●思いやりのある子
- ●あきらめない子
- ●考える子

■教 育 方 針

（1）本学園の建学の精神に基づき、「徳育・体育・知育」のバランスのとれた人間教育を基礎として、健全な常識を持った世界に通用する人材を育成する。

（2）児童の1人ひとりが持っている天賦の才能を伸ばし、各人がのびのびと個性を発揮することができるような教育を行う。

（3）日本の伝統文化学習を通じて礼儀作法を身に付けると共に、国際理解教育を積極的に取り組む。

「徳育」

…相手への思いやりの心と感謝の心を育て、社会性を養うと共に、人格形成に力点を置いた心豊かな甲南生を育む。その一端を担う礼儀作法学習の活用、充実に努める。

「体育」

…遠足、運動会、水泳、駆け足などを通して、体力・精神力を強化するとともに、KONANチャレンジ種目（雲梯、竹馬、一輪車、鉄棒、なわとび）に積極的に取り組ませる。

「知育」

…基本的学習習慣を確実につけ、児童の能動的な参画を意識した学習により、思考力・探究力・伝達力・表現力などを養う。

■教 育 内 容

●1年生　意欲的に取り組む姿勢を大事にする

…新しく始まる勉強にも、みんな意欲的に取り組む。国語や算数はもちろん、英語や英会話の授業もある。子どもたちのやる気を大切にしながら、指導していく。

●2年生　自ら考え、行動する力を育む

…上級生になったことを意識して生活を送っていく。係活動や班活動も活発に行い、自分たちの力で考え、行動する練習をしていく。幼稚園との交流の中で自己を表現する力を磨いていく。

●3年生　教科担任制によるきめ細かな指導

…理科、社会など新しい勉強が始まる。全教科において教科担任制を導入し、よりきめ細かな授業が受けられる環境が整えられている。

●4年生　対外的行事を通して、人間性を育む

…住吉川の環境学習や甲南女子学園の学習成果発表会といった甲南三学園の交流学習を深めている。対外的な行事が増え、高学年の自覚を身に付けるための毎日を過ごしている。

●5年生　中学年で培ってきた学習習慣の持続

…研究発表会などの活動において、低・中学年で培ってきた調査や発表、まとめなどの基礎・基本を大事にしていく。言葉の学習も心とつなげて考えたり、算数では高いレベルの問題で思考したりと、より深い学びを目指す。

●6年生　基礎・基本の定着を図る

…最上級生として、責任を持って学校全体の行事にかかわっていく子どもを育てる。自分の意思を伝え、表現する場を大切にする。また、学力向上を目指して、基礎・基本の学習の確実に定着をするように努力する。

学校からのメッセージ

目指す子どもの姿として、「思いやりのある子」「あきらめない子」「考える子」を掲げ、学年に応じた教育活動を行っています。子どもたちは、何事にも生き生きと主体的に取り組んでいます。アフタースクール（放課後の児童預かり）や、課外の授業（お茶・生け花・書道・将棋・和太鼓・体操・ロボットなど）を利用して、放課後を有効に使える環境も整っています。高学年が中心となった登校班を構成し、集団登校しているので、低学年の子どもたちも安心して登校しています。

国際理解教育のひとつとして、毎年、オーストラリアのアンブローズ・トリーシーカレッジ（男子校）とセントマーガレッツ校（女子校）の子どもたちとの交流をしたり、イギリスのケンブリッジ大学の学生に本校に来てもらって、異文化交流することで、子どもたちの視野を広げることにもつながっています。和室等を利用しながら、日本の伝統文化を学び、礼儀作法を身に付けることにも力を入れています。

※掲載内容は発行時の情報となります。最新の情報については学校発表の情報を必ずご確認ください。

兵庫

入 学 願

甲南小学校

西暦　　　年　　月　　　日

以下の者を貴校の **20　　年度** 第　　学年に入学させたいので出願いたします。

（ふりがな） 児 童 氏 名		性 別	男 ・ 女	志願者写真貼付欄
	西暦　　　年　　月　　　日生	国 籍 （日本以外の 場合記入）		1. 3ヶ月以内に撮影 　　したもの 2. 縦4cm×横3cm 3. 上半身・脱帽・正面向き 4. カラー、白黒いずれも可 5. はがれないよう全面貼付
（ふりがな） 保護者 氏 名	㊞			
現住所	〒			
	TEL （　　　　） 　　　 －			
学校・園歴	園）　　　　　　　年保育　　　　　　小学校 第　　学年在学			

家 族 お よ び 同 居 者

氏　　名	本人との 関　係	生年月日（満年齢）	氏　　名	本人との 関　係	生年月日（満年齢）
		年　　月　　日 （満　　歳）			年　　月　　日 （満　　歳）
		年　　月　　日 （満　　歳）			年　　月　　日 （満　　歳）
		年　　月　　日 （満　　歳）			年　　月　　日 （満　　歳）
		年　　月　　日 （満　　歳）			年　　月　　日 （満　　歳）

お子様の長所と 短所を具体的に 記入してください	
本校を志願された 理由を具体的に 記入してください	
備考欄	

※本願書は入学考査のみに使用いたしますのでご了承ください。

兵庫

高羽六甲アイランド小学校

たかはろっこう　しょうがっこう

兵庫県神戸市東灘区向洋町中 9-1-11　☎ 078-855-5005　https://takaha-youchien.ed.jp/school/

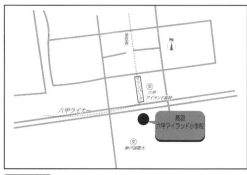

アクセス
- ●六甲ライナー「マリンパーク」駅より徒歩3分
- ●スクールバスあり

兵庫

■学 校 情 報

創立年	2012 年（平成 24 年）
創立者	田川智
児童数	80 名（1 クラス 8 ～ 21 名） ※学年によって異なる
教員数	20 名（非常勤 8 名を含む）
制服	あり
土曜授業	あり（月 2 回登校）
給食	希望者のみ／週 3 回
スクールバス	あり
転・編入制度	あり（テストあり）
復学制度	なし
帰国子女受入	あり（日本語で会話ができる）

【設立目的】

私どもは、建学の精神に基づいて、これまで積み上げてきた人間育成の成果をもとに、小学生に対しても価値観教育を行ってまいります。

既存の幼稚園や保育園と同じく、「約束の言葉」を実践することにより、自分に負けない強い心を育て、礼節を重んじ、相手の立場に立って考え、関係を大切にする価値観を身につけさせます。

その過程で、子ども達は、他人に対する高い関心を育てることができるため、基礎学力を支えるために最も必要な話を聞く力を身につけ、何事にも興味と関心を持つことができるようになります。

小学校で 6 年間、幼稚園からであれば 9 年間、幼児教室からであれば 10 年間、そして、保育園からであれば最長 11 年間をかけて高羽の教育を継続すれば、価値観が確立することによって考える力が備わり、能力主義的な評価における学力ではなく、自分で考え、自分で解決する力、社会に生かせる学力を育てることができると考えます。

このような子ども達を育てるために、1 クラス 20 名の少人数制により、教師が子ども 1 人ひとりに関心を持ちやすい環境を作り、1 年生から漢字仮名混じりの教科書を使用して、記憶力を生かした暗記の習慣を築き、また、音楽を通して感性を磨きながら関係性について学び、そして、立腰をはじめとする身体を通した教育を行ってまいります。

私どもは、人間形成にとって重要な幼児期、学童期を通し、一貫した価値観のもとで子ども達を育てることにより、人間の土台を確固たるものに作り上げ、それに伴って学力もしっかりと身につけた次世代のリーダーを育成してまいります。

【安全対策】
- ・登下校メール配信（ミマモルメ）
- ・緊急時メール配信（ミマモルメ）
- ・防犯カメラ 9 台　・教職員による登下校指導
- ・電気錠にて門の施錠　・警察官による安全指導
- ・防犯ブザー携帯　・避難訓練の実施

※掲載内容は発行時の情報となります。最新の情報については学校発表の情報を必ずご確認ください。

■入試情報

●応募状況

募集人数	男女 40 名	
志願者数	2024	非公表
	2023	非公表
	2022	非公表
	2021	非公表
	2020	非公表

●考査内容

ペーパー、口頭試問、行動観察、制作、運動、面接（保護者・志願者）

●受験番号

願書受付順

●月齢の考慮

なし

● 2024 年度入試日程（第 1 次）　※実施済みの日程

願書配布	随時、説明会等
出願期間	～ 2023 年 9 月 1 日
選考	2023 年 9 月 9 日
合格発表	試験後 3 日以内に郵送

● 2025 度入試説明会日程

入試説明会 授業見学会	2024 年 4 月 27 日、5 月 11・25 日、 6 月 8 日
公開行事	2024 年 8 月 5・6 日

■諸 費 用

考査料	5,000 円
入学時	
入学金	300,000 円
年額	
授業料	500,000 円
施設費	50,000 円
教材費	80,000 円

※その他、学校指定品（制服等）費が必要。また、寄付金（1 口 50,000 円、2 口以上／任意）あり。

■系 列 校

- ●幼稚園：高羽幼稚園、高羽美賀多台幼稚園
- ●保育園：高羽西岡本保育園
- ●児童館：高羽児童館、高羽子育て支援センター

■教 育 の 柱

『約束の言葉』…「一つ、挨拶は元気良く、返事はハイ」／「二つ、靴を揃える」／「三つ、話を聞く」／「四つ、腰骨を立てます」

これらの四つを日々行うことを通し、子どもたちは「自己の問題に向き合い、相手の立場に立って考える」ことのできる価値観を育てる。

●「挨拶は元気良く、返事はハイ」

人間関係を築くためには、挨拶は基本である。毎日の挨拶を、心を込めて行うことで、人との関係が良くなることを実感し、その積み重ねによって、相手の立場に立って考えられるようになる。また、返事を「ハイ」ときびきび行うことで、我を取り除き、素直さを育てる。

●「靴を揃える」

靴を揃えることをはじめ、始末をすることを身につけることで、次への準備につながることを理解し、また、周囲の人々のことを考えて行動できるようになる。

●「話を聞く」

目と耳でしっかり話を聞く習慣を身に付けることで、話し手の立場に立って話を聞けるようになり、人との関係の中で、深く物事を考えられるように育てる。

●「腰骨を立てる」

身体の要である腰骨を常にシャンと立てることで、呼吸は深くなり、脳は覚醒し、身体も心も安定する。また、自分の姿勢を意識することは、自分と向き合うことを要し、自分に負けない強い心になる。

兵庫

■建学の精神

心豊かで、何事にも感謝の気持ちを忘れず、積極的に努力し、強く、正しく、明朗に、未来へ向かって個性豊かにはばたいていく子どもを育てる。

■特色

●関係性

子どもも教師との関係によって、勉強態度や学習の理解度が変わる。

●無努力

子どもたちに、詰め込みではなく、自発的・主体的な学びによって知識や技術を獲得させる。

●生きた学力

自分で考え、自分で解決する力、社会に生かせる学力を身につける。

●抽象化⇔具体化

積み木などの半具体物を用いて、「抽象化⇔具体化」の操作を繰り返し行うことにより、体験的に理解できるようにし、早期につまずきの発見と対策を行う。

●読解力

さまざまな文章を数多く音読することによって、文章のパターンを身につけられれば、初めて出会う文章も楽に読めるようになり、文章を書く際にも非常に役に立つ。

●論理力

論理力（読み、書き、話す力）は、すべての教科の土台となる。問題文を読み解き、出題者の意図を理解し、先を予想しながら、覚えた知識を駆使して問題を解くこと、また、自分の考えを述べることを繰り返し練習する。

●つまずきの原因を絶つ

各単元において身につけさせる力を明確にし、テストの回答だけでなく回答方法からも、1人ひとりについてその習熟度を確かめる。

●漢字力

漢字を読めれば、自分で文章を読み進めることができるため、理解度が高まり、記憶にも残りやすくなる。

学校からのメッセージ

社会の中で自分を生かすには学力が必要であり、学力を身につけるには、心構えがとても大切です。そして、心構えをつくるには体が重要な鍵を握っています。

歪んだ姿勢で机に向かえば、勉強ははかどらず、反対に、ストレッチなどで体を動かしてから始めると、頭がすっきりして、集中力が高まるだろうことは、容易に想像できると思います。

当学園では、「心身一如」、つまり、体をつくることによって心が育つという考えの下に、教育を行っています。このことは、躾や教育にまつわる先人の教えとともに、昨今の脳科学における知見によっても裏付けられています。習慣の形成、所作の獲得、体験による知の蓄積などは、幼少期においてのみ可能であるものが多く、それらは、人の生き方を決める価値観にまで影響を及ぼします。

現代は、社会全体として、自己中心的で、互いに関係を築けなくなっていますが、だからこそ、「相手の立場に立って考える」という価値観を身につけるために、当学園の子どもたちは、教育の柱である『約束の言葉』を実践し、体を通して心を育てています。

『約束の言葉』の4つを基本として、日々疎かにしないことが、何かをやり抜いたり、貫いたりするときの粘り強さにもなり、学力を支えるための基礎学力の形成に大きな影響を及ぼします。

また、教育内容の柱として、独自の漢字教育や音楽教育、体験活動などを通し、知識や技術を教えるのではなく、「相手の立場に立って考える」という価値観を子どもたちのうちに育てたいと思っています。

※掲載内容は発行時の情報となります。最新の情報については学校発表の情報を必ずご確認ください。

年度
高羽六甲アイランド小学校

入 学 願 書

受験番号

※記入しないで下さい。

高羽六甲アイランド小学校第_____学年に入学を志望いたします。　　　　　年　　　月　　　日

	フリガナ		性別	写　真
児童氏名				1. 縦4.5cm×横3.5cm 2. 上半身、正面、脱帽 3. スナップ写真不可 4. 最近3ヵ月以内に撮影したもの 5. 裏面に氏名を記入 6. 受験票と同じ写真を貼付
生年月日	平成　　　年　　　月　　　日生(満　　歳)			
フリガナ				
現住所	〒　　　－ 　　　　　　電話番号(　　　)　　　－			

在学・在園の状況	フリガナ		小学校 幼稚園 保育所・園
	校・園名	立	
	フリガナ		
	所在地	〒　　　－	

就学校区の小学校名	市立　　　　　　　　　　　　　　　小学校　※未就学者のみ記入

	フリガナ		志願者との続柄	写　真
保護者①	氏名	㊞		1. 縦4.5cm×横3.5cm 2. 上半身、正面、脱帽 3. スナップ写真不可 4. 最近3ヵ月以内に撮影したもの 5. 裏面に氏名を記入
	生年月日	年　　月　　日生(満　　歳)		
	フリガナ			
	現住所	〒　　　－ 　　　　　　電話番号(　　　)　　　－		

	フリガナ		志願者との続柄	写　真
保護者②	氏名	㊞		1. 縦4.5cm×横3.5cm 2. 上半身、正面、脱帽 3. スナップ写真不可 4. 最近3ヵ月以内に撮影したもの 5. 裏面に氏名を記入
	生年月日	年　　月　　日生(満　　歳)		
	フリガナ			
	現住所	〒　　　－　　　※保護者①と同じ場合、記入不要です。 　　　　　　電話番号(　　　)　　　－		

自宅最寄駅(バス停)		通学時間(自宅～小学校)
交通機関名　　　(　　　線)　　　　　駅・バス停		約　　　分

同居家族	続柄	氏　名	年齢	勤務先	出身校または在学校名

※志願者本人を先頭に、保護者も含めて記入してください。

兵庫

雲雀丘学園小学校

兵庫県宝塚市雲雀丘 4-2-1　☎ 072-759-3080　https://hibari-els.ed.jp

アクセス

●阪急宝塚線「雲雀丘花屋敷」駅より徒歩3分

■ 学 校 情 報

創立年	1950 年（昭和 25 年）	**【沿革】** 1949 年…地元有志により雲雀丘小学校創立委員会が設置され、川辺郡西谷村立西谷小学校雲雀丘分校として開校（小学校第 1 回入学式 36 名）
創立者	鳥井信治郎	1950 年…学校法人雲雀丘学園の設立ならびに小学校・幼稚園の設置認可 初代理事長 鳥井信治郎就任 学園長兼小学校長・幼稚園長 土井信男就任
児童数	855 名（各学年 4 クラス）	
教員数	55 名	1953 年…雲雀丘学園中学校設置認可・開校 1956 年…高等学校設置認可・開校 1975 年…雲雀丘学園中山台幼稚園設置認可・開園
制服	あり	2010 年…60 周年記念施設整備事業 　　　　　雲雀丘学園小学校運動場拡幅工事
土曜授業	月 1 回ひばりデー（希望者のみ）あり	2020 年…70 周年記念施設整備事業
給食	なし（ケータリング弁当　週 3 回）	**【安全対策】** ・登下校とも駅から学校内に直結した専用通路を利用 ・2 カ所の校門には警備員が常駐
スクールバス	なし	・教職員・保護者・来校者 ID カード携行 ・県警ホットライン、全教室に 2 カ所ずつの非常ベル設置
転・編入制度	あり（欠員時／1 〜 4 年生）	・教員による毎日の登下校指導 ・定期的な避難訓練や防犯訓練
復学制度	あり（海外居住／1 年以内）	・全校児童に防犯ブザーを配布 ・緊急情報をメール一斉配信
帰国子女受入	なし	・登下校みまもりサービス

※掲載内容は発行時の情報となります。最新の情報については学校発表の情報を必ずご確認ください。

兵庫

■入 試 情 報

●応募状況（A日程）

募集人数	男女 135 名（内部進学者を含む）
志願者数	**2024** 男女 189 名 **2023** 男女 162 名 **2022** 男女 180 名 **2021** 男女 212 名 **2020** 男女 196 名

●考査内容

口頭試問、行動観察、絵画、運動、親子面接（原則両親・志願者）、瞑想・なわとび・箸使い（必須）

●受験番号　願書受付順

●月齢の考慮　なし

● 2025 年度入試日程（A日程）

願書配布	Web 出願
出願期間	2024 年 7 月 1 日〜 15 日
選考	2024 年 9 月 7 日（午前）女子 2024 年 9 月 7 日（午後）男子
合格発表	2024 年 9 月 10 日（郵送）
入学手続き	2024 年 9 月 10 日〜 12 日

● 2025 年度入試説明会日程

アラカルト 相談会	2024 年 3 月 16 日
学校説明会	2024 年 4 月 20 日
おーぷんすくーる	2024 年 6 月 12 日
入試体験会	2024 年 6 月 22 日

■諸 費 用

考査料	20,000 円
入学時	
入学金	260,000 円
施設費	180,000 円
年額	
授業料	556,800 円
積立金	30,000 円
PTA 会費	14,400 円
学級費	40,000 円

※その他、制定品費（約 110,000 円）、タブレット関連費（40,000 円）が必要。

■系 列 校

●幼稚園：雲雀丘学園幼稚園
　　　　　雲雀丘学園中山台幼稚園

●中学・高校：雲雀丘学園中学校・高等学校

■主 な 年 間 行 事

4月	入学式、1 年生歓迎朝会、徒歩遠足
5月	修学旅行（6 年生）、避難訓練、運動会
6月	プール開き、学年別参観日
7月	臨海学舎（5 年生）
8月	ニュージーランド研修（希望者）、 夏期講習（6 年生）、観望会
9月	観望会、校外学習、秋のつどい
10月	総合発表会、山の学舎（3 年生）
11月	避難訓練、森の学舎（2 年生）、芸術鑑賞会
12月	PTA リユースフェスタ
1月	書き初め展、スキー学校（4 年生）、 避難訓練、学年別参観日
2月	子どもマラソン大会
3月	送別子ども会、卒業式

■創 立 の 精 神

孝道を人間の根本義と考え、社会のために尽くす精神を最も尊重し、よりよい社会、国家を生み出すべく、心を素直に持ち、すべてに感謝の念を捧げ、健康な体力とたくましい実践力をもつ強い人間を創る。

■教 育 目 標

●高く、豊かに、たくましく

豊かな人間づくりを基調とし、個性を伸ばす教育を行うとともに、どんな苦労をも乗り越えてたくましく前進し、真に社会に役立つ人材を育成する。

①個性を認め、活かし、正しい判断力と高い学力を身に付けた子どもを育てる。
②気品ある、人間性豊かな子どもを育てる。
③たくましい心と体を持ち、明るくはつらつとした子どもを育てる。

■特 色

●情報化社会に備えた ICT 教育

これからの情報化社会に欠かせないスキルを身に付けるため、1年生から専任教師による ICT 教育を行っている。パソコンは1人1台体制を整え、基本操作から各種アプリケーションの操作方法をマスターする。

●子ども同士の連帯を深める縦割り活動

異年齢による集団活動を通して、思いやりやお互いを認め合う心を育てるのが、縦割り活動（きょうだい学級）。1年生と6年生、2年生と4年生、3年生と5年生がペアを組み、お弁当を一緒に食べたり、さまざまな活動を行う。

●「花育」をキーワードに自然に学び、豊かな心を育てる「環境教育」

緑に囲まれた豊かな自然環境を生かし、植物を育てたり、観察したりしながら花と緑に親しみ学ぶ中で自然を慈しみ守ろうとする心を養う。

■英 語 教 育

英語（英会話）：全学年週2.5時間。ネイティブ教師3名。日本人教師3名。全学年ともネイティブスピーカーとバイリンガルの TT（ティーム・ティーチング）で楽しくわかりやすく進める。早い時期から英語に慣れるため、英語の4技能、「読む」「聞く」「話す」「書く」を修得し、英語のコミュニケーション能力を6年間でしっかりと身に付ける。

■ＩＣＴ 教 育

1〜2年生は週1時間、3〜6年生は2週に1時間。パソコンは全40台、タブレット端末は全学年1名につき1台。総合的な学習や国語、社会科などとの合科的扱いも行う。TTで指導。情報化社会に備えた ICT 教育。これからの情報化社会に欠かせないスキルを身に付けるため、1年生から専任教師によるコンピュータ学習を行っている。校内にプログラミングの学習を行える The Will House を常設。

校長先生からのメッセージ

「高く、豊かに、たくましく」 雲雀丘学園小学校 校長 　井口光児

　大きな花を咲かせ、立派な果実を実らせるためには、それを支える太い幹が必要です。見えない土の下にしっかりと根を張っていないと、幹を支えることができません。本校の教育では、人間の太く強い根っこを育てたいと思っています。

　この学校の子どもたちの根っこは、創立の精神「親孝行」（孝道）です。親に対する感謝の念、親に見せたい自分の誇り、親を目標にさらには乗り越える対象とすることもあります。親孝行の根っこから、太い幹を伸ばし大きく枝葉を広げる6年間になります。この木に、やがて花が咲き立派な実を結ぶお手伝いをしたいと願っています。

　本校で過ごす6年間は、挨拶や整理整頓、ルールやマナーの遵守を計画的に根気よく指導します。その上に健康でたくましい体力と豊かな心、高い学力が身に付くよう、教職員一丸となって子どもたちと向き合っています。

　本校では近年、英語教育の改革を進め、2020年度からは、全学年で週2.5時間以上の英語授業を行っています。授業は全てネイティブとバイリンガルのティーム・ティーチングで楽しくわかりやすく進められています。ニュージーランドへの海外研修も1人1家庭へのホームステイ、現地校での体験授業など充実した内容です。

　長年積み重ねてきた情報モラル教育の土台に立って、全学年1人1台のタブレット端末を使った授業を始めています。また、校内に常設のロボットプログラミングの学習ができる教室を持っている小学校は、本校だけではないでしょうか。

　アフタースクールのプログラムも充実した雲雀丘学園小学校へ、ぜひお越しください。

※掲載内容は発行時の情報となります。最新の情報については学校発表の情報を必ずご確認ください。

◆雲雀丘学園小学校◆

試験の内容

口頭試問　行動観察　絵画　運動　親子面接

考査内容	口頭試問、行動観察、制作（絵画）、運動
	志願者・保護者面接（考査日前に実施）
備考	特になし

実際にいろいろなものを見たり、経験して知識を増やしてください。

頻出の模写と絵画については、ていねいさだけでなく、創作力も高めていきましょう。

行動観察では、社会性や積極的な態度を重視しています。受験だからというのではなく、日頃からほかの子と協調することや、自分で考えて行動することを心がけてください。

なお、当校では大阪教育大学附属池田小学校の入試後に、「B日程」を実施する場合があります。

過去の出題例

行動観察

ペットボトル運び

運動テスト

行進、ボール壁当て、平均台、ケンパー、スキップ

試験のポイント

口頭試問の対策は必須。
年齢相応の生活力・知識を観る出題が中心。

当校の入試の特徴は、口頭試問形式で出題される問題が多いことです。広い範囲の分野から出題されますが、解答は口で答えたり、指で正解をさしたり、具体物を解答欄に置いたりといった形式がとられています。口頭試問形式を苦手とするお子さまは対策を取っておく必要があります。鉛筆などの筆記用具を使う解答方法にだけ頼っていると、試験当日に戸惑うことになるので、自分の考えを述べたり、動作で意思を表したりする練習をしておきましょう。

常識問題は、必ず点を取ることのできる問題なので、季節、動物、植物などの分野は早めに知識を習得しておいてください。実物で問われることもあるので、

面接の質問例

保護者

・志望理由をお聞かせください

・説明会には参加されましたか。その時の印象をお聞かせください。

・お休みの日にお父さま（お母さま）はお子さまとどのように過ごされていますか。

・子育てについて、特に気を付けていることをお答えください。

・お子さまは本日の面接のことをご存知ですか。また、そのことを聞いて何と言われましたか。

・お子さまの性格はどのような性格ですか。長所は何ですか。

・お子さまが夢中になっていることは何ですか。

・お子さまが入学された場合、お母さまはどのようなことを楽しみにしておられますか。

・「親孝行」を教えるには、どのようにすればよいとお考えですか。

※このページは弊社発行の学校別問題集の内容に基づいて作成しています。

関西学院初等部

かんせいがくいんしょとうぶ

兵庫県宝塚市武庫川町 6-27　☎ 0797-81-5500　https://www.kwansei.ac.jp/elementary/

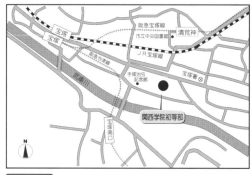

アクセス
- JR、阪急電鉄「宝塚」駅より徒歩 15 分
- 阪急電鉄「宝塚南口」駅より徒歩 10 分

兵庫

■学 校 情 報

創立年	2008 年（平成 20 年）／初等部
創立者	ウォルター・ラッセル・ランバス
児童数	540 名（1 クラス 30 名）
教員数	32 名（他、講師 14 名）
制服	あり
土曜授業	原則第 2・4 土曜日登校
給食	なし（サンドウィッチ、弁当の注文可）
スクールバス	なし
転・編入制度	あり
復学制度	あり（1・6 年以外で 1 年間）
帰国子女受入	なし

【沿革】
関西学院は、伝道者の育成とキリスト教主義に基づく青少年教育をめざし、1889 年にアメリカ・南メソジスト監督教会の宣教師、ウォルター・ラッセル・ランバスによって設立されました。
創立以来、キリスト教の教えに基づく、「知・情・意」のバランスの取れた人間形成と、国際社会に貢献できる「世界市民」を育成するための教育を実践しています。
2008 年 4 月の初等部開校とともに、初等部もこの教育理念と精神を受け継ぎ、中学部、高等部、大学につながる 16 年一貫教育の基礎を担っています。

【安全対策】
・校地外周にフェンスを設置
・守衛所設置、常時校内巡視
・防犯センサーとカメラ設置
・警報装置設置
・登下校時は最寄り駅から校門まで、交通指導員・守衛による警備
・IC タグによる校門の通過お知らせシステムの採用

※掲載内容は発行時の情報となります。最新の情報については学校発表の情報を必ずご確認ください。

■入 試 情 報

●応募状況（9月入試）

募集人数	男女約80名（10月入試：男女約10名）	
志願者数	2024	男女168名
	2023	男女139名
	2022	男女154名
	2021	非公表
	2020	非公表

●考査内容

ペーパー、口頭試問、行動観察、面接（保護者・志願者）

●受験番号　非公表

●月齢の考慮　あり

● 2024年度入試日程　※実施済みの日程

願書配布	Web出願
出願期間	A入試・B入試とも未定
選考	2023年9月11日（A入試） 2023年10月14日（B入試）
合格発表 （Web）	A入試・B入試とも未定
入学手続き	A入試・B入試とも未定

※ 2025年度入試は2024年4月13日に公開予定

● 2025年度入試説明会日程

学校説明会	2024年4月13日
授業参観・ 個別相談会	2024年5月11日
入試説明会	2024年6月22日

■諸 費 用

考査料	20,000円
入学時	
入学金	200,000円
年額	
授業料	1,035,000円
その他の諸費	218,000円

※その他、制服・体操服等の制定品費等が必要。

■系 列 校

- ●幼稚園：関西学院幼稚園
- ●中学校：関西学院中学部
　　　　　関西学院千里国際中等部
- ●高　校：関西学院高等部
　　　　　関西学院千里国際高等部
- ●大　学：関西学院大学・同大学院

■主 な 年 間 行 事

4月	入学式、新入生を迎える会、イースター礼拝
5月	春の遠足、避難訓練（火災）、体育祭
6月	ペンテコステ礼拝、花の日礼拝、 春季宗教週間、田植え体験実習、 西宮車庫見学
7月	平和を学ぶ旅（5年）
9月	創立記念礼拝
10月	秋の遠足、命を守る学習（防犯）、 秋季宗教週間
11月	音楽祭、収穫感謝礼拝
12月	クリスマス礼拝
1月	避難訓練（地震）、作品展、授業参観
2月	マラソン大会、作品展
3月	卒業生を送る会、卒業式、修了礼拝

■スクールモットー

Mastery for Service
（社会と人のために、自らを鍛える）

■子 ど も 像

≪意志≫

高い倫理と自立の精神を備えた子ども

≪知性≫

論理的に考え確かな学力を習得する子ども

≪情操≫

感性豊かで国際性を備えた子ども

■カリキュラムの特徴

（１）礼拝・聖書（Chapel・Bible）

①こころの時間

　毎朝、全校児童・教職員がベーツチャペルに集い心をあわせて礼拝を守る。

②聖書の時間（週１回の聖書科の授業）

　聖書を通して、キリスト教の価値観を学び、いかに生きていくべきかを学ぶ。

③ボランティア活動

（２）国際理解（Global）

①英語

　英語…１・２年生毎日20分間
　　　　３〜６年生45分授業週３回
　　　　　　　　＋20分授業週２回

②カナダ・コミュニケーションツアー
（今年度中止）

　６年生が第４代院長ベーツ先生の出身地カナダを訪問する。

③関西学院大学留学生との交流

　アジア・ヨーロッパ・アフリカ・北南米、さまざまな国からの留学生をお招きし、交流授業を行う。

④英語検定

　初等部を会場として毎年１回英検を実施している。５・６年生は全員、１〜４年生は希望者が受験する。

（３）全員参加・理解（Universal）

①全員で「わかる」全員で「助け合う」授業

②ICT教育

　英語学習アプリの導入…タブレット端末を活用した個別最適学習

③外部テスト

④補習授業

　仮に学習内容が定着していない子どもがいた場合は、算数を中心に始業前の時間帯で補習を行う。

⑤カウンセリングシステム（スクールカウンセラー常駐）

　週に５日、スクールカウンセラーが常駐し、子どもたちの相談や保護者の方々の教育上の相談を受けている。また宗教主事、養護教諭がそれぞれの立場から相談に応じることのできる体制をとっている。

（４）本物（Authentic）

①KGSO（関西学院大学の学生が指導するスポーツオムニバス）

　KGSOの授業は３〜６年生で実施。野球・サッカー・水泳・陸上・ラグビー・バスケットボール・チアなど、多くのスポーツを４年間で体験する。

②キャンプ（２年生以上）

③文化芸術教室

兵庫

校長先生からのメッセージ

　初等部では、あらゆる場面で「挨拶（礼儀・コミュニケーション）」を大切にしています。それが人との豊かな関わりのきっかけであり、互いに相手を大切にする気持ちを表すものだからです。その心が、豊かな情操の育成につながります。

　玄関で低学年の子が傘をたたむのを手伝ってあげる高学年、時には転んでしまった１年生をおぶって登校する６年生、友だちの植木鉢にも水やりをしている２年生。子どもたちは日々、人への思いやりや尊敬の気持ち、優しさ、友情といった目に見えないものの大切さを学んでいます。

　関西学院のスクール・モットー "Mastery for Service"（社会と人のために自らを鍛える）という精神が、子どもたちの心に育まれていくのがわかります。

　子どもたちはよく、口にします。「早く明日にならないかな」「毎日会いたい友だちがいる」「楽しい授業がある」

　たくさんの豊かな体験を通じて、自分自身の存在の価値を、そしてみんなの大切さをいっぱい、いっぱい感じてほしい、そんなまなざしに溢れた関西学院初等部です。

※掲載内容は発行時の情報となります。最新の情報については学校発表の情報を必ずご確認ください。

◆関西学院初等部◆

試験の内容

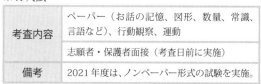

※A入試

考査内容	ペーパー（お話の記憶、図形、数量、常識、言語など）、行動観察、運動
	志願者・保護者面接（考査日前に実施）
備考	2021年度は、ノンペーパー形式の試験を実施。

試験のポイント

**年齢相応の常識と理解力がポイント。
長文の記憶と集団行動の観察が特徴。**

例年、午前中にペーパーテストと行動観察（教室）、昼食と休憩（自由遊び）を挟んで運動（体育館）という流れで試験が行われています（2021年度入試はノンペーパー形式）。集合（9時）から解散（14時）まで約5時間という長丁場になるので、お子さまの集中力をうまくコントロールしてあげましょう。

最初に行われるペーパーテスト（2021年度は実施せず）は、各分野にわたる広範囲な出題で、幅広く学習しておく必要があります。また、録音による指示を聞き逃さない集中力を、ふだんの学習を通して身に付けておきましょう。

その後の行動観察、お弁当、運動は、いずれも試験時にはじめて出会うお友だちと共同で行うことになります。日常生活を通し、マナー、人に対する配慮、協調性などを養っておいてください。

毎年絵本からストーリーを抜粋した「お話の記憶」の問題が出題されています。読み聞かせを習慣にして、長文の出題にも慣れておきましょう。

「運動」「行動観察」では、身体能力や器用さばかりでなく、集団への適応力や協調性、生活習慣が評価の対象になっています。ゲーム形式で行われるので、ルールを理解できているかといった聞く力も重要になってきます。日常生活で親子間のコミュニケーションをきちんと取ること、規則正しい生活習慣を身に付けることで対応してください。

過去の出題例

ペーパーテスト

①図形（展開）

左の四角を見てください。黒い部分を切り取って、この紙を広げるとどうなるでしょうか。正しいものに○をつけてください。

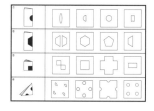

②常識（理科）

風で動くものに○をつけましょう。

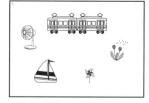

行動観察

ボウリング（好きなボールを選んでピンを倒す）

運動テスト

クマ歩き、的当て、反復横跳び

兵庫

面接の質問例

保護者

・国立や私立の小学校がたくさんある中で、なぜ本校を選ばれたのですか。志望理由をお聞かせください。

・お子さまはどんな子ですか、具体的なエピソードをお聞かせください。

・お子さまの現時点での課題は何だと思いますか。

志願者

・昨日は幼稚園に行きましたか。また、どのようなことをしましたか。

・お誕生日はいつですか。去年のお誕生日は何をしてもらいましたか。

・好きな絵本を教えてください。

※このページは弊社発行の学校別問題集の内容に基づいて作成しています。

おばやしせいしんじょしがくいんしょうがっこう
小林聖心女子学院小学校

兵庫県宝塚市塔の町 3-113　☎ 0797-71-7321（代）　http://www.oby-sacred-heart.ed.jp

アクセス

●阪急今津線「小林」駅より徒歩7分

兵庫

■学校情報

創立年	1923 年（大正 12 年）	**【沿革】** 1923 年…兵庫県岡本に修道院開設 　　　　兵庫県武庫郡住吉村鴨子ヶ原に「住吉聖心女子学院」創立 1926 年…現在地に移転「小林聖心女子学院」と改称 1948 年…学制改革により、中学校・高等学校発足 　　　　東京に聖心女子大学開学 1967 年…東京に「聖心女子学院専修学校」創立 1973 年…学院創立 50 周年を祝う 1993 年…学院創立 70 周年を祝う 2000 年…聖心会創立 200 周年を祝う 2008 年…学院創立 85 周年を祝う 2013 年…学院創立 90 周年を祝う 2023 年…学院創立 100 周年を祝う
創立者	聖マグダレナ・ソフィア・バラ	
児童数	332 名（1 クラス 20 〜 30 名）	
教員数	32 名（非常勤 6 名を含む）	
制服	あり	
土曜授業	なし（年 3 回程度登校日あり）	
給食	なし	**【安全対策】** 警備員を配置し、出入りは正門に限る（夜間は閉める）／小林駅から本学院までの坂道に監視カメラを設置している／校内巡視（警備員＋教職員）と全職員が PHS 携帯電話を持つ／県警ホットラインに接続、防犯用さすまた常備／宝塚警察生活安全課の講習を受ける／集団下校をし、ポイント駅まで職員が同乗することもある／毎日、下校時校門外まで見送るなどを実施している／来校者をチェック、保護者には保護者認識票を配布している／児童が校内にいる時、小学校門を閉め来客がある場合インターホンで対応
スクールバス	なし	
転・編入制度	あり	
復学制度	あり（1 年以内）	
帰国子女受入	あり （海外居住 1 年以上／帰国後 2 年以内）	

※掲載内容は発行時の情報となります。最新の情報については学校発表の情報を必ずご確認ください。

■入 試 情 報

●応募状況

募集人数	女子60名
志願者数	2024 女子　107名 2023 女子　105名 2022 女子　91名 2021 女子　73名 2020 女子　62名

●考査内容
ペーパー、行動観察、制作(絵画)、面接(保護者・志願者)

●受験番号
生年月日順

●月齢の考慮
あり

● 2025年度入試日程

願書配布	2024年5月11日〜
出願期間	2024年8月1日〜23日(A・B日程) 2024年12月2日〜20日(C日程)
選考	2024年9月7日(A日程) 2024年9月9日(B日程) 2025年1月18日(C日程)
合格発表	2024年9月8日(A日程) 2024年9月10日(B日程) 2025年1月20日(C日程)

● 2025年度入試説明会日程

オープンスクール	2024年3月23日
学校説明会	2024年5月11日
授業見学ツアー	2024年6月3日〜28日
入試説明会	2024年6月8日
夏季個別相談会	2024年7月23日〜25日

■諸 費 用

考査料	20,000円
入学時	
入学金	400,000円
施設費	100,000円
制服・制定品費	約130,000円
年額	
授業料	572,400円
維持費	216,000円
保護者会年会費	3,600円
教材費	約39,000円

■系 列 校

●中学・高校：
小林聖心女子学院中学・高等学校

●大　学：聖心女子大学・同大学院

■主 な 年 間 行 事

4月	入学式、学院祭、Come & See Day
5月	遠足、創立記念日、 聖マグダレナ・ソフィアの祝日、聖母奉冠式
6月	聖心の祝日、フィールドトリップ(6年)、 Stage I 運動会
7月	フィールドトリップ(5年)、錬成会(6年)、 リトルソフィーキャンプ(3・4年)
9月	合唱祭
10月	Stage II 体育祭、感ずべき御母の祝日、 校外学習
11月	追悼ミサ、 フィリピン・デュシェーンの祝日
12月	ゆりの行列、クリスマス・ウィッシング
1月	震災お祈り会
2月	読書会、Stage I 英語発表会
3月	感謝ミサ、Stage I 修了式、卒業式

■建 学 の 精 神 ／ 校 訓

子どもたちが、本当の礼拝の精神に生きる人に育っていくよう教育すること、そのために私たちは生涯を捧げたい。

　　〜聖マグダレナ・ソフィア・バラ〜

■教 育 理 念

1人ひとりが神の愛を受けたかけがえのない存在であることを知り、世界の一員としての連帯感と使命感を持って、より良い社会を築くことに貢献する、賢明な女性の育成をめざす。1人ひとりの子どもの未来に続く成長を願い、長い目でその成長を見守る。そして、愛によって育まれた思いやりあふれる魂と、自ら考え、実際に行動できる力の統合こそが、豊かな人間性の源である。

■教育方針

●魂を育てる

・祈る心を大切にし、キリスト教の価値観に基づいて愛と希望をもって生きる姿勢を育てる。
・謙虚に自己をみつめ、現実に静かに向かい合い、自らを深め、高めていくように導く。
・みずみずしい感性と、他と共感できる豊かな人間性を育む。

●知性を磨く

・知的価値を重んじ、喜びを持って自ら学ぶ力を育てる。
・創造性に富む堅実な思考力と正しく判断する力を育てる。
・広い視野で物事をとらえ、自分の考えを明確に表現する力を育てる。

●実行力を養う

・人や社会と積極的に関わる力を育てる。
・骨惜しみせず働く習慣と、誠実に他者に尽くす行動力を育てる。
・責任感と謙虚な心を備えたリーダーシップを養う。

■特色

キリスト教的価値観に基づく全人教育
○リーダーシップを養う学校行事
○感性をはぐくむ情操教育
○豊かな心と探求心を培う読書環境
○すべての学習の土台となる「ことば」教育
○世界とつながる生きた英語教育

■宗教教育

うれしいとき、悲しいとき、謝りたいとき、感謝したいとき……子どもたちは祈ることを通して自分の心を見つめ、成長する。学校生活の中では、1日のスタート、お食事の前後、1日の終わり、また週1回の宗教の時間など、日々、心静かに祈る時間がある。また、「ゆりの行列」「感ずべき御母の祝日」「クリスマス・ウィッシング」など、さまざまな宗教行事を通して祈りの心を育て、人のために役立つことを喜びと思えるような子どもを育てることを大切にしている。

■一貫教育

小・中・高12年間一貫して知性を育める環境を活かし、児童・生徒の発達段階に配慮した指導を行っている。思考力と判断力を重視し、小学校の担任をはじめ、教科担当や教職員が一丸となって専任教育をおこなうことで、学習や生活面での成長へと導く。学年の垣根を越えた連携教育を積極的に実施。新たな発見・理解・問題を解決する力を育成する。

校長先生からのメッセージ

今年、創立100周年を迎える小林聖心は、創立100周年とさらにその先の学院の姿を思い描きながら、着実な歩みを進めています。「伝統の中の新しさ」をモットーに4・4・4制をさらに推し進め、12年間の一貫したカリキュラムに基づく授業の充実を図ります。そして、多元的な知性と多様性に開かれた心をもって、グローバルな課題と向き合い世界に貢献することのできる女性を育てます。

①本学院の素晴らしいところ…自分の幸せだけでなく、まわりの人の幸せも考えられる豊かな感性と、人との誠実な交流を通し、視野を広げていく力を身につけた卒業生が多いことを誇りに思っています。卒業した後も学院に戻り、病気の時、苦しい時、友人が亡くなった時、祈り合えることは素晴らしいと思っています。

②誇りとするところ…五大陸に姉妹校があり、交流したり、助け合ったりできる強みがあります。オーストラリア・アメリカ・フランス・韓国・台北の姉妹校から体験留学に来たり、日本から出かけたりする機会が毎年あります。そういった体験が生かされ、国際社会の中で生きていける女性が育っています。

③どのような子どもを希望するか…素直な子ども、元気な子ども、人と遊べる子ども、ものを大切にする子ども、年齢に応じた自制ができる子ども、安定感のある子どもを望みます。

④家庭教育に望むこと…家庭では、子どもの年齢に合わせた生活をさせてほしいと思います。具体的には、早寝早起き、栄養のバランスを考えた食事、大いに外で遊ばせてほしいです。心身共に健康に成長できる家庭教育を望みます。

※掲載内容は発行時の情報となります。最新の情報については学校発表の情報を必ずご確認ください。

兵庫

◆小林聖心女子学院小学校◆

試験の内容

考査内容	ペーパー（図形、数量、言語、記憶、推理、常識など）、行動観察、制作（絵画）
	保護者・志願者面接（考査日前に実施）
備考	面接でミッション校ならではの質問がある

出題例

ペーパーテスト

常識

左から順に、同じ季節になるように絵を選んで、線で結びましょう。結ばないものもあります。

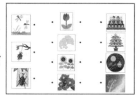

図形

左の四角の中の形をまわすと、ぴったり重なるものを実後の四角の中から選びましょう。

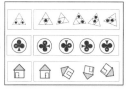

行動観察

タブレットでの質問

制作テスト

ブレスレット制作、課題画

兵庫

面接の質問例

保護者

・志望理由をお聞かせください。

・女子教育についてのお考えを教えてください。

・本校はカトリックの精神に基づく宗教教育を行っていますが、そのことについてのご感想をお教えください。

・子育てで特に気を付けていることは何ですか。

・お子さまの長所と短所をお話しください。

志願者

・名前と幼稚園の名前とお誕生日を教えてください。

・今日はどうやって来ましたか。

・幼稚園ではどんなことをしている時が楽しいですか。

・お祈りはできますか。

※このページは弊社発行の学校別問題集の内容に基づいて作成しています。

仁川学院小学校

兵庫県西宮市甲東園 2-13-9　☎ 0798-51-0621　https://www.nigawa.ac.jp/elementary/

 共学　 アフタースクール

アクセス

●阪急今津線「甲東園」、「仁川」駅より徒歩6分

■学校情報

創立年	1956年（昭和31年）	【沿革】 1950年…カトリック・コンベンツアル聖フランシスコ 　　　　修道会によって、仁川学院マリアの園幼稚園 　　　　開設
創立者	カトリック・コンベンツアル 聖フランシスコ修道会	1956年…仁川学院小学校開設 1959年…小学校新入生から2学級編制となる
児童数	313名（1クラス30名）	1962年…仁川学院中学校・高等学校開設 1978年…仁川学院室内プール竣工
教員数	26名（非常勤1名を含む）	1984年…仁川学院コルベ講堂・ラーニングセンター竣 　　　　工
制服	あり	1986年…仁川学院創立30周年祈念式典挙行 1991年…仁川学院小学校体育館・ルルドの小川竣工
土曜授業	なし	1996年…仁川学院創立40周年祈念式典挙行 2007〜2008年…仁川学院創立50周年記念施設整備
給食	スクールランチ／週2回、 パン注文可、宅配弁当注文可	事業 2009年…仁川学院小学校・中学校・総合体育館竣工
スクールバス	なし	【安全対策】 ・学校入口に警備員配置
転・編入制度	あり（テストあり）	・監視カメラ設置10台 ・登下校時メール配信システムを採用
復学制度	あり（1年以内）	・緊急の場合に、一斉にメール送信ができるシステムを 　採用
帰国子女受入	転・編入と同じ扱い	・小・中・高職員連携による登校時の見守り、安全指導

※掲載内容は発行時の情報となります。最新の情報については学校発表の情報を必ずご確認ください。

■入 試 情 報

●応募状況

募集人数	男女 60 名	
志願者数	**2024** 男子 86 名 女子 37 名	
	2023 男子 42 名 女子 18 名	
	2022 男子 57 名 女子 20 名	
	2021 男子 71 名 女子 55 名	
	2020 男子 58 名 女子 26 名	

●考査内容

ペーパー、口頭試問（面接）、行動観察、制作、運動、面接（保護者）

●受験番号

願書受付順

●月齢の考慮

あり

● 2025 年度入試日程（1 次）（予定）

願書配布	Web 出願
出願期間	未定
選考	2024 年 9 月 7 日・8 日
合格発表	2024 年 9 月 7 日・8 日（Web 合否発表）
入学手続き	2024 年 9 月 10 日

＊2 次・3 次の日程は未定。

● 2025 年度入試説明会日程

学校説明会 入試説明会	2024 年 4 月 7 日
トライアル入試	2024 年 7 月 6 日
学校説明会	2024 年 12 月 21 日
授業体験会	2025 年 2 月 1 日

■系 列 校

●幼稚園：仁川学院マリアの園幼稚園

●中学校：仁川学院中学校

●高　校：仁川学院高等学校

■諸 費 用

考査料	20,000 円
入学時	
入学金	300,000 円
施設費	250,000 円
制服、学用品等	約 250,000 円
年額	
授業料	703,200 円
冷暖房費	12,000 円
安全管理費	7,200 円
父母の会費	8,400 円
教材費等の諸費用	約 70,000 円

※その他、学院施設整備事業寄付金として、1 口 50,000 円／6 口以上の寄付（任意）あり。

■主 な 年 間 行 事

4 月	入学式
5 月	歓迎遠足、聖母祭、自然教室（3 年）、修学旅行（6 年）
6 月	海事学習（5 年）、未来予想図
7 月	着衣水泳、水泳教室
9 月	自然教室（2 年）、夏休み作品コンクール
10 月	運動会、鑑賞会
11 月	感謝月間、未来予想図
12 月	クリスマス会、学芸会
1 月	祈りの日、冬休み作品コンクール
2 月	マラソン大会、スキー教室（4 年）
3 月	卒業式、スクールファミリー遠足、1・6 宿泊（1 年・6 年）

■教 育 の 特 色

　兵庫県で唯一のカトリック系共学校として、宗教教育をとおして神様が子どもたちに与えた能力を引き出します。学力や体力、スキルを表現する「力」、献身的に他者とかかわる心を表す「愛」、自らの能力を生かすための判断力である「思慮分別」の三つの能力を引き出すことで、他者とかかわり、与えられた能力を他者のために生かし尽くす。

■建 学 の 精 神

「和と善」。イタリア・アッシジの聖フランシスコがすべての人に向けた挨拶の言葉である。人間の持っている姿や力、功績などは自分が作り上げて所有しているのではなく、すべては神からの贈り物。感謝とともに、人となごみ、仲良くする「和」の心で、神から自分に贈られた「善」を人々と分かち合うことに本当の生きる喜びがある。仁川学院は建学の精神に基づいて、神と人と自然を大切にする心を育んでいきたいと考えている。

■教 育 活 動

●国語教育

「読む」「書く」「考える」といった基本を重視する。とりわけ対話を重視した学習と音読を大切にし、低学年から重点的に指導している。また、10分間の朝学習では、漢字学習にも取り組み、「読み書き」の力を養う。

●算数教育

抽象的になりがちな算数を「生活に生きる算数」とテーマ化。具体的な体験や一般化をとおして思考力を身につけることで、子どもたちの生きた力とする。

●理科教育

教科書に掲載されているほとんどの実験に取り組んでいます。何度も実験に挑戦し、"なぜ"を突きつめることで、論理的に考える力を伸ばします。また、本物の自然や現象に多く触れることで、子どもたちの気付きを引き出し、「不思議を見つける目」を育みます。

●社会科教育

「ものに触れる社会科教育」に重点を置いている。子どもたちは社会の事象に関連するものを目で見て、耳で聞いて、手で触って感じ、また、道具なら使ってみるといった経験をとおして、自分で考え、気付きを繰り返しながら学習を深める。

■外 国 語 教 育

英語：低学年は週3時間、4年生以上は週2時間。日本人教員2名。6年間の流れのなかでコミュニケーション能力の育成と異文化理解・尊重をめざす。1年生から6年生までのすべての授業で4技能をバランスよく取り入れ、1・2年生は歌やダンスを楽しみながら学習する。3年生以上は英語をツールとして使えるように理解を深める。また、英検や月2回のネイティブ講師によるオンラインレッスンなどの表現活動にも取り組む。

■情 報 教 育

1年生からほとんどの教科において積極的にタブレットを活用し、感覚的にICT機器を操作できる力を養います。また、1人1台個人用のタブレットを持ち、授業においてはプリントやワークシート配布の代わりに併用しています。
併せて、情報機器を活用する際のモラルやメディアリテラシーについても学習しています。

■未 来 予 想 図

仁川学院小学校卒業生に、ご自身の職業についてお話し頂く、仁川学院独自の授業。バレエの指導者、医師、一級建築士、力士、CM制作者などこれまでにたくさんの先輩方が登場。実際の現場に携わる方々の生きたお話は、子どもたちの職業に対する興味と考えを深め、さらに自分の将来の夢を具体的に膨らませる大きなきっかけとなっている。

学校からのメッセージ

すべての人間に生来与えられている根源的能力「力」「愛」「思慮分別」を各自の内面にしっかり膨らませてあげること、そしてそれらの能力を外に引き出してあげることを指導するのが本校の教育です。本校はこの教育の結果として、社会のために貢献する多くの人材を輩出し続けてきました。この教育の伝統を益々充実させ、すべての子どもたちに浸透させ、実らせることを目指します。

※掲載内容は発行時の情報となります。最新の情報については学校発表の情報を必ずご確認ください。

◆仁川学院小学校◆

試験の内容

考査内容	ペーパー（欠所補完、お話の記憶、数量、図形、常識、推理、言語など）、制作、行動観察、運動、口頭試問（面接）
	保護者面接（考査日前に実施）、保護者作文

過去の出題例

ペーパーテスト

図形（欠所補完）

２つの絵を比べてみると、下の絵はどこか足りないところがあります。どこが足りないかをよく見て、足りないところを上の絵と同じになるように描き足してください。

言語（英語）

絵の動物を英語で発音した後、３つの動物を発音し、言わなかった動物を選ぶ。

squirrel、bear、giraffe、mouse（このうち、キリンを発音しなかった）

行動観察

ジャンケンゲーム、積み木遊び（ルールやお約束が設定されている）など

運動テスト

30m走、徒手体操、片手支持、なわとび　など

試験のポイント

ペーパーテストは多分野から出題。
独特な問題もあるので対策は必須。

本校の入試対策には、幅広い分野の学習と日常生活における生活体験を積み重ねていくことが必要です。ペーパーテストは多分野から出題されています。苦手分野があるようでしたら、分野別の問題集などで誤答の原因となったポイントを復習するなどして苦手を克服してください。

また、例年出題されている「欠所補完（間違い探し）」に代表される、当校ならではの出題も見受けられるので、しっかり傾向をつかんだ上で対策を取る必要があるでしょう。

制作では、本年度はハサミを使用しました。スモックへの着替えや片付けの様子なども考査の基準となっています。課題に取り組んでいる時だけが試験ではないということを意識しておきましょう。

口頭試問（志願者面接）、保護者面接は、答えに詰まるような質問はありません。質問に対して素直に答えていけば問題はないでしょう。何を答えるのかではなく、当たり前のコミュニケーションがとれるのかを観ているということなのかもしれません。

前年度との変更点では、運動能力検査の配点を大幅に増やしています。

兵庫

面接の質問例

保護者

・ご家庭の教育方針を教えてください。
・お子さまの長所と短所を教えてください。
・どのような時にお子さまの成長を感じられましたか。
・本校に対してどのようなことを期待されていますか。

志願者

・お名前を教えてください。
・通っている幼稚園（保育園）の名前を教えてください。
・仲良しのお友だちの名前を教えてください。
・大きくなったら、どんなお仕事をしたいか教えてください。

※このページは弊社発行の学校別問題集の内容に基づいて作成しています。

甲子園学院小学校

QRコードで学校HPに
アクセスできます。

兵庫県西宮市天道町 10-15　☎ 0798-67-2366　（代）　http://www.koshiengakuin-e.ed.jp

兵庫

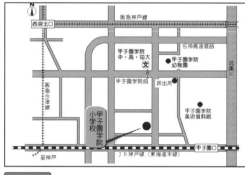

アクセス

● J R 「甲子園口」駅より徒歩 7 分
●阪急「西宮北口」駅より徒歩 20 分
●阪急バス「甲子園学院前」下車
●スクールバスあり（阪急西宮北口・阪神甲子園駅方面運行）
　（1・2 年生）

■ 学 校 情 報

創立年	1951 年（昭和 26 年）
創立者	久米長八
児童数	92 名（1 クラス約 20 名）
教員数	19 名（非常勤 7 名を含む）
制服	あり
土曜授業	なし
給食	なし（食堂完備で定食やうどんなどを注文可）
スクールバス	あり
転・編入制度	あり（1 〜 4 年生）
復学制度	あり（1 年以上の場合はテストあり）
帰国子女受入	あり（日本語が理解できること）

【沿革】
甲子園学院は、校祖久米長八先生により女子教育の重要性を理念として昭和 16 年に甲子園高等女学校を創立されました。以来、建学の精神である「黽勉努力」「和衷協同」「至誠一貫」の実践に励んで参りました。小学校は一貫教育をさらに充実発展させるため、昭和 26 年に開校しました。現在では、幼稚園、小学校、中学校、高等学校、短期大学、大学、大学院を擁する総合学園に発展しました。小学校は昭和 59 年に現在の地に移転し、環境の整った独立した校舎で、昨今の変革に応じた独自のカリキュラムのもと、社会で活躍できる人材の育成を目指して、きめ細やかな教育活動を展開しています。

【安全対策】
・24 時間警備の実施
・校門での入校チェック、在校生保護者の入校証の作成
・あんしん教室（不審者対応／1 年生、留守番の方法／2 年生）の実施
・安全教室（携帯電話の安全な使い方など／3 〜 6 年生）の実施
・保護者への緊急連絡用としてメルポコ、登下校メールとして学校防犯システムの導入
・児童の携帯電話の所持、使用を承認（登下校時）
・避難訓練を年 3 回（暴漢、火災、地震）実施
・さすまた、AED の設置

※掲載内容は発行時の情報となります。最新の情報については学校発表の情報を必ずご確認ください。

■入試情報

●応募状況

募集人数	男女約60名（内部進学者を含む）
志願者数	2024 男女16名 2023 男女19名 2022 男女19名 2021 男女24名 2020 男女13名

●考査内容

ペーパー、口頭試問、行動観察、制作、運動、面接（保護者・志願者）

●受験番号　願書受付順

●月齢の考慮　なし

● 2025年度入試日程

願書配布	2024年5月25日〜（小学校・郵送）
出願期間 （持参）	2024年8月16日〜20日（1次） 2025年1月16日・17日（2次）
選考	2024年9月7日（1次） 2025年1月25日（2次）
合格発表 （郵送）	2024年9月8日（1次） 2025年1月26日（2次）

● 2025年度入試説明会日程

募集説明会 公開授業	2024年5月25日、9月20日、 2025年1月29日
サマー体験学習	2024年7月13日
ウインター 体験学習	2024年12月7日
スプリング 体験学習	2025年3月25日

■系列校

- ●幼稚園：甲子園学院幼稚園
- ●中学校：甲子園学院中学校
- ●高　校：甲子園学院高等学校
- ●大　学：甲子園大学・同大学院

■諸費用

考査料	20,000円
入学時	
入学金	350,000円
制服、ランドセル等	約120,000円
年額	
授業料	546,000円
教育充実費	138,000円
実験実習費	18,000円
育友会費	21,600円
冷暖房費	6,800円

※その他、教育振興基金（1口30,000円／任意）あり。

■主な年間行事

4月	入学式
5月	林間学校、球技大会
6月	水泳教室
7月	夏休み勉強会、サマー体験学習
8月	夏休み勉強会
10月	幼小合同運動会
11月	学習発表会（舞台）、ふれあい動物村
12月	マラソン大会、ウインター体験学習
1月	1/2成人式
2月	学習発表会（展示）、修学旅行（6年）
3月	6年生を送る会、卒業式

兵庫

■校訓

「黽勉努力」 自らの意思に従って勉め励む
「和衷協同」 心を同じくしてともに力を合わせる
「至誠一貫」 真心をもって一筋に貫く

■個性を尊重し意欲を引き出す学び

●きめ細かな教育
・教員 1 人あたりの児童数 7.5 人
・本物に触れる機会が多い
・教員にいつでも相談や質問ができる環境
●個性の尊重
・一人ひとりが持つ芽をより良い方向へ伸ばす手助け
・個性を認め合う環境
●情緒力の育成
・心の教育や読書の習慣
・協調性や思いやる気持ちの育成
・自他の生命を尊重
●一人ひとりが輝ける
・クラスの中や行事での活躍が増える少人数学級
・基礎学力の定着

■学び続けられる人を育む

●きめ細かな学習指導
少人数で一人ひとりの学習レベルが把握できるので、的確なアドバイスが出せる。また個々に合った学習方法も提案。たとえ勉強が苦手でも放課後や夏休み、冬休みに勉強会を行い、そこで苦手なところを集中して取り組む。本校では高いレベルの学習にどんどん挑戦できる環境が整っている。
●習熟度別学習
受験に対応する力を育むため、高学年の主要教科（国語・算数・理科）では個々の能力に応じたクラスで授業を行っている。少人数制のきめ細かな指導で一人ひとりの力を伸ばす。
●探究学習／ＩＣＴ教育
・課題を自ら見つけ解決していくことやプレゼンでの発表を行っている。
・低学年からタブレットやロボット使用した授業（プログラミング教育）を取り入れている。読解力を身につける速読解力講座も行っている。

■多様な場面で生きる英語力

低学年から週 2 時間、ネイティブの教員と一緒にコミュニケーションを積極的に取ろうとする姿勢と多様な場面で生きる英語力を楽しく身につける。

校長先生からのメッセージ

「未来に輝く子ども」の育成を教育目標としています。子どもたちが予測困難な未来社会で活躍できるためには、今小学校教育で何が必要なのかを常に検討し、その実践に励んでいます。そのために、一人ひとりの個性を大切にして、それを生かせる活動を重要視しているのが本校の大きな特徴と言えます。学校行事はもちろん、日常の学習においても、個々が活躍できる場面をたくさん設定し、自己肯定感を高めることができるよう工夫しています。将来において、自ら課題を見つけ、自ら学び、自ら考え、判断し行動することは、未来に輝くためにも非常に重要なことであると考えています。

甲子園学院小学校　校長 中道一夫

※掲載内容は発行時の情報となります。最新の情報については学校発表の情報を必ずご確認ください。

兵庫

入 学 願 書

小

甲子園学院小学校長　殿

年　月　日

下記の者貴校の第□学年に入学志願につきご許可くださるようお願いいたします。

保護者　　　　　　　　　印

※　番

		性　別	男　女
ふりがな			
本人氏名		年　令	才
生年月日	平成　　年　　月　　日		
ふりがな		電　話	
保護者氏名		自宅（　）-（　）-（　）	
		携帯（　）-（　）-（　）	
現住所	〒□□□-□□□□　　市		

※印の欄には記入しないでください。

※　番

家族	続柄	氏　名	年　令	在籍校園名	同所在地
	父				市
	母				電話（　）-（　）-（　）
	本人				

長所

短所

本校を志望した理由

専願・併願いずれかに○印をつけてください。
（※併願の場合その学校名をご記入ください。）

専願
併願

写真貼付欄

上半身正面

3cm×4cm

兵庫

237

百合学院小学校
（ゆりがくいんしょうがっこう）

兵庫県尼崎市若王寺 2-18-2　☎ 06-6491-7033　http://www.yuri-gakuin.ac.jp

QRコードで学校HPに
アクセスできます。

 カトリック　 女子校　 給食　 アフタースクール　 スクールバス

アクセス
●阪急神戸線「園田」駅より徒歩 12 分
●ＪＲ、阪神「尼崎」駅よりバス、「百合学院」下車徒歩 1 分
●スクールバスあり

■学校情報

創立年	1955 年（昭和 30 年）	【沿革】 1955 年…学校法人認可、小学校設立開校 　　　　　4 月第一回入学式 1956 年…小学校校舎完成 1964 年…創立 10 周年記念 1978 年…学院創立者田口芳五郎枢機卿逝去 1985 年…創立 30 周年記念 1996 年…創立 40 周年式典及び小学校新校舎竣工式 1999 年…新プール竣工式 2000 年…ナザレトクラブ（学童保育）設立 2005 年…創立 50 周年 2015 年…創立 60 周年
創立者	田口芳五郎枢機卿	
児童数	115 名（1 クラス約 20 名）	
教員数	20 名（非常勤 3 名を含む）	
制服	あり	
土曜授業	なし（年 3 回程度行事登校あり）	
給食	あり（週 4 回）、弁当（週 1 回）	
スクールバス	あり	【安全対策】 ・登下校にスクールバスあり ・警備員配置 ・職員は全員警笛携帯 ・来校者は名札を着用 ・防犯カメラ設置 ・登下校ミマモルメ導入 ・AED 設置 ・水、非常食を備蓄
転・編入制度	あり（2 月実施）	
復学制度	あり	
帰国子女受入	あり	

※掲載内容は発行時の情報となります。最新の情報については学校発表の情報を必ずご確認ください。

兵庫

■入試情報

●応募状況

募集人数	A日程　女子40名 B日程　女子20名 C日程　女子若干名
志願者数	2024 非公表 2023 女子23名 2022 女子16名 2021 女子25名 2020 女子25名

●考査内容

ペーパー、口頭試問、行動観察、制作、運動、面接（保護者・志願者同時、志願者）

●受験番号

願書受付順

●月齢の考慮

なし

● 2024年度入試日程　※実施済みの日程

願書配布	2023年4月7日〜（来校・郵送）
出願期間	A日程　2023年8月23日〜9月1日 B日程　2023年9月11日〜20日 C日程　2024年1月22日〜31日
入学試験	A日程　2023年9月9日 B日程　2023年9月23日 C日程　2024年2月3日
合格発表	A日程　2023年9月10日（郵送） B日程　2023年9月24日（郵送） C日程　2024年2月4日（郵送）
入学手続き	A日程　2023年9月14日 B日程　2023年9月28日 C日程　2024年2月8日

● 2024年度入試説明会日程　※実施済みの日程

学校説明会	2023年4月20日、6月24日、7月15日

■系列校

●幼稚園：認定こども園 百合学院幼稚園

●中学校：百合学院中学校

●高　校：百合学院高等学校

■諸費用

受験料	15,000円
入学時	
入学金	200,000円
施設整備金	200,000円
年額	
授業料	312,000円
教育充実費	138,000円
暖（冷）房費	24,000円
その他諸費	196,800円

※その他、教材費、給食費、スクールバス維持費（利用者のみ）、制定品費、積立金等の費用が必要。

■主な年間行事

4月	入学式、対面式（1・6年）、1年生歓迎遠足（児童会）
5月	聖母をたたえる集い（聖母祭）
6月	校内おにごっこ大会（児童会）、携帯電話安全マナー教室（低学年・高学年）
7月	マナー教室（3・4年）、林間学校（5年）、全校ミサ
8月	小中交流会（4〜6年）
10月	ユリンピック（運動会）、学習発表会
11月	校内球技大会（児童会）、ゆりっこミニまつり（児童会）
12月	クリスマス祝会、マナー教室（5・6年）
1月	スキー教室（4・5年）
2月	校内大縄大会（児童会）、校内卓球大会、キッズワールド（保護者会）、修学旅行（6年）
3月	感謝の集い（6年）、6年生を送る会（児童会）、卒業式、全校ミサ

■校訓

「純潔・愛徳」

●教育の三本柱
人との関わりを豊かに
神との出会いを豊かに
学ぶ力を豊かに

■教育理念

「キリスト教教育」「女子教育」「国際理解教育」

■建学の精神

創立者田口枢機卿は、ローマカトリック教会において、我が国はもとより、国際的に活躍した祈りの人であった。枢機卿は、先進国や発展途上国における様々な教育文化に精通し、その長い経験と枢機卿の人間讃歌が、本校を設立することとなった。

即ち人間にとって平和な社会、健全な体制、安定した秩序を実現する、最も肝要なことは、女性の深い教養であると認識し、宗教的情操教育を施しながら、円満な人格を育成し、人生の目的や意義を十分理解して、自らは「純潔と愛徳」を実践できる人になるよう教育することを建学の精神とした。

■特色

好奇心に満ちた多感な時期。あらゆることをどんどん吸収していく重要な期間である小学校6年間。基礎学力や個々の能力、個性を引き出し、可能性を伸ばす最適なカリキュラムを選定している。学ぶことの楽しさ、理解できたことの喜びを実感できる教育を目指している。

●英語力の向上

「使える英語」を目指し、外国語の学習・評価に使われている国際基準CEFRをベースに、6年間のカリキュラムが作られている。英語力に必要な「読む」「聞く」「話す」「書く」力がつくように指導を進める上で、子どもたちに「気づかせる」ということを心掛けている。特に、語彙力の強化と読む力をつけることを重視し、2年生から英語の本を教材として活用している。3年生になると辞書を引いて簡単なストーリーを創作し、発表したり伝え合ったりする場を設けている。さらに、英語検定に挑戦する児童を対象に放課後の英検講座を開催しており、5級～2級の合格者を輩出している。また、秋の学習発表会では、英語の歌や劇を通して英語で表現することに挑戦している。常勤のネイティブ教員と体育の授業をしたり、委員会やクラブ活動を行ったりすることで、日常的に英語に触れる機会を多く設けている。

●学力の拡充

すべての学力の基本は、楽しく学ぶことから始まると考え、子どもたちの意欲を引き出す教育を行っている。基礎基本の徹底はもちろん、高度な内容へと踏み込んで学習する。ICT活用を推進し、コミュニケーションを通して学び合い高め合う取り組みを行っている。また、年間を通して朝の読書タイムを実施し、本に親しむ環境作りをしている。

●心と体の健康増進

週4日の学校給食では、温かく栄養バランスのとれた食事を好き嫌いなくよく噛んで食べるよう指導している。また、医師の指導のもと、毎月「けんこうだより」を発行し正しい生活習慣について家庭にも知らせ、健康増進に取り組んでいる。

兵庫

学校からのメッセージ

カトリック女子校の百合学院では、次の3つの豊かさを大切にしています。

①「人との関わりを豊かに」 お互いのコミュニケーションを大切にして、自分と違う他者を認め、受け入れます。「人からしてほしいと思うことを、人にしなさい」という聖書の「黄金律」に従い、思いやりや奉仕の心を身につけます。

②「神との出会いを豊かに」 1人ひとりが神さまから大切にされていることに感謝し、お互いを大切にします。「いのち」は神から授かった尊い恵みです。自分の命も人の命も大切にします。

③「学ぶ力を豊かに」 神から授かったタレント(能力)を伸ばし、それを他者のために生かすという使命(ミッション)を念頭に置き、学力の向上に力を入れます。自分で考える姿勢を大切にしながら、全人的な成長を目指します。この3つの豊かさを基本にする本校は、温かい家庭的な雰囲気で学べる楽しい学校です。百合学院での6年間で、「心の目」が育ち、1人ひとりの可能性が豊かに開花します。

※掲載内容は発行時の情報となります。最新の情報については学校発表の情報を必ずご確認ください。

奈良県

奈良女子大学附属小学校
<ruby>奈<rt>な</rt></ruby><ruby>良<rt>ら</rt></ruby><ruby>女<rt>じょ</rt></ruby><ruby>子<rt>し</rt></ruby><ruby>大<rt>だい</rt></ruby><ruby>学<rt>がく</rt></ruby><ruby>附<rt>ふ</rt></ruby><ruby>属<rt>ぞく</rt></ruby><ruby>小<rt>しょう</rt></ruby><ruby>学<rt>がっ</rt></ruby><ruby>校<rt>こう</rt></ruby>

QRコードで学校HPにアクセスできます。

奈良県奈良市百楽園 1-7-28　☎ 0742-45-4455　https://www.nara-wu.ac.jp/fusyo/Welcome-jp.html

アクセス

●近鉄奈良線「学園前」駅北口より徒歩7分

■学 校 情 報

創立年	1911年（明治44年）	**【沿革】** 1911年…奈良女子高等師範学校附属小学校として仮校舎で入学式挙行
創立者	──	1943年…「自修創造」の教育目標を掲げる
児童数	420名（定員）	1948年…男女共学を実施 1949年…文部省実験学校に指定
教員数	19名（校長を含む）	1952年…奈良女子大学文学部附属小学校に校名変更 1961年…創立五十周年記念式典
制服	なし	2004年…国立大学法人奈良女子大学附属小学校に校名変更
土曜授業	なし	2011年…創立百周年記念式典
給食	あり（週4回）、弁当（週1回）	
スクールバス	なし	**【安全対策】** ・警備員が正門に常駐し、管理部が時々校内巡回を行う
転・編入制度	なし	・テレビカメラ4台設置、防犯警報システム（放送、ブザーなど）あり ・正門及び裏門をオートロック化
復学制度	あり（4年生末まで／1年以上就学） ※転出時に復学届を提出	・さすまたを設置 ・非常用押ボタン（放送システム） ・名札の着用
帰国子女受入	なし	・正門通過メール配信システム

※掲載内容は発行時の情報となります。最新の情報については学校発表の情報を必ずご確認ください。

奈良

■入 試 情 報

●応募状況

募集人数	男女 70 名（内部進学者約 48 名を含む）
志願者数	**2024** 非公表 **2023** 非公表 **2022** 非公表 **2021** 非公表 **2020** 非公表

●考査内容 _(当社調べ)

ペーパー、行動観察、面接（保護者・志願者）

●受験番号

非公表

●月齢の考慮

非公表

● 2024 年度入試日程　※実施済みの日程

願書配布	2023 年 7 月 11 日・9 月 9 日
出願期間	2023 年 9 月 22 日・23 日
選考	2023 年 10 月 21 日
合格発表	2023 年 10 月 25 日
入学手続きについての説明会	2023 年 10 月 25 日

※出願者が適正実施可能人数の上限をこえた場合は抽選を行う（抽選日／ 2023 年 9 月 30 日）。

● 2024 年度入試説明会日程　※実施済みの日程

教育方針説明会・学習見学会	2023 年 7 月 11 日、9 月 9 日

■諸 費 用

考査料	3,300 円

■系 列 校

●幼稚園：奈良女子大学附属幼稚園

●中学校・高校：

　　奈良女子大学附属中等教育学校

●大　学：奈良女子大学・同大学院

■主 な 年 間 行 事

4 月	入学式、前期始業式、春の運動会
5 月	創立記念日、春の遠足、保護者参観日（休日）、なかよしひろば開始
6 月	学習研究集会、プール開き
7 月	幼小プール体験、夏季休業前全校集会、臨海合宿（5・6 年）
9 月	夏季休業明け全校集会、プール水泳納めの会、秋の遠足
10 月	後期開始、秋の運動会、秋の遠足、防犯訓練
11 月	歩走練習、避難訓練
12 月	なかよし音楽会、冬季休業前全校集会
1 月	冬季休業明け全校集会、書作展
2 月	学習研究発表会、避難訓練、なかよし美術館
3 月	卒業式、スキー合宿（4・5 年）、修了式、新 1 年生保護者会

■教 育 に つ い て

国立大学附属として教育基本法並びに学校教育法に基づいて初等普通教育を行い、併せて教育に関する実証的研究及び本学学生などの教育実習を行う。附属幼稚園とともに幼小一貫教育を行っている。

■教 育 目 標

●自己を創造し、自己を確立し、実践していく子どもを育てる。

●伝統的な『奈良の学習法』の理念を受け継ぎ、自発的・協同的な生活態度をもった人間性豊かな子どもの育成をめざす。

■教育構造

● 大正期より100年以上にわたり、子ども主体のアクティブ・ラーニング『奈良の学習法』を貫く小学校。

● 「しごと」：自然、人間、社会の真実のすがたを求め、問題解決力を育む総合的な単元学習。

● 「けいこ」：人間形成における基本的な能力を習得させ、基礎的な力を養う教科的な学習。

● 「なかよし」：学級や小集団の中で、互いの友愛と協同によって、生きる力を育む学習。「道徳」と「特別活動」。

● 子どもの1人ひとりの学び方、生き方を、個性的な成長と個性的な充実として観察し評価して育てるために、通知表はない。保護者との面接によって、学習生活の評価を知らせる。

■学校生活・学習

● 朝の会、日記、日直、学習係など、子どもの主体的な活動を通して、学びの基盤をつくる。

● 個と共同を往還する学びの文脈の中で、能力を使って伸ばすようにする。

■なかよし委員会

「自分たちの手で、自分たちのために、自分たちの共同生活を向上させる」ことを目指して、その日の連絡や、よりよい生活のために必要なことを毎朝話し合い、各学級に伝えている。

奈良

■なかよしひろば

5歳児・1年生・2年生が集まって活動している。2年生がリードしながら、グループで共同の遊びや探究活動をつくっている。

■グループなかよし

4〜6年生の子どもがグループを作り、テーマを設定して、長期にわたって共同の探究活動を進めている。そのプロセスをまとめて集会で発表したり、ポスターセッションを行ったりする。

■自由研究（個の探究）

研究テーマの設定、研究方法の確立、実行、まとめ、発表準備まで、学級担任と保護者が連携して指導する。

■情報教育

タブレットは1人につき1台。学習の道具としてコンピュータを活用している。

私たちの教育

　私たちは、子どもも教師も、ともに成長し、ともに人間らしく生きることを願う教育を進めています。自分で生活をきりひらき、物事の真実のすがたを求め、納得のいくまでつきつめ、互いに尊重し合っていく人間でありたいと願います。子どもたちの考えかた、感じかた、行いかたを通じて真の子どもらしさを尊重し、子どもの自我を確立させるように具現したいと考えます。

　こうした考えから私たちの教育目標を、

　1．開拓・創造の精神を育てる

　2．真実追求の態度を強める

　3．友愛、協同の実践を進める

　の3点としています。

　「しごと」「けいこ」「なかよし」という教育構造は、この目標から発したものであって、単なる教育形態上の区分ではなく、教育目標をめざす人間形成の立場から、相互に有機的な関係をもって成立していくものです。

※掲載内容は発行時の情報となります。最新の情報については学校発表の情報を必ずご確認ください。

振替払込受付証明書貼付票

振替払込受付証明書（お客さま用）貼付箇所

裏全体に糊付けして
はがれないようにしっかり
貼り付けてください。

※「払込金受領証」と間違え
ないでください。

受検番号 ※

志願者氏名

（ 男 ・ 女 ）

（写真貼付）
写真裏面に志願者の
氏名を記入の上、貼
り付けてください。

入学願書提出前３か月
以内に撮影した縦４cm
横３cm、上半身、脱帽、
正面向きのもの

令和　年度　選　考　票

受検番号　　　　　　　　　　　　　　　　　　男・女

志願者氏名

電話　（　　　）　　　－

住所　〒　　　－

奈良女子大学附属小学校

入 学 願 書

奈良女子大学附属小学校長

下記の者を奈良女子大学附属小学校第一学年に入学させたく
お願いいたします

令和　年　月　日

保護者　　　　　　　　　　㊞

（写真貼付）
写真裏面に志願者の
氏名を記入の上、貼
り付けてください。

入学願書提出前３か月
以内に撮影した縦４cm
横３cm、上半身、脱帽、
正面向きのもの

			受検番号 ※	性 別	印 ※
志願者	ふりがな				
	氏　名			男 ・ 女	
	生年月日	平成　　年　　月　　日生まれ			
	現住所（住民票の住所）	〒　（　　　）			
	校区	（奈良県・大阪府・京都府）立　　　　　　小学校　校区			
	経歴	幼稚園・保育園（所）・こども園　令和　年３月　修了予定			
保護者	ふりがな				志願者との続柄
	氏　名				
	現住所	〒　（　　　）			
	自宅不在の際の連絡方法	電話（　　　）　－			

※印欄は記入しないでください。

奈良教育大学附属小学校

奈良県奈良市高畑町　☎ 0742-27-9281　https://www.nara-edu.ac.jp/ES/index.htm

 共学　 給食

アクセス
●近鉄奈良線「近鉄奈良」駅、JR「奈良」駅より
　市内循環バス「高畑町」下車

■ 学 校 情 報

創立年	1889 年（明治 22 年）	**【沿革】** 1889 年…奈良県尋常師範学校附属小学校（男子部）創設 1902 年…奈良県師範学校女子部附属小学校創設 1950 年…男子部と女子部の両附属小学校が合併 1951 年…奈良学芸大学附属小学校と改称 1963 年…高畑町の新校舎へ移転 1972 年…奈良教育大学教育学部附属小学校と改称 2004 年…校舎全面改修 　　　　　国立大学法人奈良教育大学附属小学校となる 2010 年…特別支援学級校舎改修
創立者	――	
児童数	540 名（1 クラス約 30 名）	
教員数	32 名（講師を含む）	
制服	あり	
土曜授業	なし	
給食	あり（アレルギー対応あり）	**【安全対策】** ・児童在校時、来校者は受付で記名し、プレートをつける ・大学通用門に警備員を配置、校内巡視を行う ・各階に防犯カメラを設置 ・各教室にインターホンを設置 ・PTA組織として「生活安全部」があり、保護者が「生活安全部」として腕章をつけ、校内や高畑町バス停、近鉄・JR奈良駅のバス停に立つことがある ・交通安全教室配布
スクールバス	なし	
転・編入制度	あり（附属間のみ）	
復学制度	なし	
帰国子女受入	なし	

奈良

※掲載内容は発行時の情報となります。最新の情報については学校発表の情報を必ずご確認ください。

■入 試 情 報

●応募状況

募集人数	男女 90 名（内部進学者を含む）

志願者数	2024 非公表 2023 非公表 2022 非公表 2021 非公表 2020 非公表

●考査内容

抽選、健康診断、面接（志願者）

●受験番号

非公表

●月齢の考慮

非公表

● 2024 年度入試日程　　※実施済みの日程

願書配布	2023 年 7 月 27 日〜9 月 13 日（1 次） 2023 年 9 月 29 日〜11 月 15 日（2 次）
出願期間	2023 年 9 月 13 日・14 日（1 次） 2023 年 11 月 15 日・16 日（2 次）
選考	2023 年 9 月 28 日（1 次） 2023 年 11 月 30 日（2 次）
合格発表	2023 年 9 月 28 日（1 次） 2023 年 11 月 30 日（2 次）
入学許可証の 交付	2023 年 10 月 30 日・31 日（1 次） 2023 年 12 月 25 日・26 日（2 次）
入学説明会	2024 年 2 月 16 日

● 2024 年度入試説明会日程　　※実施済みの日程

学校説明会	2023 年 7 月 27 日、8 月 26 日、 10 月 26 日

■諸 費 用

考査料	1,100 円
面接・健康診断に かかる費用	2,200 円

■系 列 校

- ●幼稚園：奈良教育大学附属幼稚園
- ●中学校：奈良教育大学附属中学校
- ●大　学：奈良教育大学・同大学院

■主 な 年 間 行 事

4月	1 学期始まりの会、入学式、 1 年生をむかえる会、前期児童委員選挙
5月	PTA 総会、春の社会見学、 ヒロシマ修学旅行（6 年）
6月	教育実習、水泳学習
9月	2 学期始まりの会、教育実習、 後期児童委員選挙
10月	体育大会、秋の社会見学
11月	PTA 研究会
12月	和歌山旅行（5 年）、かけ足・マラソン大会
1月	3 学期始まりの会
2月	教育研究会、5 年生が中心になる会
3月	全校美術展、卒業式、卒業の会

■教 育 内 容

　子どもを主人公にし、子どもたちが人間的な自立にむけて歩むことをめざした教育を行っている。

■教 育 目 標

①「すこやかなからだをもった子」「たしかな知識をもった子」「豊かな心をもった子」「よく働く子」の 4 つを柱とし、それらを支えることとして「集団の中でみがきあって伸びる子」をかかげている。ものごとの本質をみきわめて、すじ道だった考え方ができる子ども、みんなとともに考え自己を正しく表現できる子どもに育てることをめざしている。

②本校は大学と連携して、教育の理論及び実践に関する研究を行う。また、本学の学生などの教育実習がある。

■教育のめあて

●低学年

・よく食べ、力いっぱい体を動かす。

・よく聞き、自分の思いを話せる。

・自然にふれ、しっかりとものを見る。

・自分でできることや、みんなでできることをふやす。

●中学年

・からだをきたえ、すすんで仕事をする。

・生活や学習に計画性をもつ。

・からだを通して、自然や社会をありのままに見る。

・みんなで考え、みんなで考えたことを尊重する。

・個性を生かし、集団生活を活発にする。

●高学年

・最後までやりぬく体力と気力をつける。

・すじ道のたった考え方を伸ばし、学力を高める。

・美しさ（ゆたかな文化）を求め、真実を追究する。

・組織を通して共通の目標に協力する。

●特別支援学級

・力いっぱい体を動かして、身体機能を高める。

・話す力や書く力、数量認識を育てる。

・自然や人や物に積極的に働きかける力を育てる。

・ねうちのあるものに感動し、表現する力をつける。

・基本的な生活習慣を身に付ける。

・なかまと力を合わせてできることをふやす。

■児童会活動

児童会活動は次の3つのことを大切にしている。

●願いを出し合い、願いを叶える道筋を学ぶ

●自分たちの手で自分たちの文化を創り出す

●集団としての規律を生み出す

児童会のとりくみでは、子どもたち自身が自分たちの願いを確かめ、みんなでその意味を考えて、願いそのものを高めていくことを大事にしている。自分たちの願いを実現し高めていく過程で、子どもたちは自分たちの文化を創り出していく。また、仲間と力を合わせる経験を積んでいく。そして、子どもたちはとりくみを見通す力も伸ばしていく。

学校生活における集団的な規律も、児童会活動を含めた教科外のとりくみの中で自主的に生み出されていくものである。子どもたちの身近なくらしを糸口にして、学ぶ環境としての規律を生み出すことをめざしていきたいと考えている。

奈良

わたしたちのめざす学校 -みんなの学校-

　学校は、まずなによりも子どもたちのためにあります。すべての子どもたちが、1人ひとりの発達の課題に応じて学び、かしこく健やかに心ゆたかに成長していくところが学校です。

　小学校と中学校の教育を義務教育と言いますが、これは子どもたちにとって学校に通うことが「義務」という意味ではありません。教育が納税・兵役とならぶ三大義務とされたのは、戦前の話です。現在では、教育は子どもたちの「権利」としてとらえられています。子どもたちはどの子も学校で学ぶ権利を持っているのです。その権利を護り発展させるために、国や自治体には、学校をつくり教育環境を整える責務があり、保護者には子どもを学校に通わせる責任があり、わたしたち教職員は、子どもたちの学びを輝かせる教えを追求する職責を持っています。大人たちが、子どもの教育のために「義務」を負っているのです。

　このことからもわかるように、学校は国民みんなのものです。将来を担っていく子どもたちの教育に責任を持つところですから、みんなで大事に発展させていきたいと思います。子どもを真ん中にして、わたしたち教職員とおうちのみなさんがしっかりスクラムを組むことが、みんなの学校をつくっていく基礎になります。ともに力を合わせていきましょう。

《参考資料》

通常学級　　　　　　　　　　受検番号（　　　　　）　　受付印

入　学　願　書

ふりがな 受検児氏名	性別　男・女
	生年月日　平成　　年　　月　　日
入学前の経歴	立　幼稚園（　　市・郡　　町） 　　　　　　保育園（　　市・郡　　町）保育　　　カ年 　　　　　　子ども園（　市・郡　町） 家庭にて養育
ふりがな 保護者氏名　　　㊞	受検児との関係 （父・母など）
住所　〒 　　　　TEL　　ー　　ー	小学校区名 　　　　　小学校区

20　（令和　　）年　　月　　日（受付）

奈良教育大学附属小学校長　殿

◎記載上のご注意
1. 受検児氏名及び生年月日は、戸籍のとおりご記入ください。なお、氏名にはふりがなをつけてください。
2. 性別は、「男」または「女」の該当事項に〇印をつけてください。
3. 入学前の経歴には、「〇〇幼稚園・保育園・子ども園にて〇カ年保育」の箇所に記入、「家庭にて養育」の方は〇印をつけてください。
4. 小学校区名には、居住地の公立小学校区名をご記入ください。
5. 電話は、携帯電話など日中につながる番号をご記入ください。（補欠合格に関わる連絡のため）
6. 入学願書を提出する「受付」日に、〇印をつけてください。
なお、入学願書受付当日は、印鑑をお持ちください。　　※記載いただいた個人情報については、附属小学校において厳重に管理させていただきます。

奈良

※ 2022年4月、奈良育英小学校より校名変更

奈良育英グローバル小学校

QRコードで学校HPに
アクセスできます。

奈良県奈良市法蓮町 1000 ☎ 0742-26-2847 https://www.superstudy.ai

共学　給食

アクセス
●近鉄奈良線「近鉄奈良」駅より徒歩 10 分
●ＪＲ「奈良」駅より徒歩 15 分

■ 学 校 情 報

創立年	1956 年（昭和 31 年）
創立者	藤井長治
児童数	106 名（1 クラス 30 名／定員）
教員数	15 名（非常勤 4 名を含む）
制服	あり
土曜授業	なし（学校行事の時あり）
給食	あり（月〜金曜日） ※アレルギー対応あり
スクールバス	なし
転・編入制度	あり（事前相談）
復学制度	あり（事前相談）
帰国子女受入	あり（事前相談）

【沿革】
1916 年…藤井高蔵・ショウ夫妻、奈良市花芝町に、私立育英女学校を創立
1923 年…現在の校地（奈良市法蓮町）に校舎を新築移転、奈良育英高等女学校を設立（育英女学校は、奈良育英裁縫女学校、奈良育英実践女学校と改称、1943 年まで上記に併設）
1944 年…藤井家の寄附により、設立者を財団法人奈良育英高等女学校とする
1951 年…学校法人奈良育英学園となる
1953 年…奈良育英幼稚園を設置
1956 年…奈良育英小学校を設置
2016 年…学園創立 100 周年
　　　　小学校創立 60 周年
2022 年…奈良育英グローバル小学校に校名を変更

【安全対策】
・通用門設置
・防犯カメラ設置
・正門と南門に警備員配置
・全校児童に防犯ブザーの配布
・児童下校時は職員による立哨・低学年担任の引率

※掲載内容は発行時の情報となります。最新の情報については学校発表の情報を必ずご確認ください。

奈良

■入 試 情 報

●応募状況

募集人数	1次　男女30名 1.5次・2次　男女若干名
志願者数	2024 非公表 2023 非公表 2022 非公表 2021 非公表 2020 非公表

●考査内容

ペーパー、口頭試問、行動観察、制作、運動、面接（保護者・志願者）

●受験番号

願書受付順

●月齢の考慮

なし

● 2025 年度入試日程（一次）

出願期間	2024 年 8 月 26 日〜9 月 11 日
選考	2024 年 9 月 14 日・15 日
合格発表	2024 年 9 月 16 日（Web） 2024 年 9 月 17 日（郵送）

● 2025 年度入試説明会日程

学校説明会	2024 年 5 月 25 日 （オンライン：6 月 14 日）
入試説明会	2024 年 7 月 6 日 （オンライン：8 月 25 日）

■諸 費 用

考査料	15,000 円
入学時	
入学金	100,000 円
施設設備資金（入学時のみ）	50,000 円
年額	
授業料・教育費・ 教育充実費（合計）	576,000 円

■系 列 校

- ●幼稚園：奈良育英認定こども園
- ●中学校：奈良育英中学校、育英西中学校
- ●高　校：奈良育英高等学校、育英西高等学校

■主 な 年 間 行 事

4 月	入学式、修学旅行 in 沖縄（6 年）、 なかよしグループ・クラブ開始（4 年）
5 月	1 年生歓迎運動会、山の学校（3・4 年）、 交通安全教室、春の遠足
6 月	日曜参観（親子ドッジボール）
7 月	七夕集会、サマーキャンプ（5・6 年）
9 月	読書感想文発表会、運動会
10 月	写生会、秋の遠足
11 月	バザー、なかよしドッチボール大会
12 月	学習発表会、かけ足納会
1 月	スケート教室（4・5 年）
2 月	雪遊び（2・3 年）、なかよし発表会、 6 年生を送る会、卒業遠足
3 月	卒業パーティー（6 年）、卒業式

■育 英 誓 願

私たちは常に意を誠にし
完全の道を篤く信じ
世界四聖の心を慕い
問学修行に精を尽くし
家を敬愛し国を敬愛し
全ての隣を敬愛して
万事に完全を期せんことを
誓願いたします

■教 育 目 標

神を信じ、人を愛し、道義を重んじ、真理を愛し、職分を貴び、勤労を楽しむ精神を涵養し、完全な人格を育成する。

■教育方針

「世界に出ても負けない子どもに育てる」
劇的に変わりゆくこれからの時代を力強く生き抜くために、子どもたちの人間としての本性を正しく伸ばしつつ、自主創造の能力と友愛協同の精神を礎にした、しなやかで強いメンタリティを養成し、世界で活躍できる人材の素地を形成します。

■特色ある教育

（1）「玉井式算数」

タブレットや電子黒板など ICT 機器を活用しながら創造力の育成のために，低学年では「国語的算数教室」、高学年は「図形の極」に取り組んでいます。ストーリー性のあるアニメーションを使った動画から、状況を掴んで算数に結びつく情報を的確に選ぶ力をつけていきます。その自分の考えや答えを式で表すだけではなく、自分の言葉で表現していくのでイメージング力と読解力が必要な算数です。

（2）「ユネスコスクール」

本校の大きな特徴の体験学習を重視した学習、「本物に触れ、本物のすばらしさを体感する」取り組みは、ユネスコが提唱する「地球規模の問題に積極的に関わる学び」として、ユネスコスクールに認定されました。
「人とのつながり、自然とのつながり、いのちのつながりを考え、未来の社会の担い手を育む」取り組みを、近年 ESD（持続可能な開発のための教育）として取り上げますが、本校では開校以来、社会の変化に順応して、テーマを設定して取り組んでまいりました。現在のテーマは「奈良から世界へ　いのちと私たち　～はぐくむ、まもる、つなぐ～」として低学年、中学年、高学年の成長段階、学習領域にあわせた活動を取り入れています。

■外国語教育

英語：全学年、外国人講師・日本人講師による授業と海外の同世代の子ども達と交流する国際交流学習を実施しています。

■トランスリンガル教育

世界に出ても負けない力を育てるための新たなチャレンジです。母国語の日本語の習得を最重要視しながらも、英語をはじめとする外国語の日常的な学びを通して、その時々の相手や状況に応じて適切な「ことば」や「ふるまい」を選び、コミュニケーションを図ることができる力を養成します。

■STEAM 教育

土台となる知識取得学習はもちろんのこと、ICT をフル活用した最先端の学習環境を整え、分野横断的な学びや、探求の時間を通しての想像力や問題解決力、発信力などを育みます。

■校外学習

2・3年「雪あそび」
3・4年「山の学校(奈良市野外活動センター　　　　1泊2日)」
5・6年「臨海合宿（三重県御座白浜　　　　2泊3日)」
6年「サマーキャンプ（休暇村近江八幡1泊　　　2日)」など

※掲載内容は発行時の情報となります。最新の情報については学校発表の情報を必ずご確認ください。

奈良

《参考資料》

受験番号	※

奈良育英グローバル小学校入学願書

奈良育英グローバル小学校長　　　　　　　　**様**

貴校第1学年に入学を志願いたします。

	写真貼付
	上半身・脱帽 最近3ヵ月以内 に撮影のもの （5cm×4cm）

年　　　月　　　日

ふりがな 志願者氏名		男　・　女
		年　　月　　日生
現　住　所	郵便番号（　　　　　　） 電話	
幼　稚　園 保　育　園 こども園	年　　　月	幼稚園 保育園 卒園見込 こども園
ふりがな 保護者氏名	印	志願者との続柄

奈良育英グローバル小学校考査票

受験者	受験番号	※	写真貼付
	ふりがな		入学願書と同じもの をはってください。
	氏　　名		
	生年月日	年　　月　　日	

奈良

253

帝塚山小学校
てづかやましょうがっこう

奈良県奈良市学園南 3-1-3　☎ 0742-41-9624　https://www.tezukayama-e.ed.jp

アクセス

●近鉄奈良線「学園前」駅より徒歩1分

奈良

■学校情報

創立年	1952 年（昭和 27 年）
創立者	森礒吉
児童数	400 名（1 クラス 30 ～ 38 名）
教員数	40 名（非常勤 17 名を含む）
制服	あり
土曜授業	なし
給食	あり（月～金）、弁当持参も可
スクールバス	なし
転・編入制度	あり（欠員時）
復学制度	なし
帰国子女受入	なし

【沿革】
1952 年…帝塚山小学校開設、学校長は森礒吉学園長が兼任
1958 年…教育目標を「考える子ども」とし、以来毎年のように研究発表会を開催
1969 年…研究機関誌「てづかやま」創刊
1996 年…新校舎（奈良市建築文化奨励賞受賞）、体育館、温水プール完成
1997 年…児童機関誌「まつぼっくり」創刊、オーストラリア姉妹校協定の締結
2005 年…本校英語教育が文部科学省教育改革推進モデル事業に指定
2012 年…創立 60 周年を迎える

【安全対策】
・テレビ画像付きインターホン
・オートロック式の電気錠
・テレビ監視カメラ
・非常警報設備　・警備員の配置
・IC タグ
・GPS タグ
・STAND BY 報告システム
・エマージェンシー（災害警告灯）設置
・全児童 3 日分の非常食備蓄
・月に 1 度の防災訓練実施

※掲載内容は発行時の情報となります。最新の情報については学校発表の情報を必ずご確認ください。

■入 試 情 報

●応募状況

募集人数	男女約 70 名
志願者数	**2024** 男女　83 名 **2023** 男女　71 名 **2022** 男子　34 名　女子 41 名 **2021** 男子　40 名　女子 54 名 **2020** 男子　26 名　女子 58 名

●考査内容

ペーパー、口頭試問、行動観察、運動、面接（保護者）

●受験番号

願書受付順

●月齢の考慮

あり

● 2025 年度入試日程（1 次）

願書配布	Web
出願期間	2024 年 8 月 26 日〜9 月 3 日（Web）
選考	2024 年 9 月 21 日（考査）
保護者面接	2024 年 9 月 7 日・8 日
合格発表	2024 年 9 月 21 日（Web）
入学手続き	2024 年 9 月 24 日〜9 月 30 日

● 2025 年度入試説明会日程

説明会	2024 年 6 月 15 日、7 月 27 日

■諸 費 用

考査料	15,000 円
入学時	
入学金	180,000 円
年額	
授業料	650,000 円
施設設備充実費	65,000 円
育友会費	6,000 円
教育後援会費	12,000 円

※別途、制定品費等あり。

■系 列 校

- ● 2 才児：帝塚山学園（2 才児教育）
- ●幼稚園：帝塚山幼稚園
- ●中学校：帝塚山中学校
- ●高　校：帝塚山高等学校
- ●大　学：帝塚山大学・同大学院

■主 な 年 間 行 事

4 月	入学式、新入生対面式、参観日
5 月	1 年生歓迎遠足、交通安全指導、スポーツテスト
6 月	林間学舎（6 年）、田植え（5 年）、英語国内留学（3〜6 年）
7 月	個人面談、臨海学舎（4・5 年）、学年合宿
8 月	学年合宿、水泳記録会
9 月	学年遠足、学年合宿
10 月	運動会、稲刈り、防災訓練（小中高合同）、音楽祭
12 月	英語発表会、個人面談
1 月	スキー教室（4・5 年）、大和文華館見学会（4〜6 年）
2 月	学習発表会、スキー教室（6 年）、漢字能力検定、プレスクール
3 月	新入生保護者会、美術作品展、卒業生を送る会、卒業式、新入生家庭訪問

■創 立 者 の 言 葉

教育においては個性は尊重されるだけでは足りない。同時に個性を生かす教育でなければならない。伸びよう伸びようとする心身を正しく伸ばして行くように教育者は見守ってやらなければならない。

森礒吉先生「遺稿集」"教育語録"より

■教 育 目 標

『根っこを鍛える教育』

●「考える子ども」を育てる

小学校のこの時期に「考える」習慣を徹底的につけることで、主体的な学習姿勢を養い、人生の基盤となる根っこを地中深くに伸ばす。

●心を磨き「共感力」を高める

心がしなやかで素直なこの時期に、相手を想う心や豊かな感性を磨くことで、将来にわたって折れることのない、太くて丈夫な根っこを育てる。

●本物にふれ「可能性」を広げる

体全体で本物にふれあう実体験は、子どもたちの世界を広げる。広範囲に興味の根っこをはることで、好奇心を養い、将来の可能性を広げる。

■6年間の子どもの育ちの姿

●低学年－鍛える－

①基本的な生活習慣を確実に身に付ける。

②基本的な学習習慣・読書習慣を確実に身に付ける。

③本物にふれ、豊かな感性を磨く。

●中学年－チャレンジ－

①さまざまな事柄に挑戦し、自らの世界を切り開く力を身に付ける。

②友達を大切にし、仲間で協力し合う大切さを知る。

●高学年－見直す－

①自らを振り返り、自分らしさを磨き上げる力を身に付ける。

②学校の中心として責任感を持ち、気品と誇りを持って行動する姿勢を大切にする。

■き め 細 か い 指 導

●専門教師による指導

理科（3～6年）、音楽・美術・英語・情報（1～6年）、算数（4～6年）、家庭科（5・6年）、体育（1～6年）、社会（5・6年）

●複数教師による指導

英語（1～6年）、情報（1～6年）、1年副担任制

●少人数制指導・TT授業

1学級を半分に分けての指導、英語（1～3年）

■外 国 語 教 育

英語：各学年週2時間と毎日のモジュール学習。日本人教諭1名、外国人講師3名。

1クラスを2つに分け20名の小集団指導を実施。ほとんど日本語を使わず、英語だけで授業を構成しています。英語による英検や英語劇など応用力をつける学習にも力を入れています。また、毎朝のモジュール学習を実施し、確実に英語力を身に付けることを目指しています。3・4・5年生に「英語国内留学」を実施。英語圏の様々な国から専門講師を招き、英語による各授業を展開しています。

●国際交流

本校では1996年より海外の学校との交流を続けてきました。現地では、学校交流や様々な体験を通して異文化理解と相互交流を深めます。海外の学校が来校した際には、日本の遊びを教えたり、楽しく交流しています。

●外部英語コンテスト

英語の力をさらに高めたい子どもが、本校教員指導のもと、外部コンテストに挑戦しています。

奈良

校長先生からのメッセージ

帝塚山小学校は、2022年に創立70周年を迎えました。本校では、確かな伝統と恵まれた環境のもと、将来豊かな果実を実らせるために、子どもたちの『根っこの部分を鍛えぬく』教育を目指します。

目先の成果にとらわれず、10年先、20年先に幹を太らせ、天空に枝を広げ無限の可能性に向かって伸び続ける子どもを育てたい。教職員1人ひとりそんな熱い思いをもって、日々子どもたちと取り組んでいます。

※掲載内容は発行時の情報となります。最新の情報については学校発表の情報を必ずご確認ください。

◆帝塚山小学校◆

試験の内容

考査内容	ペーパー（お話の記憶、推理、図形、言語など）、運動、口頭試問、行動観察
	保護者面接（考査日前に実施）
備考	2022 年度、2 次募集（若干名）を実施。

基礎から応用まで幅広く出題。
どの分野も「指示の理解」が重要。

ペーパーテスト、運動、口頭試問、行動観察、面接が行われました。ペーパーテストにおいては、お話の記憶と図形分野が頻出となっています。年度によっての大きな変化はありません。当校が掲げている教育目標が、出題方法や内容からも読み取れることから、志望される方は、学校への理解を深めることが対策の基本となります。説明会において出題傾向が説明され、その分野がそのまま出題されているので、説明会に必ず参加するようにしましょう。

行動観察の中では、「靴・靴下を脱ぐ」「お弁当を食べる・片付ける」というような、日常生活に密着した課題がよく出されます。試験全体を通しても、体験が重視されていると言えるでしょう。

面接は、保護者面接が考査日前に、志願者は個別とグループ形式での口頭試問形式で行われています。保護者に対する質問内容は、説明会や公開授業に関すること、家庭教育・育児に関することなど広範囲にわたります。志願者については、絵に関する質問から始まる個別の形式と、絵に関する質問が全員に投げかけられ、挙手で答えるグループ形式の 2 パターンで行われます。

過去の出題例

ペーパーテスト

言語（頭音つなぎ）

左側の四角の絵の最初の言葉をつなげてできるものを右の四角から選んで○をつけてください。

図形（回転図形）

左側の絵を矢印の方向に 1 つ回転させるとどうなりますか。右の絵から正しいものに○をつけてください。

行動観察

シートの上でお弁当を食べる（おままごと）、紙コップでタワー作り

運動テスト

頭上ボール投げ＆キャッチ、ケンパ、平均台、先生と同じポーズをする、スキップなど

試験のポイント

面接・口頭試問の質問例

保護者

・志望理由をお聞かせください。

・体験入学や説明会の印象を教えてください。

・お子さまの名前の由来を教えてください。

・今、幼稚園や保育園でお子さまが興味を持っていることは何ですか。

・躾で気を付けていることを聞かせてください。

志願者

（絵を見て質問に答える）

・名前を教えてください。

・この絵は何をしているところですか。

・この中で自分の体験したことはありますか。その時、どう思いましたか。

※このページは弊社発行の学校別問題集の内容に基づいて作成しています。

近畿大学附属小学校

（きんきだいがくふぞくしょうがっこう）

QRコードで学校HPにアクセスできます。

奈良県奈良市あやめ池北 1-33-3　☎ 0742-53-1200　https://www.fes-kinder.kindai.ac.jp/fes/

アクセス

●近鉄奈良線「菖蒲池」駅より徒歩 1 分

■学 校 情 報

創立年	1954 年（昭和 29 年）	
創立者	世耕弘一	
児童数	670 名（1 クラス 30 名）	
教員数	58 名（非常勤 18 名を含む）	
制服	あり	
土曜授業	月 2 回土曜日登校	
給食	ケータリング弁当（月・火・木）、弁当（水・金）	
スクールバス	なし	
転・編入制度	あり（新 2 ～ 4 年生）	
復学制度	なし	
帰国子女受入	なし	

【沿革】

本校は、1954 年、近畿大学初代総長・世耕弘一先生の、「幼稚園より、小学校・中・高等学校・大学・大学院と一貫した理念の教育を施し、日本再興の柱石となる人物を育成するとともに、小学校教育の活範を示し、以て日本のあるべき小学校教育振興の一つの源泉たらしめたい」という念願のもとに創設されました。近畿大学学園の教育理念「人に愛される人、信頼される人、尊敬される人になろう」を軸に教育活動が行われ、現在に至っています。

1954 年…創立
1991 年…増学級（1 学年 3 クラス編成）
2010 年…あやめ池キャンパスに移転
　　　　　（1 学年 4 クラス編成）
2014 年…創立 60 周年記念行事
2015 年…運動場を人工芝生化
2021 年…Apple Distinguished School 認定

【安全対策】
・テレビ画像付きインターホン
・オートロック式の電気錠
・非常警報設備
・テレビ監視カメラ
・警備員の配置
・子ども向け携帯電話所持の推奨

※掲載内容は発行時の情報となります。最新の情報については学校発表の情報を必ずご確認ください。

奈良

■入 試 情 報

●応募状況

募集人数	1次 男女115名（内部進学者を含む） 2次 男女5名
志願者数	2024 男女148名 2023 男女152名 2022 男女156名 2021 男女121名 2020 男女120名

●考査内容

ペーパー、口頭試問、行動観察（生活・集団活動）、
面接（保護者）

●受験番号　願書受付順

●月齢の考慮　なし

● 2025 年度入試日程（1次）（予定）

願書配布	Web
出願期間	2024年8月23日〜9月4日（Web）
選考	2024年9月14日（保護者面接）、 9月18日（入学試験）
合格発表	2024年9月20日（Web）
入学手続き	2024年9月20日〜26日

● 2025 年度入試日程（2次）（予定）

出願期間	2025年1月31日〜2月7日
選考	2025年2月11日
合格発表	2025年2月13日（Web）

● 2025 年度入試説明会日程

説明会	2024年7月31日（近小入試ナビ）
プレスクール	2024年5月18日、6月29日

■諸 費 用

考査料	20,000 円
入学時	
入学金	200,000 円
制服・用品費	約 130,000 円
年額	
授業料	660,000 円
施設費	100,000 円

※その他、教材費、保教会費（約122,000円）が必要。

■系 列 校

- ●幼稚園：近畿大学附属幼稚園
- ●中学校：近畿大学附属中学校
- ●高　校：近畿大学附属高等学校
- ●短　大：近畿大学短期大学部
- ●大　学：近畿大学・同大学院

■主 な 年 間 行 事

4月	入学式、新入生歓迎会
5月	春の遠足、吉野学舎（2年）
6月	北海道修学旅行（6年）、水泳学習
7月	サマー集会、水泳学習、臨海学舎（6年）、 夏期近小ゼミ⁺（前期）（4年以上／希望者）
9月	夏休み作品展、運動会
10月	東京学習旅行（5年）、中京学習旅行（4年）、 比叡山学舎（3年）、信貴山学舎（1年）、 秋の遠足
11月	近小焼展、親子歴史ウォーク、 キッズウィーク
12月	音楽会、ウィンター集会、 冬期近小ゼミ⁺（4年以上／希望者）
1月	耐寒訓練
2月	芸術鑑賞会（音楽・劇）、耐寒生駒登山、 近小フェスティバル、図工・書写展
3月	6年生を送る会、卒業式

■建 学 の 精 神

　近畿大学は「実学教育」と「人格の陶冶（とうや）」を
建学の精神としています。附属小学校では、
創設当時からこの建学の精神を受け、「本物か
ら学ぶ」ことを大切にしてきました。

■教 育 目 標

○自律した学習者の育成

○社会に役立つ人材の育成

　教育の目的を実現するためには、確かな学力を身
に付け、他を思いやる優しい心やたくましい身体づ
くりを通して、自ら学習に取り組み、社会に役立つ
人物を育成することが大切であると考えています。

■教育の目的

「人に愛される人、信頼される人、尊敬される人になろう」

■教育方針

●叡智教育

○確かな学力の向上…問題解決型学習による主体的な学習活動／学級担任による教科担任制（4・5・6年）／複数教員による算数TT（ティーム・ティーチング）／宿泊を伴う体験学習（北海道・東京・中京・英国語学研修）

○近畿大学との交流…医・法・文芸・薬・農

●道徳教育

あいさつ・礼儀／宿泊を伴う心の教育（信貴山・吉野・比叡山）／基本的生活習慣の実践

●健康教育

正しい姿勢の指導／臨海学舎における遠泳／耐寒かけ足・登山など／学期毎に体力増進ウィーク

■外国語教育

英語：全学年週2時間

日常会話、歌や踊りで表現。イギリス・オックスフォードでのサマースクールに参加（4・5年希望者）。

5・6年で TOEFL Primary 全員受験

■情報教育

各教科で iPad を使った ICT 教育を実施。授業では Communication と Creation を重視し、プレゼン発表や動画製作を通じて子どもたち一人ひとりの考えを、友だちと交流させることで、よりよい考えに発展させる学習を低学年から行っています。

■特色

●算数科教育

○TT（ティーム・ティーチング）…1〜6年。1つの学級を複数の教員で指導。

○問題解決型学習…自力解決力を身に付ける。

●国語科教育

「日常生活にいかせる国語力・自己表現力」の習得。全学年で漢字能力検定を受験。

●教科専科制

理科、音楽、図工、家庭、英語、書写、図書、情報。4・5・6年完全教科担任制。

●少人数学級

1クラス30名程度。

●放課後学習の実施（近小ゼミ⁺）

習熟度別学習、e-ラーニングもとり入れている（4年以上）。

●ICT 教育

全学年で1人1台 iPad を使っての授業。これまでの実績が評価され 2021 年に日本の小学校で3校目の Apple Distinguished School に認定。

●個性を伸ばす教育

Another Stage（音楽）、チャレンジギャラリー（図工）

■近畿大学との連携授業

建学の精神である「実学教育」を実践すべく、総合大学である近畿大学との連携プログラムを積極的に展開しています。

○医学部・奈良病院の見学（6年）

○法学部・模擬裁判（5年）

○薬学部・おくすり教室（3・5年）

○情報学部・プログラミング実習（5年）

○農学部・食育（4・6年）

○吹奏楽部・芸術鑑賞会（全学年）

○原子力研究所の見学（5年）、大学プールでの水泳実習（5・6年）ほか

学校からのメッセージ

　近鉄菖蒲池駅すぐ、自然あふれる環境のもと、子どもたちはのびのびと学校生活を送っています。本校は、三大方針である智・徳・体の三位一体の教育を展開し、また、伝統の体験学習（学舎や学習旅行）では、思いやりの心と感謝の気持ちを育んでいます。日々の授業では、今、社会が必要とする思考力・判断力・表現力・活用力・主体性が身に付くようきめの細かい授業を行っています。

※掲載内容は発行時の情報となります。最新の情報については学校発表の情報を必ずご確認ください。

奈良

◆近畿大学附属小学校◆

試験の内容

考査内容	ペーパー（図形、数量、お話の記憶、推理、常識など）、巧緻性、口頭試問、行動観察
	保護者面接（考査日前に実施）

過去の出題例

ペーパーテスト

図形（回転図形）

ワンダはお父さんに買ってもらった色鉛筆で左の図形を描きました。この図形を矢印の方向へ回転するとどうなります

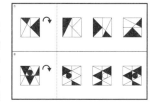

か。正しいと思うものに○をつけてください。

数量（たし算・ひき算）

ワンダは、パーティーの準備で大いそがし。お皿にケーキを載せようとしますが、このままではお皿が足りません。

いくつ足りないでしょうか。下の四角にその数だけ○をつけてください。

生活 巧緻性

切る、塗る、ボタンを留める、服をたたむ、箸を使う

行動観察

音楽にあわせて行進、ジャンケン列車、ケンパなど

面接の質問例

ご両親へ

・志望理由をお聞かせください。

・お子さまが学校から帰ってきた時、お友だちから無視され落ち込んでいる様子です。どのようにお子さまに対応されますか。

・当校に対して、何か希望がありましたらお話しください。また事前に伝えたいことがあればお話しください。

・最近、どんなことでお子さまをほめましたか。また逆に叱ったことがあれば、そのエピソードをお聞かせください。

・躾でこれだけはしっかりできているというところはどんなことですか。

・最近、いじめなど学校で色々なトラブルがある世の中になりました。当校に対して何か要望はありますか。

試験のポイント

ペーパーテストは思考力がカギ。柔軟な発想と判断力が必要。

例年、試験日前に保護者面接が実施され、その後入学試験が1日で行われています。保護者面接では、お子さまとのコミュニケーションや学校に関する質問がありました。

ペーパーテストの出題範囲に大きな変化は見られませんが、生活習慣、常識などの分野では、当校独特の出題形式も見られました。具体的に現在、当校が授業で力を入れていることと、試験内容を照会させると、「思考力」という1つのキーワードが見えてきます。付け焼き刃では対応しにくい分野なので、万一理解が不充分な状態で臨んでしまうと、その後の課題も尾を引く結果になりがちです。ハウツーに頼らない、活きた学習を心がけましょう。

ペーパーテストでは、基本的な問題から発展的な問題まで、幅広く出題されています。まずは、基礎をしっかりと固めること。正解がほかにはないかという注意力、観察力などを伸ばしてください。

数量の問題では、しっかりと聞き取る力と、数を把握する力が求められます。これらは、日常生活において体験を積みながら習得することをおすすめします。

行動観察は、積極的に参加していること、指示をきちんと聞き取り把握すること、待っている時の態度などが観点です。

※このページは弊社発行の学校別問題集の内容に基づいて作成しています。

奈良

なら　がく　えん　しょう　がっ　こう

QRコードで学校HPに
アクセスできます。

奈良県奈良市中登美ヶ丘 3-15-1　☎ 0742-93-5111　http://www.naragakuen.jp/tomigaoka/t_ele/

アクセス
●近鉄けいはんな線「学研奈良登美ヶ丘」駅より徒歩８分
●近鉄奈良線「学園前」駅よりバス
　「奈良学園登美ヶ丘」「北登美ヶ丘一丁目」下車
●近鉄京都線「高の原」駅よりバス「北登美ヶ丘一丁目」下車
●スクールバスあり

■学校情報

創立年	2008 年（平成 20 年）
創立者	西川彰
児童数	324 名（1 クラス 20 ～ 30 名）
教員数	35 名（非常勤を含む）
制服	あり
土曜授業	月に 2 回土曜日登校（1 ～ 4 年生） あり（5・6 年生）
給食	あり
スクールバス	あり
転・編入制度	あり （過去に本校を受験していないこと）
復学制度	要相談
帰国子女受入	転・編入と同様の条件で受験

【沿革】
2008 年…PP、P、M 棟竣工式
　　　　　幼稚園開園
　　　　　奈良学園小学校開校
　　　　　奈良学園登美ヶ丘中学校開校
2009 年…Y 棟、MY 体育館竣工式
　　　　　奈良学園登美ヶ丘高等学校開校
2010 年…総合グラウンド完成記念式
2011 年…育友会館落成式

【安全対策】
・登下校管理システム
・メール配信システム
・各階、各棟の教員ステーション設置（職員室とは別）
・学校最寄り駅への引率
・警備員の常駐
・電子錠
・防犯カメラ
・自校炊飯式による給食
・スクールバスの運行

※掲載内容は発行時の情報となります。最新の情報については学校発表の情報を必ずご確認ください。

奈良

■入 試 情 報

●応募状況

募集人数	男女90名（内部進学者を含む）
志願者数	**2024** 男女66名 **2023** 男女68名 **2022** 男女81名 **2021** 男女59名 **2020** 男女73名

●考査内容

ペーパー、行動観察、制作、運動、面接（保護者）

●受験番号

願書受付順

●月齢の考慮

あり

● 2024年度入試日程（A日程） ※実施済みの日程

願書配布	Web（2023年4月上旬予定）
出願期間	2023年8月21日～9月3日（Web）
選考	2023年9月9日または10日 （保護者面接、行動観察） 2023年9月15日 （ペーパーテスト、制作、運動）
合格発表	2023年9月16日13時～（Web）
入学手続き	未定

● 2025年度入試説明会日程

授業見学会 学校説明会	2024年4月27日
テスト体験会	2024年6月15日
入試説明会	2024年7月28日

■系 列 校

●幼稚園：奈良学園幼稚園

●中学校：奈良学園登美ヶ丘中学校

●高　校：奈良学園登美ヶ丘高等学校

■諸 費 用

考査料	15,000円
入学時	
入学金	200,000円
年額	
授業料	660,000円
施設費	66,000円
学年費	40,000円
育友会費	12,000円

※その他、給食費、制服・制定品代、ICT関連費、宿泊オリエンテーション費等が必要。

■主 な 年 間 行 事

4月	入学式
5月	遠足、宿泊学習（6年）、合同防火避難訓練
6月	田植え、運動会
7月	交通安全教室、宿泊学習（3・4年）
8月	尚志祭（5年～高3）
9月	小学校避難訓練、幼小中高合同運動会
10月	稲刈り（3・4年）、宿泊学習（2年）
11月	創立記念日（1日）、宿泊学習（1・5年）、芸術鑑賞会
12月	キャリアトーク（6年）、マラソン大会
1月	合同地震防火避難訓練、モンゴル体験（2年）
2月	学習発表会（1～4年）
3月	終業式、Primary修了式（4年）、卒業式（6年）

■校 訓

尚志（しょうし）　仁智（じんち）　力行（りょっこう）

志を尊び（尚志）、思いやりと知恵を持って（仁智）、何事にも努力して行う（力行）を意味し、常に自分の夢と希望を大切にし、相手を思いやる愛情と豊かに生きる知恵を身につけて、汗を流し、感動に涙を流す子どもたちであってほしいという思いをこの校訓に込めた。

■建学の精神

「自ら生きて・活きる」

■学園理念

和の精神を大切にする
たくましく生きる力を育む
科学的に物事を見る力を身につける

■特色

●専科制

1〜4年生では一部教科、5・6年生では全教科で専科制を取り入れ、より専門的な指導を行う。

●授業

1〜4年生では月に2回の土曜、5・6年生では毎土曜日を授業日とし、多くの授業時間を確保する。また、1〜4年生では体験活動など、具体的操作を通して基礎・基本を楽しく学び、5・6年生では、中学校への接続を踏まえた発展・応用的な学習を展開する。

●異学齢交流

本学園は小学校以外に、幼稚園・中学校・高等学校を同一敷地内に設置している。異学齢の子どもたちが交流を通じて、より多くの人間と接する機会が得られ、コミュニケーション能力を高めるとともに、他者を理解し、自分を大切にする心が養われる。

● ICT 教育

各教室にe黒板を設置。1人に1台タブレット端末を使用できる環境を導入している。また、探究型学習に適した教室を活用する等、ICT機器を用いてアクティブ・ラーニングができる環境を整えている。

●棚田・菜園

棚田・菜園では田植えや稲刈り、さつまいも栽培など、収穫だけでなく、生長過程も身近に感じることができ、体系立った体験学習を進めている。また、協同作業の大切さを知るとともに、循環型社会について考えさせる絶好の機会としている。

奈良

校長先生からのメッセージ

緑清けき奈良市登美ヶ丘に奈良学園小学校があります。

・高く澄んだ青い空
・幼稚園から高校までの一体型校舎
・元気に走り回ることのできる総合グラウンド

子どもたちの確かな育ちを実現するためのすべてを整えた学校です。

奈良学園小学校は、「自ら生きて・活きる」を建学の精神に、子どもの発達段階に応じて小学校から中学校・高等学校まで12年間を4年ごとに区切る、「4・4・4制」12年間一貫教育システムを導入しています。小学1年生〜4年生はPrimary、小学5年生〜中学2年生はMiddle、中学3年生〜高校3年生はYouthというタームで区切り、各タームの教員が連携し、質の高い連続したカリキュラムの授業を行います。子どもたちが安心して学習に取り組み、無理なく無駄なく学びを深められるよう"新たな学びの環境づくり"に取り組んでいます。

また、「言葉を軸に、思考を育てる」ということを、各教科において掲げています。「ことば」を軸とした学習活動を通して、子どもたちの「思考力・判断力・表現力」を育てます。国語では、学んだ物語から繋がりを見いだして自分の好きな本の紹介を、仲間と協力して行う「ブックトーク活動」。算数では、学び言葉でふり返る「算数作文」などに取り組んでいます。自分の思いを言葉にして仲間に伝え、表現を認め合う場の設定を、各教科で多く取り入れることで、子どものコミュニケーション能力が高まります。

本学園は幅広い年齢の子どもたちが同じ敷地内で学校生活を送っているため、「異年齢交流」も盛んです。さらに体験学習の核となる宿泊学習を、1年の奈良市内から6年のハワイ宿泊学習まで毎学年で実施しています。

豊かな環境・学習・体験により、これからの未来を生きる子どもたちを育てたいと考えています。

※掲載内容は発行時の情報となります。最新の情報については学校発表の情報を必ずご確認ください。

◆奈良学園小学校◆

試験の内容

考査内容	ペーパー（数、言語、図形、記憶、思考）、行動観察、制作、運動
	保護者・志願者面接（考査日前に実施） ※ 2022 年度入試は保護者面接

基礎的な内容だが独特の出題形式もあり。
幅広い分野の継続した学習が必要。

例年、出題分野に大きな変更はみられません。ペーパーテストでは、数、言語、図形、記憶、思考などから出題されたほか、行動観察、運動、巧緻性、面接が行われました。

当校のペーパーテストは幅広い分野からの出題となっているため、絞り込んでの学習を行うのではなく、幅広い分野の基礎をしっかりと理解することを心がけてください。ただし、出題される問題数は増えています。決められた時間内で量をこなすトレーニングも必要でしょう。

運動テストを行う際、あらかじめ持参するよう指示された体操服とハイソックスに着替えます。そのため、試験当日は着替えやすい服装で臨むことをおすすめします。また、その際、着ていたものをきちんとたたんでしまっているかどうかなど、ふだんの状態が行動に表れることを心得ておいてください。

面接に関しては、学校に関することが質問されているので、学校案内などをしっかりと読み込んでおきましょう。そのほかに、子育てや時事問題などが質問されています。

行動観察は、月齢ごとのグループに分かれて実施されます。大小のブロックや段ボールなどを使ってお友だちと遊び、取り組み後、1 人ひとり感想をたずねられる課題などが頻出です。

過去の出題例

ペーパーテスト （約30分）

言語

ものや動物の名前を知らないと答えられない問題です。

運動テスト （約30分）

パンチング、鉄棒（ぶら下がり）、なわとび、スキップ、ジグザグケンケン

行動観察 （約15分）

・自由に遊ぶ様子を観察
・質問に対する受け答え

制作テスト （約30分）

「おともだちといっしょにすてきなたびへ」
①自分がカメと一緒にいる姿や行きたい世界を、背景画用紙に描いたり塗ったりする。
②線に沿ってカメを切り取る。
③背景画用紙に切り取ったカメを貼る。

試験のポイント

面接の質問例

保護者

・志望理由をお聞かせください。
・どんなお子さまですか。アピールしてください。
・本校に何を期待していますか。
・お子さまが園でケンカをしてきたらどうしますか。
・きょうだいの仲はどうですか。

志願者

・名前を教えてください。
・どこに住んでいますか。
・家族の名前を教えてください。
・幼稚園の名前を教えてください。
・この学校の名前を教えてください。

※このページは弊社発行の学校別問題集の内容に基づいて作成しています。

奈良

QRコードで学校HPに
アクセスできます。

智辯学園奈良カレッジ小学部
ち べん がく えん なら　しょうがく ぶ

奈良県香芝市田尻 265　☎ 0745-79-1111（代）　https://www.chiben.ac.jp/naracollege-el/

 仏教　 共学　 給食　 アフタースクール　 スクールバス

アクセス
- 近鉄大阪線「関屋」駅よりスクールバス約 5 分
- 近鉄南大阪線「上ノ太子」駅、ＪＲ大和路線「高井田」駅よりスクールバス約 15 分

奈良

■学校情報

創立年	2004 年（平成 16 年）
創立者	藤田照清
児童数	約 170 名（1 クラス約 15 名）
教員数	32 名（非常勤 5 名を含む）
制服	あり
土曜授業	あり（第 2 土曜日休み）
給食	あり（月～水）、弁当（木～土）
スクールバス	あり
転・編入制度	あり（学期ごと）
復学制度	あり（保護者の転勤で海外に転居した場合、帰国後にテストを実施し、一定の点数が取れれば復学を認める）
帰国子女受入	あり

【沿革】
2004 年…智辯学園奈良カレッジ小学部・中学部・高等部開校
2008 年…第 2 グラウンド供用開始
2009 年…高校棟供用開始
2010 年…第 2 体育館供用開始
2013 年…講堂棟竣工
2014 年…創立 10 周年記念式典挙行
2016 年…小学部 1 期生が高等部を卒業
2024 年…図書館棟供用開始

【安全対策】
入学よりしばらくの間、〈児童の登下校時、近鉄大阪線大阪上本町駅より関屋駅間および近鉄大阪線大和八木駅より関屋駅間、また、近鉄南大阪線大阪阿部野橋駅より上ノ太子駅間、橿原神宮前駅より上ノ太子駅間〉について、教員が乗車指導を実施
・警備員
・防犯カメラ
・門の施錠
・不審者警報装置

※掲載内容は発行時の情報となります。最新の情報については学校発表の情報を必ずご確認ください。

■入 試 情 報

●応募状況

募集人数	男女約 60 名
志願者数	**2024** 非公表 **2023** 男女 31 名 **2022** 男女 32 名 **2021** 男女 33 名 **2020** 男女 46 名

●考査内容 ペーパー、個別テスト

●受験番号 1次：生年月日逆順（遅い順）
2次：出願順

●月齢の考慮 なし

● 2025 年度入試日程（1次日程）

願書配布	Web 出願
出願期間	2024 年 8 月
選考	2024 年 9 月
合格発表	2024 年 9 月（Web）
入学金・制服 制定品代納入	2024 年 9 月

● 2025 年度入試説明会日程

学校説明会	2024 年 4 月 20 日
小中高合同 オープンキャンパス	2024 年 4 月 29 日
体験入学会	2024 年 5 月 25 日
入試説明会	2024 年 7 月 21 日

■諸 費 用

考査料	20,000 円
入学時	
入学金	200,000 円
制服、制定品代	約 150,000 円
年額	
授業料	468,000 円
諸会費	103,400 円
預かり金（教材費など）	65,000 円

※その他、特別寄付金（1口 100,000 円／3口以上）あり。

※別途、修学旅行費が必要。

■系 列 校

●小学校：智辯学園和歌山小学校

●中学校・高校：

智辯学園中学・高等学校

智辯学園奈良カレッジ中学・高等部

智辯学園和歌山中学・高等学校

■主 な 年 間 行 事

4月	入学式、1 学期始業式、防火避難訓練、オリエンテーション（1年）、球技大会（5・6年）
5月	春の遠足、防犯教室、児童会役員任命式、不審者対応避難訓練
6月	水泳実習
7月	林間・臨海学校、1 学期終業式
8月	2 学期始業式
9月	夏休み作品展、キャリア教育講演会
10月	運動会、秋の遠足、漢字検定、警察音楽隊による演奏会
11月	収穫祭、マラソン大会、小中交流会
12月	2 学期終業式
1月	3 学期始業式
2月	文化祭
3月	卒業式、3 学期終業式、オーストラリア修学旅行

■外 国 語 教 育

1～4年生／週2時間の英会話。5・6年生／週1時間の英会話と週2時間の英語。外国人講師1名。6年生はオーストラリアの姉妹校レッドランズカレッジの生徒とオンライン交流、オーストラリア修学旅行で現地訪問。

■情 報 教 育

2年生以上、年間 20 時間程度。1名につき1台のタブレット。
各教科でタブレットを使った ICT 教育を実施。ロボット教材によるプログラミング教育を実施。

奈良

267

■教育目標

誠実・明朗

●ぶれない教育軸で

智辯学園は「愛のある教育」を学園教育の原点としている。「誠実、明朗」－真心のある明るい健康な子－に育ってほしいとするすべての親の願いを叶える教育を目標にしている。

●能力を最大に伸ばす

若者は、高い理想を持って、その実現に向かって思索し、叡智を養うために勉学に励まなければならない。よく学ぶことから、学ぶ喜びが生まれ、知的好奇心がさらに高まり、新たな学びに発展する。

●豊かな人間性を培う

仏教の精神を基にして宗教的情操を養い、感謝の心や、善悪を判断する感性を磨くことは大切なことである。「相互礼拝、相互扶助」の精神で人として生きる基本を身に付ける。

■目標とする人物像

①明朗で知性溢れる人
②不屈の精神をもって、使命感を全うする人
③自己を確立しつつ、社会性豊かな人
④この世に生を受けた幸福を知る人

■特色

●"みらい型リーダー"の育成

奈良カレッジは、子どもたちが将来、周りの人を惹きつける中心的な存在、つまり"リーダー"として、社会で大いに活躍してほしい

と願っている。子どもたちを取り巻く社会の変化は年々加速度を増している。これからのリーダーには、先の見えない状況であっても、未来を鋭く見つめ、仲間とともに時代を生き抜いていく力が必要である。

"みらい型リーダー"には、"豊かな人間性"と"主体性・協働性・創造性"が必要であると考えている。奈良カレッジの教育の2本柱「豊かな人間性を培う」「能力を最大に伸ばす」は、子どもたちの未来のリーダーとしての土台を育成する。

●College Time「主体性・協働性・創造性を育む教育」

奈良カレッジ小学部では、"主体性・協働性・創造性"を育てるための主軸のなる教科として、College Time(C-time)を設置している。"未来志向の問題解決学習"を6年間通じて行う。児童が自ら設定した課題について、児童自身が主役になって探究し、教師は共同探究者として関わる。学習の成果は他学年の児童や保護者など他者へアウトプットし、そこで得られたフィードバックをより深い学びへとつなげる。

・里山プロジェクト

豊かな自然を活かし、栽培活動、環境保全の活動を行い、自然を愛し、その恩恵に対し感謝する心を育てる。栽培活動では、作物をよりよく育てるための改善策を考える中で、児童は問題解決の力を身につけることができる。

・探究プロジェクト

学年に応じて、学校、地域社会、日本、世界、地球の諸問題について、様々な視点で探究する。児童の主体性と協働性を育みながら、未来を創造する力を育成する。

奈良

学校からのメッセージ

智辯学園奈良カレッジは、「誠実・明朗」―真心ある明るく元気な子―に育ってほしいとする親の願いをかなえるため、「能力を最大に伸ばす」「豊かな人間性を培う」という教育理念を基盤として「真・善・美・聖」の高い価値を身に付けた人材の育成に努めています。開校して20年が経ちました。小学部に入学した当時はただただ可愛らしいという言葉がぴったりの子どもたちでしたが、今では立派に成長し、凛とした立ち居振る舞いができるようになりました。今後は互いに切磋琢磨しながら、逞しく成長し、目標を達成することを願っています。

小学部では現在約170名が学んでいます。校内には明るく元気な声が満ち溢れ、芝生の広場や運動場を跳びはねるように活動しています。この子ども達が「誠実・明朗」な人間として社会に貢献できる揺るぎない価値観を身に付けたトップリーダーと呼ぶにふさわしい人間に育ち、明日の世界を創ってくれることを思い描きながら、日々の教育活動に専念しています。

※掲載内容は発行時の情報となります。最新の情報については学校発表の情報を必ずご確認ください。

◆智辯学園奈良カレッジ小学部◆

試験の内容

考査内容	ペーパー（お話の記憶、図形、数量、言語、推理など）、制作、行動観察
	保護者・志願者面接（考査日前に実施）
備考	面接時間は約15分。

同分野の問題を違う切り口で出題。
数多くの問題に対する柔軟性が必要。

例年、ペーパーテスト、制作、行動観察、保護者と志願者の面接という形で実施されています。

当校のペーパーテストは、出題範囲が広く、基礎的な問題から複合的な内容を含む問題まで、さまざまな内容が出題されています。そのため、幅広い分野での基礎学習をしっかりと行っておく必要があります。「図形」「数量」「言語」「推理」「お話の記憶」を中心に、バランスよく学習を行ってください。

「制作」では、作品の完成度よりも、取り組む姿勢や周囲との協調性などが観られます。そうしたことを認識した上で取り組むように、お子さまに指導してください。

当校の面接時間は約15分です。12年一貫教育についてなど、学校の教育内容についての質問がされるので、学校案内にしっかり目を通し、説明会に足を運んで学校の教育方針への理解を深めておくことが大切です。そのうえで、家庭の教育方針を明確に持っておくようにしましょう。

過去の出題例

ペーパーテスト

数量

絵の中で1番多いのは何ですか。その絵の四角の中にその数だけ○を書いてください。

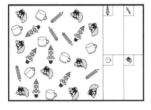

言語

左上の鉛筆から右下のイルカまでしりとりができるように線でつないでください。

行動観察

ものまねゲーム、神経衰弱ゲーム

制作テスト

パンダカスタネット

試験のポイント

面接の質問例

保護者

・通学方法を説明してください。
・志願理由をお話しください。
・ご家庭の教育方針についてお話しください。
・お子さまの長所と短所をお話しください。
・幼稚園（保育園）でのお子さまの様子はいかがですか。

志願者

・名前を教えてください。
・どこに住んでいますか。
・今日はどこから来ましたか。
・家族の名前を教えてください。
・幼稚園の名前を教えてください。
・仲良しのお友だちの名前を何人か教えてください。

※このページは弊社発行の学校別問題集の内容に基づいて作成しています。

近畿大学附属小学校　児童作品

和歌山県

和歌山大学教育学部附属小学校
わ か やま だいがくきょういくがくぶ ふ ぞくしょうがっこう

和歌山県和歌山市吹上 1-4-1 ☎ 073-422-6105 http://www.aes.wakayama-u.ac.jp

アクセス
- JR「和歌山」駅、南海線「和歌山市」駅よりバス「県庁前」下車徒歩 5 分

■学校情報

創立年	1875 年（明治 8 年）
創立者	──
児童数	489 名（単式 1・2 年／2 クラス、3～6 年生／3 クラス、複式 3 クラス）
教員数	38 名（非常勤 8 名を含む）
制服	なし
土曜授業	なし
給食	あり（月・火・水・金）、弁当（木）
スクールバス	なし
転・編入制度	あり（附属間のみ）
復学制度	あり（1 年以内）
帰国子女受入	あり

【沿革】
伏虎山からながくのびる砂丘（附属小学校のある土地）を吹上の峯といい岡山といい奥山と言った。旧藩時代、ここに岡山文武館がおかれた。

慶応 2 年これが学習館とよばれ、文武合併の教授所となり、「藩士一般令 50 才未満ノ者ハ必ス就学セサルヘカラサル者」とし、国学・漢学・蘭学・兵学・洋算・剣術・槍術・体術の教場がおかれ、紀州の藩立学校として栄えた。

明治 2 年、藩制改革の際には学制を改革して四民のための月工となり、「館内の席次ハ身分ノ高卑ヲ論セス其学力ノ次序ニ拠ル」べきものとした。

明治 3 年、本学のあとに兵学寮が設けられ、兵役志望の子弟を広く求めこれを入学させ、翻訳書をつかって兵学や地理歴史物理数学などを教授した。

明治 4 年、置県の際、この兵学寮あとに県学がおかれ国学・漢学・洋学の 3 教場がおかれた。

更に、明治 5 年学制の頒布により県学を廃して岡山小学をひらき、明治 7 年 3 月、岡山小学内に小学校教員取立学校を設け、教員養成機関として師範学校設立の端緒をひらいた。

明治 8 年 5 月 4 日、岡山小学を和歌山師範学校とし、更に附属小学校がこれにともなって生まれた。

わたしたちの附属小学校はこのような環境の中に生まれ、以来 146 年、岡山の松のみどりと共に育ってきた。

【安全対策】
- 警備員の常駐（附属小学校と合わせて 4 名の警備員が常駐）
- 「メルポコ」…保護者へのメール一斉送信システム（グループ別送信も可能）
- スクールカウンセラーの配置
- 西署から交通安全教室に来ていただき自転車通学のマナー向上や、育有会との連携で交通指導に取り組んでいる

※掲載内容は発行時の情報となります。最新の情報については学校発表の情報を必ずご確認ください。

■入 試 情 報

●応募状況

募集人数	男女約 200 名
志願者数	**2024** 非公表 **2023** 男子　75 名　女子 76 名 **2022** 男子　75 名　女子 73 名 **2021** 男子　72 名　女子 74 名 **2020** 男子　83 名　女子 71 名

●考査内容

ペーパー、口頭試問、行動観察、制作、運動、面接（保護者・志願者）

●受験番号

願書受付順

●月齢の考慮

なし

● 2024 年度入試日程　※実施済みの日程

願書配布	説明会にて配布
出願期間	2023 年 11 月 2 日～ 17 日（郵送）
選考	2023 年 12 月 8 日
合格発表	2023 年 12 月 15 日（郵送）
保護者面談	2024 年 1 月 11 日
入学承認式	2024 年 2 月 1 日

● 2024 年度入試説明会日程　※実施済みの日程

学校説明会	2023 年 11 月 1 日
学習公開・ 施設見学	2023 年 11 月 8 日

■諸 費 用

考査料	3,300 円

■系 列 校

●中学校：和歌山大学教育学部附属中学校

●大　学：和歌山大学・同大学院

●特別支援学校：

　　和歌山大学教育学部附属特別支援学校

■主 な 年 間 行 事

4月	入学式、対面式、日曜参観
5月	遠足（2～4年）、ペア遠足（1・6年）、南紀旅行（5年）
6月	音読劇発表会、高野山合宿（4年）
7月	個人懇談会
8月	夏休み作品展
9月	教育実習、スポレク（運動会）
10月	教育実習、修学旅行（6年）、親子ドッジボール大会
11月	教育実習、校外学習（4年）
12月	個人懇談会
1月	社会見学（6年）、百人一首大会（2年）、クロスカントリー大会
2月	教育実習、社会見学（3・4年）
3月	お別れ式、卒業式

■学校の性格

和歌山大学教育学部に付属し、教育基本法並びに学校教育法に基づいて、通常の義務教育を行う任務をもつほかに、特に次のような使命をもっている。

①大学学部と協力して、教育の理論と実践に関する研究を行い、教育現場に参考資料を提供すること。

②教育現場の課題にとりくみ、教育研究を通して地方教育の進展に貢献すること。

③教育学部学生の教育実習の機関としての責務を担うこと。

■教育目標

Enrichment －豊かな情操－
Intelligence －質の高い知性－
Creativity －輝く創造性－

■教育方針

①本校の教育目標の達成のため教職員一同努力する。また、学校と保護者との協同を進める。

②目標の達成のため、本校の特性を生かしたカリキュラムを創造し教育実践と教育研究活動を進める。

③附属中学校との連絡進学制度により、小中両校の指導連携を図り教育活動を行う。

■本校の特性

●異学年・少人数による学び－複式学級－

和歌山県下および県外の複式学級校設置校と交流し、複式教育のよりよい学習指導のあり方について研究を行う。

●ネイティブ講師と担任のTT（ティーム・ティーチング）による外国語活動

低・中学年は外国語科（年間17時間）・高学年は外国語活動の時間（年間70時間）のなかで、楽しみながらも実践的なコミュニケーション能力を伸ばす。

●学校教育活動への保護者参加

「読み聞かせ」、各学年学級の行事等、学校教育活動へ積極的に保護者が参加する。

●図書館教育の充実

2007年度よりコンピューターによる蔵書データ管理を導入。蔵書管理の合理化・貸し出し作業の簡素化に伴い、児童の「本に親しむ」・「本を大切にする」、意欲・態度を養う図書館教育の一役を担う。

■外国語教育

英語：高学年週2時間、低・中学年は月2回。外国人講師2名。

■情報教育

パソコン31台。iPad165台、iPad mini47台。教室にも配置し、自由に使用できる。ICT活用授業研究発表会を実施。

■施設・設備

校舎は、教室がオープンになっている。場合に応じ、間仕切りをする。

子どもたちの遊具施設「プレイランド」

近畿大学附属小学校　児童作品

智辯学園和歌山小学校
（ち　べん　がく　えん　わ　か　やま　しょう　がっ　こう）

QRコードで学校HPに
アクセスできます。

和歌山県和歌山市冬野 2066-1　☎ 073-479-1200　https://www.chiben.ac.jp/wakayama-el/

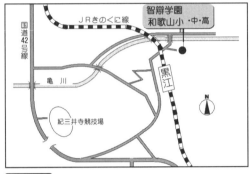

アクセス
●ＪＲきのくに線「黒江」駅より徒歩 10 分

■学 校 情 報

創立年	2002 年（平成 14 年）
創立者	藤田照清
児童数	421 名（1 クラス約 40 名）
教員数	40 名（非常勤 10 名を含む）
制服	あり
土曜授業	あり（第 2 土曜日休み）
給食	あり（2024 年度より実施。希望制、週 3 回（月・水・金））
スクールバス	なし
転・編入制度	あり
復学制度	なし
帰国子女受入	なし

【沿革】
智辯学園和歌山小学校は、二十一世紀が要請する叡智と深い人間性を備えた真のエリート、つまり「真」・「善」・「美」・「聖」の高い価値を身につけた人材の育成を目指して、2002 年 4 月 10 日開校しました。
智辯学園和歌山中学・高等学校は開校 40 年を越え、この和歌山の地で六年一貫教育を基軸とした教育を営んでまいりました。今日まで智辯学園が一番大切にしてきた教育の理念、それは「能力の最大伸長」と「人間性の陶冶」、つまり自分の能力の可能性を信じ、豊かな心を持つ人に育ってほしいとする、総ての親の願いに応える教育を進めるということです。
この教育理念のもとに推進してきた学園教育は、確実に実を結び今日に至っています。この教育をさらに大きく発展させるために、学園がいままで実践してきた中・高一貫教育に小学校を加え、小・中・高を見通した系統的、継続的な十二年一貫教育に歩を進めたのです。
智辯学園和歌山小学校は、小・中・高を見通した教育軸の中で受動的知識の習熟の教育から能動的知識の習熟の教育プログラムを構築し、あわせて、豊かで喜びのある、何事にも意欲的にとりくめる人間性を育むために「こころ」の教育を推進し、十二年一貫教育だからできる教育を通して、のびのび・いきいきと「こどもたちの夢」を育てたい、そのような教育を実践しています。
2024 年春、11 期生が高校を卒業しました。今後も児童が主役になれる教育をさらに発展させていきます。

【安全対策】
児童が集中するＪＲ和歌山駅で毎朝職員 3 名が待機し、ＪＲ黒江駅まで添乗し、学校まで引率／ＪＲ黒江駅では職員 3 名が待機し、専用改札口で定期を確認／児童玄関、エントランスホールでは職員 3 名で迎える／入校を許可された者は名札を着用／児童登校後は 1 階玄関口、職員玄関口を閉め、施錠／児童玄関はオートロック式で、来校者があった場合はモニターで用件を聞き、鍵を開ける／学校での児童引き渡しは、保護者以外の場合、保護者に確認する

※掲載内容は発行時の情報となります。最新の情報については学校発表の情報を必ずご確認ください。

■入 試 情 報

●応募状況

募集人数	A日程　男女約80名 B日程　次　男女若干名	
志願者数	**2024** 男子37名　女子26名 **2023** 男子40名　女子36名 **2022** 男子46名　女子35名 **2021** 男子41名　女子36名 **2020** 男子46名　女子34名	

●考査内容

ペーパー、個別テスト（制作、図形）、集団行動、面接（保護者・志願者）

●受験番号　出願順

●月齢の考慮　なし

● 2025年度入試日程

（A日程）

願書配布	2024年6月8日〜（Web出願）
出願期間	2024年7月20日〜31日（Web）
選考	2024年9月15日
合格発表	2024年9月19日（Web・簡易書留）
入学手続き	2024年9月18日〜24日（Web）

（B日程）

願書配布	2024年6月8日〜（Web出願）
出願期間	2024年12月14日〜2025年1月12日（Web）
選考	2025年1月26日
合格発表	2025年1月28日（Web・簡易書留）
入学手続き	2025年1月18日〜24日（Web）

● 2025年度入試説明会日程

親子学校体験会	2024年5月18日
入試説明会	2024年6月8日
学校説明会	2023年2月11日

■諸 費 用

考査料	20,000円

入学時	
入学金	200,000円
制服、制定品代	約180,000円
年額	
授業料	456,000円
その他 （育友会費、旅行費等）	約180,000円

※その他、特別寄付金あり（1口100,000円／3口以上／口数は任意）。

■系 列 校

●小学校：智辯学園奈良カレッジ小学部

●中学校・高校：

智辯学園中学・高等学校

智辯学園和歌山中学・高等学校

智辯学園奈良カレッジ中学・高等部

■主 な 年 間 行 事

4月	入学式、授業参観・学級懇談会
5月	こどもの日の集会、さつまいも植え（1年）、とうもろこし植え（2年）、遠足（縦割）
6月	学園創立記念日、田植え（4年生）、臨海学校（1・2・4年）、授業参観
7月	七夕祭集会、臨海・林間学校（1〜5年）
8月	親子で星を観る会、三者面談
9月	稲刈り（4年）、授業参観
10月	運動会、社会見学、秋の収穫
11月	おにぎり昼食（4年）
12月	文化祭、三者面談
1月	授業参観・学級懇談会
2月	節分集会、オーストラリア修学旅行（6年）
3月	ひな祭り集会、卒業式、三者面談

■教 育 理 念

「能力の最大伸長」「人間性の陶冶」

■教 育 目 標

何事にも意欲的に取り組める人間性を育むために「こころ」の教育を推進し、「子どもたちの夢」を育てる教育を目指している。

■特 色

●しっかりとした学力の土台を

小学校は基礎学力をつける大切な時期で、6年間を通して次のステップへ進むための基礎となる確実な勉強が必要である。発達段階に応じて、しっかりとした基礎学力を総合的に身につけなければならず、そのための徹底を期していきたいと考えている。

●専科制と教科担任制

教科・学年の状況に応じて、専科制・教科担任制を導入する。各教師が専門的な知識を持つ教科を担当することで、密度の高い学習と、わかりやすい授業が可能となる。また、低学年ではTT（ティーム・ティーチング）制をとり入れ、子どもたちの学習・学校生活を、きめ細かく支援する。

●豊かな人間性を

教育の目的が人格の完成を目指すことにある以上、「こころ」の教育は極めて大切である。仏教の教えに基づいた宗教的情操による"情感をはぐくむ教育"の実践を通して、心の豊かな、感謝の心をもった人間の育成を図る。

●強いからだ・ねばり強い心

「からだ」と「こころ」をきたえ、何事にも意欲的に取り組める教育を大切にしている。その実践のための学校行事・課外活動を考え、心と体をつくるのはもちろんのこと、個人の責任感、みんなで協力することの大切さ、みんなで達成したときの充実感を育成する。

■一 貫 教 育

小・中・高12年を通して編成する。子どものそれぞれの発達段階に応じて、しっかりとした基礎学力を総合的に身につけ、高校卒業時には、各自が希望するいかなる大学入試にも対応できる学力を育てることを目指し、12年間を次の三期に分け、合理的な教科指導に重点を置いている。

一期（小1～4年生）…基礎・基本期
「知る・わかる・できる」喜びを知り、好奇心・探求心を育てる。
二期（小5～中2年生）…発展・向上期
「自ら学び・考える」学習を通して、系統的、基本的な学習姿勢を育てる。
三期（中3～高3年生）…習熟・充実期
教科指導の徹底と充実を重視、将来の進路に応じて、より高度な知識と思考力を育てる。

■情 報 教 育

1～6年／全授業。児童1人に1台のタブレット端末を所持。校舎全体でGIGAスクール構想に基づくICT環境を完備。初歩的な使い方から、情報取得や情報伝達手段として使用、さらに個人やグループで映像の制作やプログラミングなど、幅広く活用している。

■外 国 語 教 育

英語：1～6年／週2時間。外国語の常勤講師2名と日本人の英語教師1名。
低学年から、英語を学ぶ楽しさを味わいながら、徐々にスキルアップを図る。異なる文化を理解し、広い視野をもつ国際人としての資質向上を目指す。特に6年生は、オーストラリアの姉妹校との交流を中心に、英語の学習に力を注いでいる。また、オンラインでの交流会も実施している。

学校からのメッセージ

本校は小中高12年を見通した教育軸の中で、自ら学び考え行動でき、さらに周りの人への感謝と思いやりの心を持って高め合えるような「知性と品格」を兼ね備えた人間性を育んでいます。また、小学校では特に、のびのび・いきいきと「子どもたちの夢を育てる」教育活動を大切にしています。

学校とスクラムを組んで、お子さま・ご家庭・学校が一つになり、三位一体の教育をともにつくり上げてくださるご家庭との出会いを得ることが私どもの願いです。

当小学校で学ぶ意欲のある、素直なお子さまの入学をお待ちしております。

※掲載内容は発行時の情報となります。最新の情報については学校発表の情報を必ずご確認ください。

◆智辯学園和歌山小学校◆

ペーパー 個別テスト 制 作 行動観察 親子面接

考査内容	ペーパー（お話の記憶、数量、図形、推理、言語など）、個別テスト（制作、図形）、行動観察
	志願者・保護者面接（考査日前に実施）

試験のポイント

基礎基本を身に付けてペーパーに対応。
個別テストは制作が中心。

当校のペーパーテストは、「お話の記憶」「数量」「図形」「推理」「言語」などの幅広い分野から出題されています。「図形」、「数量」の分野では、さまざまな内容が年度ごとに入れ替わって出題されています。また、1つの分野でも、出題されるバリエーションが多いので、出題形式がどのようなものでも対応できるように、しっかりとした学習が必要になります。そのために、まず基礎基本を確実に身に付けるように心がけてください。

「お話の記憶」は毎年出題されています。本の読み聞かせは、「記憶力」、「想像力」、「思考力」などを養うことができ、すべての学習の下地作りになります。「図形」は、「重ね図形」「合成」「同図形探し」「点図形模写」などが中心に出題されています。また、「数量」では、単に数を数える力だけではなく、まぎらわしい絵が混在している中から、1番多いものを多い分だけ答えるなど、観察力も求められる問題が出されています。

4人ずつの個別テストも実施されます。主に制作の課題ですが、パズルやしりとりカードを使っての課題も出題されます。指示された内容を理解し、根気強く丁寧に取り組めるようにしておきましょう。

「行動観察」は、新型コロナ感染症が落ち着けば、集団行動に戻す予定です。

過去の出題例

ペーパーテスト

推理（系列）

それぞれの絵はお約束で並んでいます。1つひとつのお約束をよく考えて、空いている四角の中にどの絵が入るか、下の3つの絵の中から探して線で結びましょう。

個別テスト

折り紙、ハサミ、のりなどを使った工作、立体・平面のパズルなど

行動観察

歌、踊り、コップを工夫して高く積み上げる

面接の質問例

保護者

・ご家庭の教育方針をお聞かせください。
・なぜ本校を志望されましたか。
・どんな時に褒め、どんな時に叱りますか。
・お子さまの自慢できるところはどこですか。

志願者

・お名前を教えてください。
・お誕生日はいつですか。
・今日、朝起きて学校へ来るまでに何をしましたか。
・お友だちはたくさんいますか。
・本は読みますか。
※以下、質問の答えに関連して続く（「それはどんな本ですか」など）

※このページは弊社発行の学校別問題集の内容に基づいて作成しています。

近畿大学附属小学校　児童作品

愛知県

QRコードで学校HPに
アクセスできます。

愛知教育大学附属名古屋小学校
あいちきょういくだいがくふぞくなごやしょうがっこう

愛知県名古屋市東区大幸南 1-126 ☎ 052-722-4616 http://www.np.aichi-edu.ac.jp

共学

給食

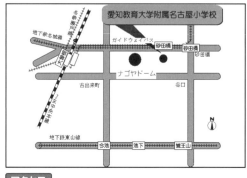

アクセス
●地下鉄名城線「砂田橋」駅より徒歩3分
●ゆとりーとライン「砂田橋」駅より徒歩3分

■ 学 校 情 報

創立年	1875 年（明治 8 年）
創立者	——
児童数	545 名（1 クラス 30 〜 34 名）
教員数	37 名（非常勤 4 名を含む）
制服	あり
土曜授業	なし
給食	あり（アレルギー対応相談）
スクールバス	なし
転・編入制度	なし
復学制度	なし
帰国子女受入	あり（5・6 年生／諸条件あり）

【沿革】
1875 年…教員養成附属小学校を久屋町に創立
1952 年…附属名古屋小学校を東区大幸町の大学校舎内
　　　　に移転
1953 年…愛知学芸大学名古屋分校の東隣に新校舎を建
　　　　設し、附属名古屋小学校と附属春日井小学校
　　　　を合併し、愛知学芸大学附属名古屋小学校と
　　　　改称
1966 年…愛知教育大学附属名古屋小学校と改称
1974 年…愛知教育大学附属名古屋小学校開学百年祭施
　　　　行
1994 年…附属小学校開校 120 周年記念事業実施
2004 年…創立 130 周年
2014 年…創立 140 周年記念事業実施

【安全対策】
・警備員が常時校門に立ち、定期的に校内巡視している
・8 カ所に監視カメラを設置

※掲載内容は発行時の情報となります。最新の情報については学校発表の情報を必ずご確認ください。

愛
知

■入 試 情 報

●応募状況

募集人数	男女90名 （内部進学者を除く） ※本校を第一希望とする者
志願者数	2024 非公表 2023 非公表 2022 非公表 2021 非公表 2020 非公表

●考査内容

非公表

●受験番号

非公表

●月齢の考慮

非公表

● 2024 年度入試日程　※実施済みの日程

願書配布	2023年11月15日〜17日
出願期間	2023年12月13日〜15日
選考	第一次選考 2024年1月9日・10日（考査） 第二次選考 2024年1月19日（抽選）
合格発表	2024年1月19日

※第二次選考（抽選）は、第一次選考の結果、入学適格者が募集人員を超える場合のみ実施。

● 2024 年度学校説明会日程　※実施済みの日程

説明会	2023年11月15日（オンライン）

■諸 費 用

考査料	3,300円

■系 列 校

- ●幼稚園：愛知教育大学附属幼稚園
- ●中学校：愛知教育大学附属名古屋中学校
- ●高　校：愛知教育大学附属高等学校
- ●大　学：愛知教育大学・同大学院

■主 な 年 間 行 事

春	入学式、遠足、実践研究発表会
夏	隣接校種実習、山の生活（5年）、 附小っ子まつり
秋	運動会、主免実習、古都の旅（修学旅行／6年）
冬	6年生を送る会、お別れ音楽会、卒業式

■帰 国 児 童 学 級

募集学年：5・6学年
「日本の環境に適応する指導」、「特性を生かす指導」を行うことを目的としている。日本の学習への適応をめざす「少人数による教科指導」「混入授業」「日本語指導」「はげみ学習」、日本の学校生活への適応をめざす「給食指導」「清掃指導」、帰国児童の特性を生かす「国際理解教育」等を推し進めてきている。

- ●日本語の知識や表現・理解の能力の伸長を図る。
- ●日本の生活習慣への適応を図る。
- ●未学習部分を補充し、学習能力の向上を図る。
- ●海外で身に付けた好ましい知識・態度の保持・育成を図る。

■使 命

①本校の教育目標の達成を図る
②大学生の教育実地研究を指導する
③教育の理論的、実践的研究を行う
④公立学校との教育技術の交流を行う

■教 育 目 標

- ●健康で　心の豊かな子
- ●まことを求め　正しいことを守る子
- ●よく考え　実践する子
- ●人を敬い　助け合う子

愛
知

■教育の特色

【国語】

教材の特性を大切にした学習課題について、協働的な学びを通じて言語能力を高め、ものの見方や考え方、感じ方を広げたり深めたりします。そして、他の作品の読解や他教科の学習、実生活で活用できる汎用的な力を育てます。

【社会】

子どもたちが自ら学習問題を創り、その問題について社会的な見方・考え方を働かせて追究、解決する活動を通して知識を獲得していきます。そして、獲得した概念的知識を活用して、新たな学習問題の解決に挑み、話し合うことで思考・判断力を高めていきます。こうした冒険的な学びを通して、公民としての資質・能力の基礎を育成することを目指します。

【算数】

一つの問題を自力解決し、学級全体で解決方法を話し合います。それらの活動を通して、数学的活動をつなぐことで、これまでに習得してきた知識・技能、考え方と本時の学習をつないだり、学習した内容を日常生活とつなげたりすることができるようにします。

【理科】

身の回りの自然現象などから学習問題を見出し、科学的な見方・考え方を働かせ、主体的に活動する中で、問題を科学的に解決するために必要な資質・能力を育てます。

【生活】

身近な人、社会、自然及び自分自身といった対象への自分なりの願いを生かしながら、具体的な活動や体験に取り組みます。そこで得た気付きを基に考えることができるようにします。

【音楽】

自分の思いを歌や合奏を通して表現したり、音楽から感じとったことを基に想像力を働かせて聴いたりする活動を通して、音楽のよさや面白さ、美しさを味わうことができるようにします。

【図工】

「生活や社会の中の形や色などと豊かに関わる資質・能力」を身に付けられるように、題材ごとに子どもに特に意識させたい「造形的な見方・考え方」を定めた上で授業を行います。また、「造形的な見方・考え方」を十分に働かせながら、主体的に学習活動に取り組めるように、材料や場などの学習環境を工夫します。

【家庭】

調理や裁縫などの体験的活動を通して、自分の家庭生活に関わる課題を追究していきます。課題追究のために必要となる知識や技能を調べて身に付けたり、実際に試して課題解決の方法として適切かを考えたりします。家庭科で学んだことを生かして、よりよい生活を目指していきます。

【体育】

私たちは、子どもたちがついつい夢中になって、運動に取り組んでみたくなる従来にない発想で授業デザインを心がけ、小学校体育の学びを追究します。「子どもたちにとっての運動の面白さとは何か？」「子どもたちが学んでいることは何か？」を常に問いながら、「活動保障」から「内容保障」の体育授業に挑みます。

【外国語】

1・2年生は本校独自のカリキュラムで行う外国語活動、3・4年生は「Let's Try!」を用いた外国語活動、5・6年生は「NEW HORIZON Elementary」を用いた外国語科の学習を行います。子どもたちの本当に「伝えたい」という思いを基に、それをどう英語にすればよいか考えたり、会話した後に生まれる「言いたかったけれど言えなかった表現」を、既習表現を使って言えないか仲間と考えたりする過程を通して、英語表現を学んでいきます。

【道徳】

子どもたちが自分事として考えられるように、絵本などの教材を使い、学級全体での話し合いを通して狙いとする道徳的価値について多面的・多角的に考え、日常生活で行動に移すことができるようにします。

※掲載内容は発行時の情報となります。最新の情報については学校発表の情報を必ずご確認ください。

愛知

◆愛知教育大学附属名古屋小学校◆

試験の内容

考査内容	ペーパー（図形、数量、常識、推理、言語など）、行動観察、運動、口頭試問（面接）
	保護者面接（考査日当日に実施）
備考	第一次選考の結果、入学適格者が募集人員を超える場合には、抽選により合格者を決定。

ペーパー・口頭試問ともに基本的内容。ルールやマナーについても学習を。

第一次選考では、ペーパーテスト、運動テスト、行動観察、面接が実施されています。入学適格者が募集人員を超える場合のみ第二次選考（抽選）が行われます。

ペーパーテストは、出題分野が年度によって異なることが多いので、幅広い分野の学習が求められます。面接は、保護者と志願者がそれぞれ離れた場所に座り、別々に面接が行われました。保護者への質問は、志望動機をはじめ、学校行事やPTAなどへの参加の意志、交通機関でのマナーについて、また、学校で子どもが友だちとトラブルになった場合の対応についても聞かれたようです。トラブル対応については、回答に対してさらに質問されることもあるので、ご家庭でじっくり考えておくのがよいでしょう。一方、志願者には口頭試問形式で、道徳やマナーに関する質問、積み木などの課題が出されています。課題の難易度はそれほど高くないので、最後まであきらめずに取り組むように指導してください。

当校の教育目標として「よく考え、実践する子」「人を敬い、助け合う子」などが掲げられています。選考を通して、その資質が観られていますので、これらをよく理解した上で対策を立てることが大切です。日常の生活や遊びの中で、考える機会をたくさん設け、保護者がお手本となって積極的にものごとに取り組む姿勢を身に付けていってください。

過去の出題例

ペーパーテスト

図形（模写）

左の見本と同じように、右の点を線でつないでください。

数量（比較）

2つの四角の中に絵が描かれています。点線の左側と右側を比べて、数の多い方に○をつけてください。

行動観察

ケンパ、並べた椅子の上を歩く、片付け

運動テスト

模倣体操

試験のポイント

面接・口頭試問の質問例

保護者

・志望動機を教えてください。

・附属中学校への進学を希望されますか。

・電車やバスでのマナー、挨拶は学校でも教えますが、家庭ではどのように教えていますか。

・お子さまがお友だちのノートに落書きしているという複数の証言がありますが、お子さまは認めていないと連絡があった場合、どのように対応しますか。

志願者

今から絵を見せます。その絵を見て、やってはいけないこと、直した方がよいことを答えてください。

①電車のつり革にぶら下がっている子

②ボールで遊んでいるときにぶつかりそうな子

③なわとびやボールが箱の中から出ている

※このページは弊社発行の学校別問題集の内容に基づいて作成しています。

愛知

愛知教育大学附属岡崎小学校

愛知県岡崎市六供町八貫 15　☎ 0564-21-2237　https://www.op.aichi-edu.ac.jp

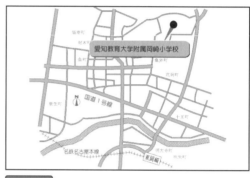

アクセス

●名鉄名古屋本線「東岡崎」駅より
　名鉄バス「梅園学校前」下車徒歩 5 分

■ 学 校 情 報

創立年	1901 年（明治 34 年）	**【沿革】** 1901 年…愛知県第二師範学校附属小学校が創設される。愛知県第二師範学校附属小学校（随念寺に仮校舎）が開校する 1902 年…附属小学校南校舎落成により、現在地に移転する 1951 年…愛知学芸大学附属岡崎小学校に名称変更 1966 年…愛知教育大学附属岡崎小学校に名称変更 1981 年…創立 80 周年記念式典挙行 　　　　　80 周年記念誌出版 2001 年…創立 100 周年記念式典開催 　　　　　100 周年記念誌出版 2004 年…国立大学法人愛知教育大学附属岡崎小学校に移行
創立者	──	
児童数	544 名（2024 年より 1 クラス 30 名）	
教員数	36 名（非常勤 10 名を含む）	
制服	あり	
土曜授業	なし	
給食	あり（アレルギー対応応相談）	
スクールバス	なし	**【安全対策】** ・正門に警備員を配置ほか、3 つの門は、児童が登校中は施錠 ・緊急配信メール ・一斉下校時の保護者の付き添い ・4 つの門に監視カメラを設置し、24 時間体制でカメラをまわしている
転・編入制度	あり	
復学制度	なし	
帰国子女受入	なし	

愛知

※掲載内容は発行時の情報となります。最新の情報については学校発表の情報を必ずご確認ください。

■入 試 情 報

●応募状況

募集人数	男女 90 名	
志願者数	2024	非公表
	2023	非公表
	2022	非公表
	2021	非公表
	2020	非公表

●考査内容

教育テスト、行動観察、面接（志願者）

●受験番号

抽選

●月齢の考慮

非公表

● 2024 年度入試日程　※実施済みの日程

願書配布	2023 年 10 月 10 日〜 31 日 （説明会参加か事務室にて）
出願期間	2023 年 10 月 20 日〜 31 日
選考	2023 年 12 月 26 日（考査） 2023 年 12 月 27 日（面接）
合格発表	2024 年 1 月 10 日（掲示板・Web）

● 2024 年度入試説明会日程　※実施済みの日程

入学希望者 説明会	2023 年 10 月

■諸 費 用

考査料	3,300 円

■系 列 校

●中学校：愛知教育大附属岡崎中学校

●高　校：愛知教育大学附属高等学校

●大　学：愛知教育大学・同大学院

■主 な 年 間 行 事

4 月	入学式、なかよし会、開校記念行事（観劇会）、春のペア遠足、授業参観
5 月	春の大運動会
6 月	音楽集会（5 年）
7 月	音楽集会（2 年）
9 月	音楽集会（4 年）、林間学校（5 年）、修学旅行（6 年）
10 月	バリス校交流
11 月	音楽集会（3 年）、マラソン大会、研究協議会
12 月	音楽集会（6 年）、焼き芋会
1 月	書き初め展、音楽集会（1 年）
2 月	お別れ音楽会
3 月	お別れ式、卒業式

■校 訓

本氣デアレ

キマリヨクセヨ

ヤッカイニイナルナ

タメニナルコトヲセヨ

（初代主事　蟹江虎五郎）

校訓は、1901 年の開校時に、初代の主事、蟹江虎五郎先生によって制定された。

この校訓は、ひとりひとりの子どもたちが質実剛健の校風の担い手として、また、地味ではあるが、将来、ひとりの人間存在者として、社会生活を生き抜くことを希求したものである。

■教 育 目 標

1．生活の中から問題を見つけ、自ら生活を切り拓いていくことのできる児童の育成

2．経験や体験を重視し、事実をもとに問題の解決を図ろうとする児童の育成

3．友だちの気持ちを思いやり、互いに磨き合おうとする児童の育成

愛
知

■特 色

1．共生教育の推進

附属特別支援学校と附属岡崎中学校との連携を強化し、附属岡崎三校の児童、生徒の相互理解の精神を育む。学校行事や学習活動を三校で協力して取り組んだり、総合単元を編成し、子どもたちの交流を組み入れながら取り組んだりしている。

2．算数タイム・スピーチ

基礎・基本の習得を図ることを目的とし、算数の計算などを中心としたドリル学習に取り組んだり、話す力・聴く力を伸ばしたりするスピーチを行う。

3．英語科・外国語活動・英語タイム

担任と講師が連携をとりながら、日常会話、英語を使ったゲーム、英語の歌などを通して、外国語に親しみ、外国語を用いて積極的にコミュニケーションを図る能力や態度を育てる。

4．国際理解教育の推進

英語科や外国語活動の時間とともに、教科・領域などの時間を利用し、図書などの資料を有効活用することで、諸外国の人々のくらしと文化に興味をもつことができるようにする。また、バリス校（アメリカ合衆国インディアナ州立大学ボールステイト大学附属校）との交流活動を通して、子どもたちの異文化理解の推進を図る。

5．チャレンジ学習

各教科やくすのき学習の発展、家庭生活や地域社会に対して、子どもたちが興味・関心のあることを自主的に追究する場である。子どもたちの生活経験を拡げ、自ら考え、判断し、行動するために必要な資質や能力、情報活用能力の育成を図る。

6．教科担任制授業

それぞれの教員の得意分野を生かした良質な授業を展開し、どの学級にも均一な授業を提供できるようにする。全学年において、学級担任、役職、講師のそれぞれの専門性を生かし、児童理解や教科学習を充実させる。

愛
知

※掲載内容は発行時の情報となります。最新の情報については学校発表の情報を必ずご確認ください。

◆愛知教育大学附属岡崎小学校◆

試験の内容

考査内容	ペーパー（お話の記憶、常識など）、行動観察、運動、制作、口頭試問
	志願者・保護者面接（志願者のみで始め、保護者が後から加わる形式）

過去の出題例

ペーパーテスト

常識（ルールとマナー）

これはスーパーマーケットの絵です。この中で、してはいけないことをしている子に○をつけてください。

運動テスト

サーキット運動（平均台、ジャンプ、的当てなど）

制作テスト

あらかじめ画用紙に描いてある形を使って絵を描く（描いた絵についての質問あり）。

試験のポイント

自主性と問題解決力を重視。
口頭試問では「お話作り」も出題。

　１日目に行われた教育テストでは、お話の記憶、常識、図形のピースを使って絵画を制作する課題が出されました。運動テストも含め、ここ数年、傾向に大きな変化は見られません。テスト全体を通し、指示をしっかり聞き取り理解する力、よく考えて行動する姿勢、自分の意見を相手に伝える力が求められていると言えるでしょう。そのことは、当校が教育目標として「実体験を重視し、生活の中から問題を見つけて自ら解決する力を育む」ことを掲げていることからも窺えます。ふだんの生活の中でさまざまなものごとに触れる中で、お子さまが興味や疑問を持って自ら調べ、考えて答えを見つけ出すようにうながしてください。

　２日目に行われた面接では、志願者が先に入室し、お友だちとの関わりについてなどの質問やお話作りが行われました。保護者には、志望動機のほか、学校・保護者・子ども、三者間の連携についての質問がなされています。

　教育機関であると同時に研究機関でもある当校には、「生活自体が学習でなければならない」を理念の１つとして、生活の中での実体験を通じた学習を大切にしてきたという歴史があります。従って当校への入学を希望するご家庭には、教育目標や研究理念を理解していることが求められます。

愛
知

面接・口頭試問の内容

保護者

・当校が進学校ではないことを知っていますか。

・交通ルールについて、ご家庭ではどのような指導をしていますか。

志願者

（箱の中にスコップを入れておく）

・中を見ずに箱の中に手を入れて触って、何が入っているか教えてください。

・これを使ったことがありますか。

・何をする時に使いましたか。

・これを使って何を作ったことがありますか。

※このページは弊社発行の学校別問題集の内容に基づいて作成しています。

南山大学附属小学校

QRコードで学校HPに
アクセスできます。

愛知県名古屋市昭和区五軒家町 17-1　☎ 052-836-2900　https://www.nanzan-p.ed.jp

 カトリック 共学 給食 アフタースクール

アクセス

●地下鉄鶴舞線「いりなか」駅より徒歩8分

■ 学 校 情 報

創立年	2008 年（平成 20 年）	**【沿革】** 南山小学校は、創立者ライネルス師によって、1936 年に愛知県唯一の私立小学校として設立されました。
創立者	ヨゼフ・ライネルス	当時より、児童中心教育、少人数教育、家庭との緊密な連絡体制をおもな特色とし、画期的な私立学校として注目されていましたが、戦時下の社会情勢の中、5 年間という短い期間で廃止となりました。
児童数	約 540 名（1 クラス 30 名程）	
教員数	49 名（非常勤 11 名を含む）	その後も、創立者の教育理念、初等教育に対する思いは受け継がれ、小学校から大学院までの総合学園構想へと発展。
制服	あり	学園創立 75 周年の機会に節目の大きな取り組みとして南山小学校を復活しました。
土曜授業	なし（年数回行事登校あり）	そして 2008 年、南山がめざす理想的な総合教育の第一歩である、南山小学校があらたな歩みをはじめました。
給食	あり	2011 年度より卒業生を送り出しています。
スクールバス	なし	**【安全対策】** ・防犯カメラ設置 ・南山小児童見守り隊（ボランティア）による通学・下校サポート ・保護者会わかみどりによる通学・下校サポート ・警備員が常駐 ・警備員による学校周囲の警備 ・部外者の出入り監視 ・登下校メールサービス「ミマモルメ」の利用
転・編入制度	あり（新 2・3 年生のみ） ※カトリック校からの別途受け入れあり	
復学制度	あり（1 年未満は書類のみ／1 年以上は書類に加え面接試験あり）	
帰国子女受入	なし	

※掲載内容は発行時の情報となります。最新の情報については学校発表の情報を必ずご確認ください。

愛
知

■入 試 情 報

●応募状況

募集人数	男女 90 名
志願者数	**2024** 男子 72 名　女子 140 名 **2023** 男子 70 名　女子 162 名 **2022** 男子 96 名　女子 135 名 **2021** 男子 105 名　女子 136 名 **2020** 男子 111 名　女子 144 名

●考査内容

本人面接、保護者面接、ほか非公表

●受験番号

非公表

●月齢の考慮

非公表

● 2025 年度入試日程

願書配布	2024 年 9 月 18 日〜 10 月 4 日
出願期間	2024 年 9 月 18 日〜 10 月 4 日 （消印有効）（Web 出願）
選考	2024 年 11 月 9 日・16 日・17 日
合格発表	2024 年 11 月 26 日（発送）
入学手続き	2024 年 11 月 29 日〜 12 月 5 日

■諸 費 用

考査料	22,000 円
入学時	
入学金	200,000 円
年額	
授業料	576,000 円
施設設備費	120,000 円
ランチ代	140,000 円

※その他、教材費、保護者会費、制定品費が必要。

■系 列 校

●幼稚園：聖園女学院附属聖園幼稚園
聖園女学院附属聖園マリア幼稚園

●中学・高校：
南山高等学校・中学校男子部
南山高等学校・中学校女子部
聖霊高等学校・中学校
聖園女学院高等学校・中学校

●大　学：南山大学・同大学院

■主 な 年 間 行 事

4月	入学式、復活祭
5月	授業参観、遠足（1・2年）、宿泊学習（4年）、学校説明会
6月	宿泊学習（3年）、授業見学会
7月	七夕の会
9月	宿泊学習（5年・6年）、授業見学・個別相談会
10月	芸術鑑賞会、運動会
11月	学校創立記念日（1日）、聖歌隊チャリティーコンサート
12月	クリスマス会
1月	入学前保護者会
3月	アフタースクール発表会、6年生を送る会、卒業式、修了式

■校 訓

「かけがえのないあなたと私のために」
神さまに　愛されていることを　知る人になろう
みんなで　助けあって　生きる人になろう
最後まであきらめず　努力する人になろう
まわりの人や　ものを　愛する人になろう

愛
知

■教育目的

「かけがえのない　あなたと私のために」尽くすことのできる人を育てる

- ●本校の校訓を体現する人
- ●知的・精神的側面において高度に磨かれた人
- ●真のリーダーシップを発揮する人
- ●自らに与えられた使命を自覚する人

■特色

●キリスト教精神による教育

キリスト教精神を基本に情操教育を行う。キリスト教だけでなく世界の主な宗教について知ることにより、世界のさまざまな人々の価値観を知り、相互理解を育むことのできる人、さらに自分自身の価値観を確立し、国際社会で自信をもってコミュニケーションをとることができる人を育てる。

●知的理解と厳しい知的訓練

自由で創造的な思索を行うのに必要な知的理解をめざすため、「読み・書き・計算」に多くの時間を充て、基礎学力を徹底的に鍛える。まず日本語でしっかり考え、明解に自己表現ができるよう、言語の教育に力を入れる。

●豊かな人間性の育成

「人間の尊厳のために」という南山学園のモットーを基本に、豊かな人間性の育成をめざす。宗教行事を中心にして自己内対話を繰り返すことを通して生き方指導を行う。

●家庭との教育連携

子どもたちが地域や家庭の中で温かく見守られ、さまざまな人々とふれあい学ぶことも大切な教育である。親子のコミュニケーションはもちろん、学校行事等を通した学校と家庭のコミュニケーションも大切にし、ともに子どもたちを育てていきたいと考えている。

●地域社会への奉仕

家庭との連携で子どもを育て、さらにできるだけ地域の方々にも関わっていただくために、地域社会への奉仕の姿勢を育む。その一環として、ボランティア活動や地域の行事に積極的に参加している。

●国際性の涵養

真の国際性を養うために、コミュニケーション手段としての英語教育を1年次から行う。ネイティブ教員を相手に、日常の交流の中で、楽しみながら英語力や国際的な感覚が身につけられるよう指導していく。また、日本を深く知り、自国について英語で話せるように育てたいと考えている。

●小・中・高・大一貫教育による南山教育の実現

児童の一人ひとりの個性と能力に応じた推薦制度を充実させることにより、小学校・中学校・高等学校・大学、さらに大学院までの一貫教育において、教育理念を体現できる人をめざしている。

校長先生からのメッセージ

学校法人南山学園は愛知県と神奈川県に幼稚園から大学院までを擁するカトリック総合学園です。そして愛知県においての「学びの一歩目」が南山大学附属小学校から始まります。

本校の校訓は、南山学園が掲げる教育理念「人間の尊厳のために」を児童たちにより分かりやすく「かけがえのない　あなたと私のために」という言葉に置き換え、6年間の教育の中心にしております。具体的には、この精神を自分のものとして心に根付かせ、将来にわたって自他に「かけがえのなさ」を見いだして大切にしていく人を育てることです。

本校においては、国内外の多様な環境においても「真のリーダーシップ」を発揮できる人の育成もめざします。このためには知的・精神的側面において鍛錬され、自分と他者をよく理解でき、それぞれの背景にある諸文化への深い理解も不可欠だと言えます。

「かけがえのない　あなたと私のために」の精神が児童一人ひとりに根付いたとき、児童は自らに与えられた使命、生涯をとおして果たすべき使命を自覚するようになることでしょう。

※掲載内容は発行時の情報となります。最新の情報については学校発表の情報を必ずご確認ください。

◆南山大学附属小学校◆

試験の内容

 ペーパー 行動観察 運　動 口頭試問 巧緻性 保護者面接 アンケート

考査内容	ペーパー（お話の記憶、数量、図形、言語、常識、推理など）、行動観察、運動、口頭試問（面接）、巧緻性
	保護者面接、保護者アンケート（考査時）

過去の出題例

ペーパーテスト

図形（回転図形）

黒い矢印に沿って図形が回転する場合、右端の図形のどの位置に黒丸が入るでしょうか。正しい位置に黒丸を書いてください。

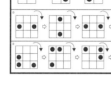

言語（しりとり）

左側の絵から右側の絵へ、しりとりをしながら進みます。それぞれの列の絵の中から、正しいものを選んで○をつけてください。

行動観察

自由遊び（いくつかの遊具から選ぶ）、グループ対抗のおにごっこ、カード交換ゲーム

生活巧緻性

箸使い（さまざまな形や素材のものを皿から皿へ移す）

試験のポイント

形式の変更はあっても観点は変わらず。年齢相応の知識とマナーが重要。

当校は、2008年4月に開校し、以来、独自の理想に基づく小中高大一貫教育を目指しています。試験形式は2009年度→ノンペーパー、2011年度→ペーパーテスト（お話の記憶、図形など）、2014年度→ノンペーパー、2016年度→ペーパーテストという経緯を経ています。このように形式が変更されることがあるので、予断は禁物です。学校説明会などで情報を得てください。どのような形式にせよ、試験を通して年齢相応の知識や身体能力、そして家庭の躾などが観られています。試験形式が変化しても、観点の変更はないと考えてよいでしょう。

数量、図形、言語、理科的・社会的常識の基礎的な知識、年齢相応の巧緻性などを身に付けておく必要があります。また、入学後の学校生活を円滑に送ることができるように、自分の身の周りのことは自分で行うように指導してください。

試験当日は車での来校が厳禁となっています。近隣の駐車場に車を停めるなどの行為もできるだけ控えた方がよいでしょう。お子さまのお手本となる保護者が規範意識を持ち、マナーやルールについて、今一度、振り返ってみましょう。

愛
知

面接の質問例

保護者

・志望理由をお聞かせください。

・併願校について教えてください。

・ローマ教皇が来日されました、印象に残ったことをお聞かせください。

・最近、お子さまがうれしそうにしていたことは何ですか。

・お子さまの成長を感じたのはいつですか。

志願者

・お名前を教えてください。

・お父さんとお母さんの名前を教えてください。

・今日はどのようにして来ましたか。

・お父さんのお仕事ですごいなと思うことはどんなことですか。

・最近、お父さんやお母さんに褒められたことはどんなことですか。

※このページは弊社発行の学校別問題集の内容に基づいて作成しています。

めいしんけんしょうがっこう

名進研小学校

愛知県名古屋市守山区緑ヶ丘 853-1　☎ 052-758-5558　https://www.meishinken.ed.jp

 共学　 給食　 アフタースクール　 スクールバス

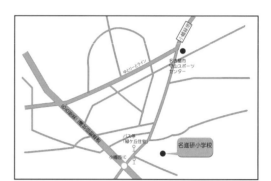

アクセス
● 「名古屋」「金山」「八事」「いりなか」「自由ヶ丘」「本山」「星ヶ丘」「藤が丘」「千種」「小幡」各駅よりスクールバスあり
● 自家用車送迎可
● 市バス「緑ケ丘住宅」より徒歩 2 分
● ゆとりーとライン「小幡緑地」駅より徒歩 7 分

■ 学 校 情 報

創立年	2012 年（平成 24 年）
創立者	学校法人名進研学園
児童数	528 名（1 クラス 30 名）
教員数	48 名
制服	あり
土曜授業	あり（午前のみ）
給食	あり
スクールバス	あり
転・編入制度	あり（本校の教育理念・方針に賛同できる保護者の子女であること）
復学制度	あり（海外転居の場合／ 1 年以内）
帰国子女受入	あり（日本語で日常生活に必要な会話ができ、授業内容が理解できること）

【ご挨拶】
「自律と感謝の気持ちで社会に貢献する」
この校訓のもと、名進研小学校では開校以来、他校にない独自の学校づくりに努めてきました。

「確かな学力」「心豊かな人間力」「国際人教育」
豊富な授業時間数と精選されたカリキュラム、専門教科教員制と習熟度別クラスで、私立中学や公立中高一貫校の入試にも対応できる授業を展開します。1 人 1 台のタブレットを活用し、プログラミング学習にも取り組んでいます。独自教科「礎（いしずえ）」では、言語活用能力、思考力、学習力、精神力のトレーニングを行い、自分で答えを見つける力を培います。「子ども司会」で、時間配分やまとめ方など、授業をマネジメントする力を身につけます。
ポニー倶楽部は、校内で飼育する馬との触れ合いから始め、乗馬体験へと進む授業です。里山や小川、校内菜園など、毎日の学校生活で自然に触れることで、生命の尊さを学び、豊かな人間性を育みます。

ネイティブによる英語授業のほか、校内の和室で行う伝統文化の授業で、茶道、華道、礼法、着付けを学びます。日本の文化を知り、尊ぶ心を持つことは、子どもたちが真の国際人として羽ばたく大きな強みになります。

「可能性を創る」
名進研小学校には、多様化・複雑化の進む社会に、叡智と品格のある人物を送り出すことが課せられています。「これしかない」ではなく「これだけある」という選択肢を示し、子どもたちの活躍できるステージを数多く提供していきます。

【安全対策】
・緊急連絡メール配信　・安全カメラ設置と校内巡視
・専門警備会社との連携　・校門に警備員が常駐
・登下校の状況通知システム導入　・夜間校内機械警備
・部外者の出入り監視　・各教室に警報装置を設置
・校務員は全員元自衛官

※掲載内容は発行時の情報となります。最新の情報については学校発表の情報を必ずご確認ください。

愛知

■入 試 情 報

●応募状況

募集人数	男女約 90 名	
志願者数	**2024** 非公表	
	2023 非公表	
	2022 非公表	
	2021 非公表	
	2020 非公表	

●考査内容

学習適応検査、行動観察、制作能力検査、運動能力検査、面接（保護者）

●受験番号　生年月日順

●月齢の考慮　あり

● 2025 年度入試日程

願書配布 （Web）	2024 年 7 月 20 日〜（AO） 2024 年 8 月 31 日〜
出願期間 （Web）	2024 年 7 月 20 日〜 8 月 2 日（AO） 2024 年 8 月 31 日〜 9 月 16 日
選考	2024 年 9 月 2 日〜 5 日のいずれか 1 日(AO) 2024 年 10 月 26 日・27 日のいずれか 1 日
合格発表	2024 年 9 月 7 日（郵送）（AO） 2024 年 10 月 28 日（郵送）
入学手続き	2024 年 9 月 12 日（AO） 2024 年 11 月 1 日

● 2025 年度入試説明会日程

学校説明会	2024 年 5 月 19 日
学校公開	2024 年 7 月 13 日
AO 入試説明会	2024 年 7 月 20 日
入試説明会	2024 年 8 月 31 日

■諸 費 用

考査料	20,000 円
入学時	
入学金	200,000 円
年額	
授業料	700,000 円
施設整備費	150,000 円
教材費	165,000 円（1 年生）〜 205,000 円（6 年生）

※その他、給食費、制定品費が必要。

■主 な 年 間 行 事

4月	入学式、前期始業式、授業参観、主屋結成式、避難訓練（火災）
5月	遠足、工場見学（4 年）、保護者面談
6月	修学旅行（6 年）、宿泊学習（4 年）
7月	夏期講習（3〜6 年）、在校生学校公開、サマースクール
8月	サマースクール、英語宿泊研修（5 年生希望者）、
9月	避難訓練（地震）、運動会、前期終業式
10月	後期始業式、祖父母参観日（1・4 年）
11月	宿泊学習（5 年）、図工作品展覧会、保護者面談
12月	冬期講習（2〜6 年）、避難訓練
1月	書き初め、算数検定受検（1・2 年）
2月	学校祭、算数検定受検（3・4 年）
3月	春期講習（2〜5 年）、卒業式、修了式

■校 訓

「自律と感謝の気持ちで社会に貢献する」

■教 育 目 標

名進研小学校が目指す児童の姿
- ●学ぶ楽しさと大切さを感じ、叡智と品格を兼ね備えた児童
- ●利他の精神で人の役に立つ喜びを感じ、主体的に考え、行動できる児童
- ●「心技体」を大切にし、自律した明るくたくましい児童

愛
知

■特色

- **授業時間数**
  1年生から平日7時限、土曜日3時限の時間割を組み、6年間で公立小学校より約1400時限多い授業を行う。
- **私立中学・公立中高一貫校入試対応**
  児童が望む進路を歩んでいけるように、豊富な授業時間数と習熟度別クラスを活かしている。
- **名進研アフター講座**
  進学塾名進研の教師による「名進研アフター講座」を、放課後プログラムの一つとして用意。受験指導に万全な体制を構えている。
- **専門教科教員制**
  各教科の専門教員が質の高い授業をすることで、子どもの知的欲求を満たし、能力を最大限に伸ばす。
- **独自教科「礎（いしずえ）」**
  各教科の学習活動の基盤となる「ラーニング・スキル」を取り立てて指導し、子どもの思考力の基礎を養う。
- **子ども司会**
  子どもが司会者となり、授業をマネジメントする。考える力、判断する力、表現力を身につける。

- **伝統文化の授業**
  「茶道」「華道」「礼法」「着付け」など、日本の伝統文化に親しむことで先人の知恵に学び、真の国際人として活躍するための教養を育む。
- **ポニー倶楽部**
  校内の厩舎で飼育する馬に触れ合うことから始め、併設した馬場で乗馬へと進む。
- **主屋（おもや）活動**
  年齢を越えた縦割りの活動をすることで、リーダーシップや社会性を身につける。
- **豊かな自然環境**
  敷地内に里山が広がり、豊かな自然を実感することができる。ビオトープも設け、ホタルやメダカの観察や飼育に取り組んでいる。
- **出前授業**
  校内の能舞台で毎年プロの狂言師による狂言教室を開催。本物を体感することで、豊かな感性を養う。ほかにも様々な専門家による出前授業を展開している。

■外国語教育

英語の授業は、1〜3年生は週3時間、4〜6年生は週2時間。うち1時間はネイティブ講師による授業。スキルの習得と探究的な英語活動を積み重ねている。

学校からのメッセージ

　全国に約240校の私立小学校がありますが、全小学校に占める割合はわずか1.2％、圧倒的少数派です。その数少ない私立小学校を選択する理由は何でしょうか。

　「施設・設備が立派だから」「受験に有利だから」「アフタースクールがあるから」というのは確かに選択の理由になりますが、やはり保護者がその学校の教育理念に共鳴し、そこに可能性を見いだし、大事な子どもを託そうと思えることが選択の一番の理由であるはずです。

　名進研小学校は、「自律と感謝の気持ちで社会に貢献する」という校訓を不断に追求することを教育理念としています。理念に基づく本校のミッション（学校の果たすべき使命）は、子どもたち個々の中にある可能性を引き出し、最大限に広げることで、夢の実現とその夢を社会貢献につなげられるよう導くことです。そして本校のビジョン（実現すべき学校の姿）として、私学の独自性を活かし、新しい時代を生きる子どもたちを育てるためのカリキュラム・環境を整え、初等教育のモデル校をめざすことを謳います。

　私学の持つ強みの一つに、時代や社会の変化に即応できることがあります。保護者の意見や教職員からの提案により、迅速に教育の内容を見直したり、改善したりすることができます。目の前の子どもたちのためにできることを直ちに実行する、そのフットワークの軽さこそ私学の大きな魅力です。

　子どもたちが安心して通い、学びを通して自信をつけ、希望あふれる未来を見つけることのできる学校でありたい、その思いを実現するため、名進研小学校では、カリキュラムや時間割の精選、家庭と学校との連携強化、施設・設備の拡充、広報活動の活性化と入試制度の改革を常に考え、探っています。

　選択肢は一つじゃない。子どもたちの未来には、たくさんの可能性がある。その可能性を広げ、高めるために必要なものをいっしょに創る。それが名進研小学校です。

※掲載内容は発行時の情報となります。最新の情報については学校発表の情報を必ずご確認ください。

愛
知

◆名進研小学校◆

試験の内容

考査内容	ペーパー（お話の記憶、図形、数量、推理、言語、常識など）、制作、運動、口頭試問、行動観察
	保護者・志願者面接（考査日前に実施）、保護者作文（願書提出時）

しっかりしたペーパー対策とともに長時間の試験を乗り切る集中力が必要。

当校の入学試験では、2012年の開校以来一貫して、ペーパーテスト、運動、行動観察、口頭試問、制作の課題が行われています。試験時間は、合計で約3時間にもなるので長時間試験に対応できる集中力が求められます。

ペーパーテストはお話の記憶、図形、数量、推理、言語、常識の分野から出題されています。プリントは10枚を超える量になりますが、これまでと比べると、やや少なくなってきています。それでも、依然として当校の入学試験では、ペーパーテストが大きなウエイトを占めていることは間違いありません。どんな出題にも対応できるよう、基礎的な問題から応用問題まで、しっかりと学習しておきましょう。

運動は、指示が複雑なので、上手く聞き取れないと混乱してしまう可能性があります。指示をよく聞いて、何をすればいいのか理解してから取り組むことが大切です。

行動観察は、数人のグループを作り、おもちゃで遊ぶという課題が出されました。グループ内での話し合いや一般的なマナーなど、基本的なコミュニケーションが求められます。日頃から積極的に他者と関わり、関係を築く姿勢を身に付けておくとよいでしょう。

過去の出題例

ペーパーテスト

図形（模写）

左のお手本を見て、同じように右側に書き写してください。

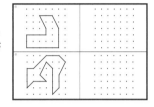

数量（数える）

左の形を作るためには、積み木がいくつ必要でしょうか。その数だけ右の四角に○を書いてください。

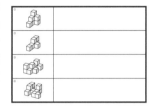

運動テスト

ラジオ体操、平均台、ジャンプ、行進、スキップ

行動観察

玉入れ、ドミノ並べ、お話を聞いて質問に答える

試験のポイント

愛知

面接の質問例

保護者

・志望理由をお聞かせください。

・教育で大事にされていることは何ですか。

・お子さまは幼稚園（保育園）の先生にどのように言われていますか。それは家での様子と違いますか。

・休みの日はお子さまとどのように過ごしていますか。

・在校生にお知り合いの方はいらっしゃいますか。

志願者

・名前と園名を教えてください。

・今、1番がんばっていることは何ですか。

・小学校に入ったら何がしたいですか。

・お父さんとお母さんの好きなところはどこですか。

・大きくなったらどんな人になりたいですか。

・園で1番仲のよいお友だちは誰ですか。

※このページは弊社発行の学校別問題集の内容に基づいて作成しています。

すぎやまじょがくえんだいがく ふ ぞくしょうがっこう

椙山女学園大学附属小学校

QRコードで学校HPに
アクセスできます。

愛知県名古屋市千種区山添町 2-2　☎ 052-751-5451　http://www.sugiyama-u.ac.jp/primary/

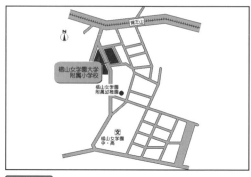

アクセス

●地下鉄東山線「覚王山」駅より徒歩 5 分
●バス「田代本通」「覚王山」「日進通五丁目」下車

■ 学 校 情 報

創立年	1952 年（昭和 27 年）	**【沿革】** 本校は、学園一貫教育の一翼を担うべく 1952 年に創設されました。開校当初は男女共学でしたが、1964 年以降、女子のみの小学校として現在に至り、2022 年に開設 70 周年を迎えました。 椙山女学園の教育理念「人間になろう」を教育の根幹に、私学としての独自性を発揮しつつ、豊かな人間性を育む教育を推進しています。校長の推薦により椙山女学園中学校への進学、その後の本学園高等学校、大学・大学院へと進学できる道が開かれています。
創立者	椙山正弍	
児童数	498 名（1 クラス 30 名）	
教員数	40 名（常勤 25 名、非常勤 15 名、講師 5 名）	
制服	あり	
土曜授業	なし（行事登校あり）	
給食	あり（アレルギー対応あり） ※卵、乳、エビ、カニ	
スクールバス	なし	**【安全対策】** ・校門に警備員配置 ・用務員 3 名が清掃を兼ねて、校内巡視 ・校門の電子オートロック ・登下校管理システムを導入 ・「防犯教室」の実施
転・編入制度	あり（欠員時／新 2 〜 4 年生を対象に 12 月に実施） ※県外からの転居の場合は随時。	
復学制度	あり	
帰国子女受入	あり（2 年以上の海外居住）	

※掲載内容は発行時の情報となります。最新の情報については学校発表の情報を必ずご確認ください。

愛知

■入試情報

●応募状況

募集人数	ＡＯ型　　女子約30名（専願のみ） 一般1次　女子約25名 一般2次　女子若干名
志願者数	**2024** 非公表 **2023** 非公表 **2022** 非公表 **2021** 非公表 **2020** 非公表

●考査内容

ＡＯ型／書類審査、面接（志願者）、面接（保護者）

一　　般／ペーパー、口頭試問、行動観察、運動、面接（保護者・志願者）

●受験番号

願書受付順

●月齢の考慮

なし

● 2024年度入試日程（ＡＯ型、一般1次）
※実施済みの日程

出願期間	2023年9月11日〜15日（ＡＯ） （窓口） 2023年9月28日〜10月5日（一般） （郵送）
選考	2023年9月25日〜28日（ＡＯ） ※出願時に決定 2023年10月14日（考査）（一般） 2023年10月15日（面接）（一般）
合格発表	2023年10月2日（郵送）（ＡＯ） 2023年10月18日（郵送）（一般）

● 2025年度入試説明会日程

学校説明会	2024年6月22日
ＡＯ型 入試説明会	2024年8月24日
入試説明会	2024年9月14日

■諸費用

考査料	20,000円
入学時	
入学金	200,000円
年額	
授業料	624,000円
学習諸費	36,000円
給食費	112,636円（1年） 117,128円（2〜6年）
積立金	80,000円
児童会費	3,600円
PTA会費	7,600円
PTA協力金	4,800円

■系列校

●保育園：椙山女学園大学附属保育園

●こども園：椙山女学園大学附属椙山こども園

●幼稚園：椙山女学園大学附属幼稚園

●中学校：椙山女学園中学校

●高　校：椙山女学園高等学校

●大　学：椙山女学園大学・同大学院

■主な年間行事

4月	入学式、始業式、地震避難訓練
5月	春の遠足、ティンガティンガ、運動会
6月	創立記念日、芸術鑑賞会、火災避難訓練、イングリッシュデー（3年）、個人懇談会
7月	終業式、諏訪湖の生活（6年）、琵琶湖の生活（5年）、郡上の生活（4年）
9月	始業式、地震避難訓練
10月	学習発表会、秋の遠足（1〜5年）
11月	修学旅行（6年生）、保護者会（引渡し訓練）、不審者対応避難訓練
12月	個人懇談会、終業式
1月	初泳ぎ始業式、書き初めコンクール、百人一首かるた大会、なわとび大会、火災避難訓練
3月	クリプトメリアンセミナー発表会、お別れ会、卒業式、修了式

愛知

■ 校 訓

強く　明るく　美しく

■ 教 育 目 的

学園教育理念「人間になろう」と小学校校訓「強く　明るく　美しく」の具現を目指し、次の事項に留意して教育の推進を図る。

1. 進んで心身を鍛え、生命と自然を尊ぶとともに、他の人と協力してたくましく生きる力を培う。
2. 明るく積極的に学ぶ態度と基礎的・基本的な知識・技能を習得し、協働してそれらを活用して課題をよりよく解決できる能力を養う。
3. 礼節を重んじ、豊かな情操を涵養し、思いやりと品位のある態度を養う。

■ 教 育 目 標

教育基本法及び、学校教育法に基づき、本学園教育理念「人間になろう」に則り、児童の心身の発達に応じて初等教育を施し、知・徳・体の調和のとれた人間を育成することを目的とする。

■ 特 色

● きめ細かな指導

1学年3学級、1学級30名。英語・国語ではさらにクラスを半分に分けた少人数授業により、児童1人ひとりにきめ細かな行き届いた指導を行い、基礎学力の充実、優れた能力の伸長を図っている。また自主的な学習態度の育成にも努めている。

● 明るく豊かな学校

家庭的な雰囲気の中で、生活面でもきめ細かな指導に心がけ、子ども同士の思いやりを育み、協力しあう環境づくりを心がけている。

● 品位の育成

挨拶や言葉遣いなど基本的な行動様式の指導も重視し、品位ある生活習慣の体得に努めている。

● 多彩な行事や活動

多彩な行事を企画し、児童の全面発達に資することをねらっている。学習発表会・運動会・校外宿泊行事などについては、自主性・協調性・自制心を育むと共に、知育・徳育・体育を総合する絶好の活動としてとらえ積極的に進めている。

■ 外 国 語 教 育

児童へ英語を教える資格を持った5人のネイティブ講師により、1～6年生まで毎日少人数で英語授業を行っている。6年間でトータル640時間ほどになる。これは中学での英語の総時間数に匹敵する。さらに校外行事にネイティブ講師が同行し、英語での日常会話やアクティビティを行っている。また5・6年生の希望者はオーストラリアでの語学研修・ターム留学を行っている。

■ 情 報 教 育

各教室に電子黒板を配備し、デジタル教科書・実物投影機等、ICT機器を活用することで、わかりやすい授業に努めている。また、1年生から、タブレット機器を個人持ちにし、様々な教科で学習意欲向上、基礎的・基本的な知識・技能の習得ができるように活用している。また、プログラミング教育にも取り組み、論理的思考を養うようにカリキュラムを組んでいる。

愛知

近畿大学附属小学校　児童作品

さくいん

本書の一部または全部を無断で複写複製することは、
著作権法上での例外を除き、禁じられています。

2025 年度版 近畿圏・愛知県 国立・私立小学校 進学のてびき
定価 3,300 円（本体 3,000 円＋税 10％）

印　刷	2024 年 4 月 17 日
発　行	2024 年 4 月 19 日
発行所	〒162-0821 東京都新宿区津久戸町 3-11-9F
	日本学習図書株式会社
電　話	03-5261-8951 ㈹
印刷所	株式会社 ダイトー
URL	https://www.nichigaku.jp